危機介入の箱庭療法

極限状況の子どもたちへのアウトリーチ

Expressive Sandarbeit Eine Methode psychologischer Intervention in
Katastrophengebieten und extremen sozialen Notlagen
Eva Pattis Zoja

エヴァ・パティス・ゾーヤ [著]

河合俊雄 [監訳]

小木曽由佳 [訳]

創元社

Expressive Sandarbeit:
Eine Methode psychologischer Intervention in
Katastrophengebieten und extremen sozialen Notlagen
by Eva Pattis Zoja

© 2012 Eva Pattis Zoja

Japanese translation rights arranged with Eva Pattis Zoja, Milano, Italy
through Tuttle-Mori Agency, Inc., Tokyo
Translated from German edition published in 2012 by Psychosozial-Verlag

本書の日本語版翻訳権は、株式会社創元社がこれを保有する。
本書の一部あるいは全部についていかなる形においても
出版社の許可なくこれを使用・転載することを禁止する。

監訳者まえがき——危機介入と心理療法の本質と将来

　「箱庭表現法」（Expressive Sandarbeit）というのは、今回はじめて定訳を試みたものであり、日本の読者にはなじみがないことばかもしれない。普通の箱庭療法と根本的な考え方にはあまり違いがないものの、戦争、災害、社会的貧困などの極限状況におかれている人（子ども）に対して、危機介入的に集団で継続的に行われるものである。8人とか12人とかの集団に施行されるといっても、個々の子どもには少し訓練を受けたボランティアの見守り手がそれぞれに立ち会うという意味ではあくまで個別のもので、箱庭もやや小ぶりの砂箱と簡素化されたミニチュアを用いてなされる。本書を読めばわかるように、ボランティアでなくて専門家が立ち会えればそれもよいし、本物の大きさの砂箱があればそれに越したことはなく、かなりフレキシブルである。

　著者たちの活動については、これまで分析心理学会の様々な大会で発表されたのを聴いて、そのたびに目覚ましい成果に驚かされ、深い感銘を受けてきた。今年（2018年）7月にコロンビアのボゴタで開催された第7回分析心理学ラテンアメリカ大会に参加したが、そこでもペルーの人が箱庭表現法による活動の成果を発表し、ペルーの社会情勢には暗澹たる気持ちにさせられたが、事例はすばらしいものであった。著者の最近の活動としては、パレスチナ難民キャンプでのものがあり、昨年に発表を聴かせていただいた。いつも一番驚かされるのは、社会情勢と当の子どもの生育史・現況とがあまりにも悲惨なのに対して、箱庭表現がすばらしく展開することであり、そのギャップの大きさである。しかも箱庭表現の変化が、現実における改善につながっていることが多く、この方法の説得力のあるところである。それは本書における多くの事例でも感じてもらえるのではないだろうか。

　われわれは、クライエントがひどい生育史を背負っていたり、今悲惨な社会的・家庭的状況にあったりすると、心理的な状態やポテンシャルもそれで決まってしまうように誤解してしまう傾向がある。しかし日本の児童養護施

設などにおける事例を聴く機会にも思うことだが、どれだけ過酷な生育史や環境があろうとも、どうも心理的な能力や可能性は幸いそれによって決まるわけではないようなのである。本書を読むと、人間が潜在的に持っている心理的な可能性に改めて勇気づけられるし、専門家としては因果的な見方に過度にとらわれてはいけないことも戒めとせねばならないであろう。以下、本書から読み取れる他のいくつかのポイントである。

社会的支援

　本書は、社会的な貧困状態において試みられる箱庭表現法というある種の社会活動の背景を第1章において探っている。その中で、精神分析の初期において、無料での治療が多く試みられていたことは恥ずかしながら知らなかったので、驚かされた。そのきっかけとなったのが、第1次世界大戦という危機であったのも興味深い。その活動は残念ながらナチスの台頭によって終わりを告げてしまったが、分析的な治療が、知的能力や経済水準が高い人だけのものという考え方は間違っているのではなかろうか。

　むしろ最近の心理療法の効果研究が示しているように、重症なケースほど、長期に渡る分析的な治療を必要としている。また後でもふれるように、箱庭という直接的に身体感覚に訴えかけてきて、たとえば絵画と比べればよくわかるように、うまい下手という技術に左右されない方法が、言語能力や知的能力が十分でない子どもに対して非常に有効であると思われる。今後のユング心理学による心理療法を考えてみると、むしろ社会的支援の領域でチャンスがあるかもしれない。

　近年の心理療法は、従来のようにクライエントがセラピストのところを定時に訪れて料金を支払うという仕組みではなくて、病院、学校、職場などにおいてサービスとして受けられるという形が広がってきている。しかし箱庭療法にしろ箱庭表現法にしろ、それを可能とするような社会的仕組みが必要なのではなかろうか。また西ヨーロッパでは、保険制度によって開業している心理療法家にもサービスとしての心理療法の提供がある程度可能になっている。公認心理師が国家資格化されたからといって、日本における現状はほ

ど遠いと思われる。

理論的背景

　本書では、ユングの子ども時代の体験を取り上げて、そこに箱庭療法の理論的起源を探っている。このように焦点を当てると、ユングの子ども時代の儀式的な遊びには、箱庭療法と共通するものがあることがわかって興味深い。

　また多くの人にとって世界技法で名前だけが知られているようなマーガレット・ローエンフェルトに多くの紙数を割いているところがおもしろい。精神分析にはあまり理解されなかったものの、ローエンフェルトの基本姿勢は、今日からしても非常に示唆的であると思われる。このローエンフェルトに関するところもなかなか読む価値がある。

現実とのつながり

　特に南アフリカの事例において、箱庭表現を通じて、語ることができなかった虐待などの事実が明らかになっていったことが多いように思われた。たとえばレフィルヴェの事例（p.142）では、義父に強姦されている様子を箱庭で作ることによって、虐待の事実が明らかになった。

　普通われわれは、意識に近い言語化できる現実レベルの話があって、それよりも深い、無意識のイメージや象徴のレベルが存在していると理論的に仮定している。しかし病理が重いときや発達障害の場合には、それがある意味で逆になることが知られている。つまりイメージからはじめる方がアプローチしやすいのである。たとえば発達障害の心理療法において、風景構成法を描くことを通じてはじめて、故郷のことや両親のことが語れたりすることがある。非常に過酷な状況で生きている子どもたちにおいても、箱庭表現を通じてはじめて、自分に降りかかっている事実を表現し、語ることができるのであろう。

　さらにこれには、箱庭に遊びの要素が強く、ウィニコットの表現として本書に記されているように「現実的であると同時に想像的でもある中間的な領域」（p.197）に位置していることが影響していると思われる。箱庭のおもし

監訳者まえがき　　v

ろいところは、単に象徴化するのではなくて、現実とつながるところである。夢とは異なり、箱庭の砂やミニチュアは実際に触ることができる。それは箱庭が象徴性のない表面的なものに終わってしまうリスクと背中合わせであるけれども、逆に現実に働きかけ、現実を変える力となりうる。それが通常の箱庭療法よりも箱庭表現法では如実に現れているように思われる。

箱庭の基本姿勢

　箱庭表現法では、必ずしも専門家でないボランティアが立ち会うために、専門的な関わりが少なくなる。心理療法家の専門性が当然のものとして期待される現代において、それは問題にならないのであろうか。

　それに関して著者は様々なコメントや説明を行っている。たとえば、「砂箱やミニチュアというこの上ない装置が、専門家でない見守り手の影響を極力減らす助けとなる」（p.78）とか、「見守り手には、（中略）解釈も、問題の言語化も求められていない。自分なりの考えや感情を抱きながら、遊びの過程に参加するというだけで十分なのである」（p.78）と述べている。しかし、箱庭という媒体が中心になることでセラピスト・見守り手効果は極端に目立たず、自分のこころを働かせながら、遊びの過程に参加するだけで十分であるというのは、この箱庭表現法に特殊なのではなくて、むしろ箱庭療法全般に通じる本質的なことなのではないかという思いに駆られる。

　特に西洋で箱庭療法の訓練を受けると、その言語化と解釈のすさまじさに辟易する。筆者もドラ・カルフの主催している箱庭セミナーで、多くのことを学んだけれども、微に入り細に入り象徴解釈していく姿勢にはおおいに疑問を感じた。それに対して日本で実践されている箱庭療法を考えると、むしろここで著者が箱庭表現法として説明してくれているものに近いのではないか。「大人が途切れぬ注意を保ち、感情的にプロセスに加わり、理解しようと努めることを通して、遊びのプロセスに大きな意味が与えられる」（p.85）とか、「言葉を発さずとも、大人が見守っているだけで、子どもは自分の感情への新たな入り口を見つけていくことができるようになるのである」（p.85）などという著者のことばを読むと、思わず我が意を得たりという気持ちにさ

せられるのである。

　その意味で本書は、箱庭表現法という箱庭のヴァリエーションとしての新しい技法を伝えてくれているだけでなくて、箱庭療法の本質について寄与していると言えよう。ただ、ボランティアによる箱庭表現法について付け加えておくと、専門家によるスーパーヴィジョンが重要であることがあまり書かれていないので、それは強調しておきたい。

社会的極限状況とこころの変化

　第7章からは、南アフリカ、中国、ラテンアメリカの活動が報告されていて圧巻である。特にいくつもの事例が取り上げられていて、どれも印象的である。この3つの地域の他の事例の発表も別の機会に聴いたことがあるが、非常に感銘深いものであった。

　各章には、それぞれの地域での歴史的・文化的・社会的背景が取り上げられている。それは本当に深刻なものである。筆者も中国での心理療法に関わっているが、文化大革命の爪痕、一人っ子政策の問題は大きなものがあるという印象を受けている。ここで取り上げられているどの地域も非常に大変な状況である。ところが後の事例では、様々な社会的困難・個人的困難にもかかわらず、すばらしい治療的展開をしていく。東日本大震災における箱庭療法を通じての活動に関わった立場からすると、これは納得のいくものである。

　しかしそれと同時に、大きな社会問題と個人のこころの問題の関係について考えさせられる。これは「大きな物語」と「小さな物語」の関係と言ってもよいかもしれない。それについて、筆者は一度検討したことがあるけれども、心理療法家は小さな物語に関わる者であることを自覚しつつも、大きな物語の次元も意識する必要があるのではないかと思われた。

2018年9月

河合俊雄

[参考文献] 河合俊雄（2016）：現代における物語　大澤真幸（編）宗教とこころの新時代　岩波書店

日本語版序文

　本書が最初に出版されて以降、「箱庭表現法」はさらなる成長を続け、現在では8ヶ国で実践されるまでになった。それらは文化的にも、社会的にも、政治的にも、宗教的にも全く異なる場所であるが、どのような文脈においても、集団セッションという枠組みに関しては、ほとんど調整の必要がないほどに信頼に足るものであることがわかってきている。集団というものに伴う包容と癒しの力がいかに重要なものであるか、実践を重ねるたびにますます実感されてくるばかりである。深刻なトラウマを受けた子どもたちが、これほどに自発的に、また信頼感をもって、自らの身に起きた否定的な体験を表現するというのは、個人療法の枠組みでは到底不可能なことだろう。何もする必要はない、自分のありのままが受け入れられている。集団はそのような感覚を、子どもたち一人ひとりに持たせてくれる。他の子が遊んでいるのをただ見ているだけでも、自分が集団の中の一部であると感じることができるのである。

　また、この手法が援助者にとっても儀式的な側面を持つことを学んだ。セッションを追うごとに、援助者も子どもたちと一緒に成長していき、より注意深く、人の心の動きに気づくようになる。そして、子どもたちを援助することを通じて、自分自身と格闘したり、心の奥底で見つけられるのを待っていた、感情的な、あるいは霊的な渇望を発見したりできたという思いを抱くのだ。

　日本の文化には、共同体への関心がとりわけ深く根ざしていることだろう。「箱庭表現法」が、そこで必ずや力になれるものと信じてやまない。

エヴァ・パティス・ゾーヤ

❖**目　次**

監訳者まえがき　iii
日本語版序文　viii

序　論　003

第1章　精神分析の社会的側面──フロイトの無料診療所 ················007

第2章　分析心理学の文化横断的構想
　　　　──カール・グスタフ・ユングと遊び ················ 017

第3章　マーガレット・ローエンフェルトの
　　　　世界技法とドラ・カルフの箱庭療法················ 029

第4章　極限状況における心理療法 ················ 041

第5章　心的トラウマと心の回復 ················ 065

第6章　箱庭表現法 ················ 077

　　　　遊びの心理的意味　078
　　　　グループ　081
　　　　表現は変化そのもの　083
　　　　症状　085
　　　　砂箱　087
　　　　砂　088
　　　　アイテム　090
　　　　自由で守られた空間　094
　　　　自由で守られた時間　096
　　　　見守り手の姿勢　101
　　　　保護者面接　108
　　　　象徴的なプレイ内容　116

第7章 南アフリカでの実践 ………………………………………… 129

遠く、ずっと遠く　133
警察を呼びにいく／ワニと遊ぶ　136
言葉にできない　142
サンゴマ　148
ビデオカメラ　152
鎖につながれる　156
確かな場所　158
ソウルシティ　164
祖父のこと　166
イニシエーション　170

第8章 中国での実践 ………………………………………………… 179

漢字と心　184
幼稚園における箱庭表現法　186
隠された兄　187
広州の孤児院　193
砂漠の長旅　194
バービー人形　198
自由で守られた空間の危機　202
大震災——北川地区の子どもたち　207
トラウマ体験の克服　217

第9章 コロンビアでの実践 ………………………………………… 229

暴力　235
癒しの眠り　239
混沌から秩序へ　245
馬が来る　249

第10章 箱庭表現法プロジェクトの実践手引き ………………… 269

文献 276
索引 280
訳者解題 284

危機介入の箱庭療法

序 論

　本書は、臨床実践のなかから生まれたものであり、念頭にあるのはあくまで実践のことにほかならない。他者を心理的に援助したいと願う全ての人にとって、本書がささやかな手助けになればと考えている。

　「箱庭表現法（Expressive Sandarbeit）」は、一連の理論的背景の上に成立したものである。本書冒頭、第1章から3章にかけては、その歴史的な流れに沿って概説を試みる。まずは、2つの大戦の狭間。精神分析の先駆者たちが着想した社会的ヴィジョンがあった。そこから道が拓かれ、1950年代にはドラ・カルフ（Kalff, Dora）が、ユング（Jung, C. G.）の理論に導かれて、いわゆる箱庭療法を構想するに至る。そして、乳児の観察を通した研究を経て、神経科学の影響が心理療法にも及び、右脳的なプロセスやトラウマに関する研究から、子どもの幼少期の心的健康における自由遊びの重要性が認められるようになっていった。

　「箱庭表現法」は、精神分析的な取り組みの蓄積から発展したものであるといえる。1990年代以降、中国の幼稚園や孤児院で、また南アフリカのスラム街で、成功を収めてきたという実績がある。2008年には、四川大地震の被災地において、心的外傷後ストレス障害（PTSD）の治療として「箱庭表現法」が初めて広く認知されるようになった。

　おもに非－言語的なイメージのプロセスに依拠するこの手法は、自然災害や戦争によって引き起こされるような、緊急性の危機状況に非常に適したものであるといえる。しかし、そのように降ってわいたように夥しい心理的援助が求められることになる状況ばかりでなく、比較的長期にわたる心理的ケアが求められるような場面においても、その有効性は確かめられている。都会の密集地域であれ、近郊の町村であれ、社会的貧困が長期化した地域では、子どもにも大人にもケアの手を差し伸べることが急務であるが、そこでもこれが大いに役立つのである。

3

心理療法における「箱庭表現法」の位置づけを知るには、1960年代から70年代にかけてイタリアの美術界で起きた「アルテ・ポーヴェラ（Arte Povera）」運動を引き合いに出すのがよいかもしれない。「貧相」であったり「単純」であったりするように見えるものが——当事の美術評論家達はことごとくそう評した——、本当にそうだと思うのは大きな間違いである。むしろ、正反対であるとさえいえる。息の長い熟成と洗練の過程を経て、余分なものがすべて取り除かれた時、まさに結晶化された本質が姿を現わす。これが、削ぎ落としの芸術である。心理学的な手法についても、同じ問いが立つだろう。つまり、「手放してよいものは何なのか」と。そしてわれわれは、数々の理論的考察に、とりわけ次の問いに、否応なく誘われることになる。そもそも心理療法において本質的なものは何か。新しく出会う状況で、本質から塵を見分けるために、どのような理論的手段があるのか……。

　いかなる未来も過去の上にこそ築かれるものであり、歴史を振り返ることには重要な意味がある。心理療法の始まりに目を向けてみると、それは偉大なる社会的ヴィジョンに、また、今ではほとんど忘れられてしまった創始者たちの熱意と理想とに彩られている。

　第1章では、この始まりの時を取り上げ、心理療法の社会的なルーツを描き出すことにする。フロイト（Freud, Sigmund）が1920年に立ち上げた精神分析の診療所では、患者たちに治療を無料で提供していたという。それは、精神分析が社会的に普及していくうえでの比類ない前提となったといえよう。ここを訪れた多くの患者は、社会階級の上層に属する人のみならず、社会的に恵まれない環境にいる人々が相当数含まれていた。ここでは、この診療所がどのような仮説をもとにしていたのか、また、どのように機能したのかについて、簡単に概観していくことにする。

　第2章では、心理療法という営みの、より広く、理論的にも重要な側面を探求していく。ヨーロッパで発展した心理療法的介入という考え方が、いかにして世界の異なる文化、民族、言語システムにおいても応用可能なものとなりえたのだろうか。ここでは、ユングの幼少期の回想を手がかりに、集合的無意識やこころのイメージ的な機能に関する彼の理論が本質的に依拠して

いる土台を明らかにする。この検討に加え、本章では、子どもの遊びの心理学的意味についても取り上げる。

第3章では、子どもの心理療法の本質をなすものは何かという問いについて探究する。とりわけ、心理療法史における歴史的な展開ともいえる、マーガレット・ローエンフェルト（Lowenfeld, Margaret）の「世界技法（World Technique）」とドラ・カルフの「箱庭療法」についてより詳しく検討する。

そして第4章からは、いよいよ本題に足を踏み入れることになる。ここでは、社会的な貧困状態において、心理療法はどこまで意味を持ちうるか、という問いに焦点を当てる。理論的側面と実践的な経験とが、次の問いにおいて結びつくことになるだろう。つまり、最大限の心理的援助を可能にするような、いわば「最小限の」、文化横断的な心理療法の形態は考えうるのだろうか、という問題である。

続く第5章では、理論編の残りを補うものとして、心的トラウマというテーマについて、いくつかの考察を行うことにする。

第6章では、多くの事例を用いながら、「箱庭表現法」の手法を体系的に記述していく。砂箱や砂、ミニチュア、また、セラピストやプロジェクトの協力者に求められる姿勢など、心理学的な前提条件となるものについて検討する。ここで言う「協力者」とは、専門的な訓練を受けていなくても、心理療法家の指示のもとで、「箱庭表現法」を用いることのできる人を指す。ボランティアやソーシャルワーカー、教師、教育者、学生など、協力者になりうる人は様々である。また、第6章では、この手法をよりわかりやすく説明するべく、筆者の実践からいくつかの事例を挙げ、象徴的なプレイの過程を示していくことにする。

本書後半の3章では、それぞれ南アフリカ、中国、コロンビアでおこなったプロジェクトを紹介する。事例の前には、各土地の歴史的・社会文化的に重要な側面について概観している。子どもたち一人ひとりの箱庭作品は、心理的力動がいかに変化していくかを如実に示しているといえよう。

最終章である第10章は、4回のグループセッションから成る、「箱庭表現法」の完結型プロジェクトについて一目でわかってもらえるような実践的な

序　論　　5

手引きとなっている。

　このプロジェクトは、数え切れないほど多くの学生たち、ボランティアの援助者たちのたゆまぬ専心と、熱心な取り組みなくしては、けっしてありえないものだった。本文では、一人ひとりの名前を挙げることができないが、ここに彼ら全員に対して感謝の意を捧げたい。

第 I 章
精神分析の社会的側面──フロイトの無料診療所

「……非金属を分析という純金と混ぜること……」
ジークムント・フロイト

　第1次世界大戦が終局を迎える前に、ウィーンの街からは文化と政治の中心都市としての輝きがすっかり失われてしまっていた。ウィーンの人々には、歴史的とも言える空虚な未来が彼らを待ち受けているように思われた。第5回精神分析学会を、ウィーンよりはまだ身の安全が確保できるだろうブダペストで開催するよう呼びかけたのは、著名な精神科医シャーンドル・フェレンツィ（Ferenczi, Sándor）である。その提案は受け入れられ、1918年9月に開催される運びとなった。フェレンツィは、改革派のジャーナリストであり出版業にも携わった父のもとに生まれ、ハンガリーの急進的な知識人や芸術家のサークルに属していたという。そこには、ジェルジ・ルカーチ（Lukács, György）やベーラ・バルトーク（Bartók, Béla）らもいた。

　戦争が始まってからというもの、かつてフロイトがウィーンに結集させた精神分析家たちはヨーロッパ中に散らばっていた。彼らの多くが、自国にて兵役につかざるをえなかったためである。明日にも自分の友人や同僚が戦争の前線に立つことになるのを、誰もが予感していた。そして、戦争が引き起こす心理的な結果が（今で言う）PTSDという形で現れるのを、すぐ間近で体験していたのである。学会の主目的は、戦争による心理学的な代償について議論すること、戦争神経症の治療方法を探し当てることであった。会議には中央同盟国の公式の代表者たちも出席し、新基準に基づく精神病棟の設立にも関心を示した。戦争が元となる心的損傷を回復させうるものとして、精神分析に大きな期待を寄せたのである。

7

「彼らは今、われわれを実践上の目的で使えないか考えていますが、戦争神経症の科学的研究の価値については何の理解も示していないようです。」（Andreas-Salomé 1918）

　戦史上、心的損傷というものが初めて公的に記述されたのが、精神分析によるものであるのは確かである。ドイツ軍の公式の医療記録によれば、1914年から1918年の間に、計613,047名の兵士が軍事病院で「神経疾患」のための治療を受けたとされる。これは、推定650万人の兵士のおよそ10パーセントに相当する数である。その当時の公式名称は「戦争神経症」であり、軍事病院で行われる治療では、電気ショックという方法を用いるのが常であった。それは明らかに、精神医学、とりわけ精神分析を待っていた大きな課題であった。自らの診察室を離れて、その知識を一般大衆に利用可能なものにすることができるのはすでに明らかであった。「精神分析的な治療法をより広く大衆へと開いていく」時が来たのである（Eitingon 1922）。

　その意味で、ジークムント・フロイトとシャーンドル・フェレンツィ[1]がこの学会で初めて掲げた次のアイディアが大きな反響を呼ぶには、機が熟していたといえる。フロイトは、講演において次のように述べた。

「今や社会の良心が目覚め、貧しい人であっても、救命救急の外科的な処置を受けるのとまったく同じように、心の援助を要求する権利を持つべきだと強く勧告しています。そして、神経症は結核と同様に国民の健康を脅かしており、結核が国民一人ひとりのまったくもって無力な福祉手当に委ねられているのと同様、神経症への扶助もまたきわめて僅かなのです。」（Freud 1918）

精神分析を必要とするすべての人が分析を無償で手に入れるべきである、

---

*1　フェレンツィも講演において、彼が「積極的治療」と呼ぶ、分析の新しい形式について述べている。これはのちに、ベルリンの総合診療所で「個別治療」と名付けられた。

とするこの提案は、とりわけ当時の政局に関連する様々な事情によって道を整えられることになる。

　ここ何年にも亘る戦争のために、ウィーンでは患者がさっぱり途絶えてしまうという事態が生じていた。フロイトが所有していた全財産も、インフレの影響で底を突いてしまった。彼がスイスの精神科医 C. G. ユングと訣別してから、4年の年月が経過した頃のことである。フロイトはもはや、すべて自らの采配で精神分析の発展に専心することができた。たとえば、訓練機関の設立もそのひとつである。この数年、精神分析家の仲間内で数々の疑問の声が上がっていた。どのような手続きを踏めば精神分析家になれるのか。訓練機関はどこに設立すればよいか。スーパーヴィジョンはどのように管理していくべきか。訓練を経れば専門外の分析家（医学の学位を持たない精神分析家）も認めていくようにすべきなのか……。いずれにせよ、これから訓練を行うためには、必然的にたくさんの患者が必要となる。目下、全市民が置かれている危機的な心理状態からすれば、患者はもはやヨーロッパで最も高い社会的階層にいる人々だけではないはずであった。そのようなわけで、無料で治療を受けることのできる診療所、という発想は、この観点からも大変魅力的なものに映ったのである。

　しかし、フロイトの提案はまた、ある特別な歴史的瞬間を意味していた。リベラルな社会思想の追い風を受けながら、ここで初めて、保守的・専制主義的・教条的な態度からの社会政治的刷新が起きたのである。

　　「精神分析的な訓練を受けた医師が働く施設や診療所を開設するのです。酒に溺れるしかない人、今にも不自由の重荷に押しつぶされそうになっている女性、暴れまわるかノイローゼになるかしかない子ども。ここで分析を受ければ、今の状況に立ち向かい、効率よく働くことができるようになるでしょう。国がこうした責務を本当に差し迫ったものと捉えるようになるには、まだ長くかかります。［…］おそらくは、そうした施設で私的に慈善事業を行っていくことになります。もちろん、遠からず認められなければならないと思いますが。」(Freud 1918)

第1章❖精神分析の社会的側面　　9

フロイトの着想は大きな賛同を集め、精神分析家たちの心に深く刻み付けられた。これが現実化するのに、そう長くはかからなかった。

　1920年2月、エルンスト・ジンメル（Simmmel, Ernst）とマックス・アイティンゴン（Eitingon, Max）が、ベルリンのシュロス・テーゲル・サナトリウムに、最初の精神分析総合診療所を開設した。開設式典のプログラムには当時の時代精神が色濃く反映されている。カール・アブラハム（Abraham, Karl）が開会の挨拶をすると、エルンスト・ジンメルがライナー・マリア・リルケ（Rilke, Rainer Maria）の『時禱集』の一節を読み上げ、ショパンやシューベルト、シェーンベルクの楽曲がかけられた。その場にいた誰もが出立の機運に満たされていた。自らの労働時間の実に5分の1をこの無料診療所に捧げることを表明した精神分析家たちのリストは、さながらこの分野の開拓者たちの索引であるかのようだ。カール・アブラハム、ポール・フェダーン（Federn, Paul）、テレス・ベネディク（Benedek, Therese）、オットー・フェニケル（Fenichel, Otto）、イーディス・ジェイコブソン（Jacobson, Edith）、カレン・ホーナイ（Horney, Karen）、エーリッヒ・フロム（Fromm, Erich）、ヘレーネ・ドイチュ（Deutsch, Helene）、ハンス・ザックス（Sachs, Hanns）、サンドール・ラド（Radó Sándor）、ヴィルヘルム・ライヒ（Reich, Wilhelm）、アニー・ライヒ（Reich, Annie）、メラニー・クライン（Klein, Melanie）……。開設後、クリニックはまたたく間に大盛況となり、ほどなく宣伝不要の判断が下されたほどだった。

　最初の2年半だけで、「6歳の子どもから67歳の老人まで、労働者や召使から将官の子女まで」、実に700名の患者が来談を求めた（Brecht et al. 2009）。このうちのおよそ半数が、精神分析的な治療を必要とした者である。治療費の支払いが不可能であると申告した患者は分析を無料で受けることができ、そうでない場合は、その人が実際に支払えるか、支払えると思う分だけの金額をいくらか払うことになった。

　また時折、診療所に対してまとまった額の財政支援もあった。エルンスト・ジンメルは、当時の関連省庁の大臣に宛てて、治療を必要とする患者たちこそが、多くの場合、まさにその精神神経症のために資金を持ち合わせていないのだという旨を書き送っている。

フロイトは当初、ウィーンでの診療所開設をめぐって、大きな疑念を抱いていた。無料で治療を受けたいと言う人々のための診療所が、ウィーンという街にふさわしいとは思われなかったためである。まだブタペストのほうが望ましいと考えていたのだろう。実際のところ、この新構想は長きにわたり抵抗を受けていた。そのような診療所は医師の地位とイメージを損ないかねないとの懸念が、医師会から表明されていたのだ。しかしそこに、社会民主主義影響下の「赤いウィーン」の風が手を差し伸べた。1922年、エドゥアード・ヒッチュマン（Hitschmann, Eduard）、ヘレーネ・ドイチュ、ポール・フェダーンが、ウィーン外来診療所を創設し、それがペリカンガッセ18番地にあった大学の診療所へと統合された。ベルリンの場合と同様、資本金のない中での滑り出しであった。患者たちは、午後には使われていなかった心臓病棟の診察室で治療を受けることになった。カウチは心臓病患者のための狭くて堅い診療台で、椅子を使わないとよじ登れないような代物だった。それにもかかわらず、開設後すぐに患者が殺到し、捌くのもやっとの大賑わいとなる。職人に公務員、修道女、工場労働者、家政婦、弁護士に学生など、あらゆる者がこの診療所に押し寄せた。1920年から1931年までの間に、生活保護受給者も多く含む、何百名もの幅広い年齢層の患者が、心身症、抑うつ、恐怖症の治療を受けた。最も多い症例は「ヒステリー」であり、次に「強迫神経症」が続いた。そこで治療に当たった精神分析家には、アンナ・フロイト（Freud, Anna）、ヴィルヘルム・ライヒ、ジークフリート・ベルンフェルト（Bernfeld, Siegfried）、アウグスト・アイヒホルン（Aichhorn, August）、ウィリー・ホーファー（Hofer, Willi）、グリート・ビブリング（Bibring, Grete）ら、錚々たる顔ぶれも見られる。彼らは、この診療所そのものがより大いなる社会正義へとつながる社会変革のひとつであると考えていた。すなわち、社会変革のための手段と捉えていたのである。

　この診療所がとりわけ関心を寄せていたのは、子どもや青年たちへの治療であった。アンナ・フロイトは、精神分析と教育との関連についての一連の講義を行っているし、元教師であり、市営幼稚園の理事でもあったアウグスト・アイヒホルンは、精神障害を持つ、あるいは非行に走った青年たちの社

会的援助の精神分析的なモデルを発展させた。

　一方のベルリンの総合診療所でも、年に治療を受ける患者の10パーセントまでが学童期の子どもたちであった。彼らはまず一般的な医学的・神経学的検査を受けてから、精神分析家に回された。セッションは、大人同様、週に3回行われた。

　「病歴と診断」と冠した1921年から始まる外来患者の記録には、マックス・アイティンゴンによる次のようなコメントが残っている。

　　　「ウィルマーズドルフの青少年診療所からの紹介。若干の盗癖（別の少年に唆されて学校の戸棚に手を付けた）と幼女への性的暴行あり。困難な家庭環境。ごく幼い頃から、姉に窃盗を強要されていたよう。法を侵してきたのがわかっているか尋ねると、泣き出す。初回はほとんど話さず、明らかに怯えた様子であったが、無遠慮な田舎の子どもの特徴を数々備えている。学習困難はあるが、知的に遅れているという印象はない。」（Frank 1999, S. 149）

　この13歳の少年の治療記録の冒頭には、次のようにある。「分析を適用。担当はクライン女史」（ebd.）。

　この若き患者は、カウチに横になって自由に連想するよう促されるが——どちらにも繰り返し抵抗を示したようである。当初は週に3回のセッションが予定されたが、実際に行われたのはたった14回であった。メラニー・クラインいわく、「彼の養母が、私から彼を遠ざけようとあらゆる手を尽くした」ためである（ebd.）。この発言には、聞き流すことのできない治療者の憤りが見て取れる[*2]。そもそも、クラインがここで引き継いだケースは、彼女が初めて行った子どもの分析であった。彼女は少年の連想を、フロイトのエディプス・コンプレックス理論に従って解釈していく。しかし彼女はまた、この

────────

*2　現代行われている子どもの心理療法においては、その前提のひとつとして、子どもに付き添う大人はいつでも定期的な面談を求められるようになっている。

概念に必ずしも合致しないものについても多く書き残している。7ページの治療記録の中に、少年の「路面電車のファンタジー」が2回出現している。「分析セッションから帰る途中で、路面電車［トラム］が脱線して、しかも車掌は乗客に別の電車への乗り換えの乗車券をくれないのではないか」というようなものだ（ebd., S. 150）。

　少年が脱線（Entgleisen）——この語は、非道徳的な振る舞いを示す——、そして肯定的な父親的審級（車掌）の欠損状況下での脱線が、きちんと埋め合わされない可能性への不安を示していることは、今日のわれわれからすれば明らかなことだ。2度目にこのファンタジーに言及した際、クラインは、「彼はエレベーターのことも気にしている」と付け加えている。「ロープがちぎれてしまうのではないか」と（Frank 1999, S. 150）。

　少し経って、治療者は次のように記す。「少年は新しく、エレベーターの建設と機械工の仕事に興味を持ち始めた」（ebd.）。彼がここに希望を見出し、内なる心理的力動が彼の中で新たに活性化しはじめていることは想像に難くない。

　少年がカウチ上で連想したイメージは、もしも彼が机について紙と色鉛筆を持ったとしても、あるいは砂箱とアイテムの前に立ったとしても、似たような像を結んだことだろう。ひょっとしたら、彼はミニチュアの電車を脱線させたかもしれない。もしそうなら、セッションの最初に彼が示した抵抗はもっと軽減されていたのではないだろうか。そうすれば、双方にとって状況はもう少し楽なものになったにちがいない。よく知られているように、メラニー・クラインは後に、ミニチュアの玩具を用いた子どもの治療を発展させている。ただし、この2つの連想の場には、重要な差異がある。まさにこの違いが、無意識内容の表現に大きく影響することになる。カウチ上での自由連想のファンタジーにおいて、トラムが脱線する時に、少年自身はその中にいる。しかし、もし彼がプレイのセッションでミニチュアの電車を持ち、それを脱線させるなら、彼はその出来事に対して、ある程度の距離を取ることになる。おのずと、これが治療の進展にとって有利にも不利にも働くのだ。

　ベルリンの郊外から通ったこの少年の精神分析は成功とは呼べなかったも

第1章❖精神分析の社会的側面　　13

のの、メラニー・クラインは、次のように報告している。「分析はかなり不定期なものだったが、この間、少年が一つとして罪を重ねることはなかった」と。ところが、「中断の間に、再度非行に走るようになり、じきに少年院に送られた」という（ebd.）。

2〜3ヶ月続いたこの中断は、治療者が「個人的な事情でベルリンを離れた」ことによるものだったという。後に、彼女はこのことを次のように嘆いている。

　　「戻ってから、何とかして彼を分析に連れ戻そうと試みたが、それがかなうことはなかった。状況全体から考えて、彼が犯罪歴を重ねていくことに疑いの余地はない。」（ebd., S. 152）

　このクラインの見方が悲観的にすぎるものであったのかを知るすべはない。しかし、1920年代ドイツの少年「更生」施設の状況がどのようなものであったかを考えれば、彼女の危惧を共有しないわけにはいかないだろう。

　精神分析の創始以来、100年余の年月が流れたが、当時の分析的理解や共感、治療技法は、現在とまったく遜色のないものである。当時「自由連想」と呼ばれたものは、今日でもなお深層心理学的治療の中核をなすものである。この間に、無意識的内容を誘発する様々な技法や、その内容を理解するための多様な理論体系がいくら発展したとしても、その事実は依然として変わることがない。しかし、今日の治療的アプローチは──1920年代と同じく──、治療関係の持つ変容と治癒の効果が、とりわけ治療者本人に過小評価されているという点に問題を抱えているように思われる。治療者がその子どもについて自分なりの考えや感情を持った確かな存在として立ち会うということは、それだけで、その子にとっては、自分自身が完全に根本的に受容されているか、あるいは拒絶されているのかを象徴するものとして体験される。同じ治療者が全てのセッションに継続して立ち会うことで、その人は子どもの投影の担い手となる。子どもの心の内に作られた親の審級を、外の世界に描き出す鏡となるのだ。その子が周りの環境に足りなかったものを埋め合わせ

られるかどうかは、治療者がそのように自分自身を治療関係上の「第一質量」として使わせることができるかどうかにかかっている。メラニー・クラインの事例で起きてしまったような長すぎる中断が、子どもの中にわずかに目覚めかけた希望の光をかき消してしまうこともあるのだ。

　もちろん、子どもが治療に耐えうるかどうか、その治療が簡単に中断しないかどうかが、治療者や治療者の訓練だけに左右される訳では決してない。目には見えない文化や社会の問題も大きく、また深く絡みあっている。ある社会でそもそも子どもの治療が成功しうるか否かは、最終的には、大人たちが、子どもの実存の傷つきやすさをいかに感受できるか、そして、どれだけ感情的に寄り添っていけるかによるのである。

　2つの大戦の狭間にあったこの時期に、こうした線に沿った多くの新しい考え方が、集合的なレベルで動き出していたのは注目に値する。モンテッソーリ・スクールといった教育思想の発展も、その一例である。ヨーロッパのみならず世界で、異なる力が真反対に働きながら、出来事の方向性を決定していくことになったのだ。

　10年以上もの間、かの精神分析家たちは、自分たちのしていることが必ずや社会全体に影響を与えることができるはずだという夢に向かって励み続けた。診療所が十分に「患者」を提供してくれたので、多くの若き分析家たちの訓練にも成功した。ほとんどの訓練生は、自分自身の分析も無料で受けることができた。精神分析の思想は、芸術や文学、映画をも豊かにしたし、これから社会的・人道的な価値への大いなる移行がなされるだろうと、多くの人が思い描いていた。しかし結局、事態はそのようにはいかなかった。

　1933年、ベルリンの精神分析の総合診療所が成し遂げた全ては、歴史上最も暗い深淵のひとつに呑み込まれてしまう。フロイトの著作は火で燃やされることになる。ドイツにアーリア化の動きが始まったのだ。マックス・アイティンゴンは、「診療室で逮捕される」ことのないように、総合診療所には二度と足を踏み入れず、パレスティナへと移住していく。エルンスト・ジンメルは実際に逮捕されてしまった。患者の立場を危うくしないよう、記録の大部分は処分された。1936年、軍の権力者たちは、診療所を国家社会

第1章◆精神分析の社会的側面　15

主義の道具として改変しようと試みた。マティアス・ゲーリング（Göring, Matthias）（ヘルマン・ゲーリングの従兄弟に当たる）が、「ドイツ心理学・心理療法研究所」の新しい所長に任命される。帝国の医学界のトップと内務省に宛てた電報で、ゲーリングとベーム（Böhm）は国家社会主義運動を絶対的に支持すると誓っている（Brecht et al. 2009）。C. G. ユングもこの職の候補に挙がったが、彼はそれを拒否し、スイスに留まった。ユダヤ人の分析家の多くはアメリカへと移住した。この地で精神分析は更なる発展を見せ、戦後再びヨーロッパへと回帰することになる。

　ウィーンの診療所は、1931年の時点ですでに資金難を理由に閉鎖されている。ウィーンで精神分析のための診療所が再開されるには、実に1999年を待つこととなった。

第2章
分析心理学の文化横断的構想
── カール・グスタフ・ユングと遊び

> 「……手は時として、知性がどうあがいても到達
> できないような秘密を解き明かす方法を知っている。」
> C. G. ユング

　10歳のカール少年の黄色の鉛筆箱には、ペンと鉛筆が数本、そして、木の定規が入っていた。時は1885年。当時の子どもたちはよく、工作をしたり自分のおもちゃをこしらえたりして遊んだものだった。だから、カール少年がある日、何気なく定規に彫刻を始めたのも、決して不思議なことではない。定規が使い物にならなくなってしまうことにはお構いなしに、彼はそこから「フロックコートにシルクハットをかぶり、ピカピカの黒いブーツを履いた」高さ6センチメートルほどの小さな男を彫り出した(Jaffé 1987)。少年は、この小さな人形に黒いインクで色を付け、定規から切り取って、鉛筆箱の中に横たえた。

> 「そこに私は彼の小さなベッドをこしらえた。そして、毛糸の切れ端
> で小さなコートを作ってやった。鉛筆箱にはまた、川で拾った黒っぽく
> すべすべした楕円形の石も入っていた。上の部分と下の部分とに分けて、
> 絵の具で色付けしたものだ。[…] それは、彼の石だった。」(ebd., S. 27)

　カール少年は、小さな人形を入れた鉛筆箱を手に、子どもには立ち入りが禁止されていた自宅の屋根裏に上った。彼はその梁のひとつに鉛筆箱を隠す。

> 「私の秘密は誰にも見つけられなかったし、壊されることもなかった。

安らかな心地がして、自分自身と調和がとれていないという苦痛感がどこかへ行ってしまったようだった。厄介ごとがあるといつでも、つまり何かしでかしてしまったり、感情が傷ついたりした時はいつも、［…］念入りにくるんで寝かせてある人形と、綺麗に塗り分けた滑らかな彼の石のことを思った。」（ebd.）

少年と木彫りの人形とのエピソードは、その後も１年ほど続くことになる。

「時々──大体は数週間おきに──誰にも見つからない時を見計らって、こっそりと屋根裏部屋に上った。そして、梁によじのぼって箱を開け、人形と彼の石を眺めた。その度に、鉛筆箱の中に、何かを書くのに使った紙を小さく巻いたものを入れるようにしていた。［…］紙がびっしり敷きつめられたところに、また新たな巻紙と人形とが保管された。新しい巻紙を追加する行為にはいつも、厳かで儀式的な性格が伴っていたのを覚えている。［…］そうした行為が何を意味しているか、あるいはどのように説明すればよいかなどは知ったことではなかった。私は、新しく勝ち得た確かさと安寧とに満たされ、誰も近寄らず、また誰にも理解できないものを所有していることに満足していた。」（ebd.）

その小さな男について考えることは、特にカール少年の自己肯定感が低下しそうになる時に、いつも大きな助けとなった。たとえば、彼がある大切な知人の家に招待を受けた時がそうであった。長い時間をかけて準備し、慎重に身支度を整えたにもかかわらず、少年は母親から「鼻を拭くのを忘れてはだめよ。手は洗ったんでしょうね？」（ebd., S. 32）と繰り返し注意される。家が近づくにつれて、彼のアイデンティティはどんどん弱くなっていってしまった。ついにその多少とも大切な知人の家に到着し、ドアベルを鳴らす頃には、彼には自分が「迷い犬のように臆病で不安げ」に思われた。「『靴が汚れてる。手もだ。ハンカチは持ってないし、首も真っ黒だ』という声が耳に鳴り響いた」。

カール少年は、よろしくの挨拶を伝えるのも忘れ、「不必要に強情な、また内気な」振舞いを見せる。しかし、心の中では、また別のことを感じていた。

「本当にひどいことになったときには、屋根裏の秘密の宝物のことを考えたものだ。それは私の人間としての尊厳を取り戻させてくれた。というのも、見放されたような状態の中で、私はまた別の者でもある、ということを思い出すことができたからだ——誰からも傷つけられることのない秘密、あの石と、フロックコートとシルクハットを身につけた小さな男と共にある者であると。」(ebd., S. 33)

「その事件のことはすっかり忘れて」25年の年月が経ったある日、精神科医となったカール・グスタフ・ユングの脳裏に「この記憶の断片が、すぐそこにはっきりと」甦った。彼が文化人類学の研究で、アーレスハイムの魂の石と、オーストラリアの「チュリンガ」に関する資料を読んでいたときのことである。それらが彼の石と同じように塗り分けられていたというだけではなく、重要なのは、この魂の石が、当時の人々には、子ども時代の彼にとってそうであったのと同じ機能を持つと考えられていたのであろうということだった。

「これらを思い出すことで、いかなる伝統とも無関係に個人の魂へと入り込みうるような、古代的な魂の構成要素が存在するという確信が初めて私に訪れた。」(ebd., S. 29)

これが「集合的無意識」という概念の基盤を与えることになる。後にC.G. ユングは、あの子どもの頃の遊びを、より大きな文化的文脈の中に位置づけることに成功する。

「結局のところ、その全体像は「カビア（kabir）」に等しい。縦長の黒っぽい石を小さなコートで、すなわち「キスタ（kista）」で覆い、そこに

生命力を蓄えたものであったのだ。しかし、そのつながりが私にとって明らかになるのは、それからずっと後のことであった。子どもだった私の身に、後にアフリカの原住民に見出すことになるものと同じことが起きていた。彼らは自然にそれを行うが、自らのしていることについてはまったく知らない。それについて熟考されるのは、長い長い年月を経た後のことなのである。」(ebd., S. 30)

　ここでC. G. ユングが描いていることは、子どもの遊びを通して起こるこころの自己調整の好例と言える。彼自身が作り出した——そして、人類史上にも同類の物を見出しうる——あの小さな男を思い描くことで、彼の内的矛盾、2つに分断した状態を、多少とも克服することができたのである。
　家の屋根裏に隠されたあの秘密の人形は、後に考案される箱庭のミニチュアたちの先駆け、あるいは始祖と考えることもできよう。後に箱庭の作用として記述されることになるものの全ては、ユングの子ども時代のこうしたエピソードにすでに準備されている。ユングの叙述は、彼の理論がいかに、言うなれば彼自身の主観的な内的世界に対する「客観的な」観察から発展したものであったか、という印象を与えるものである。地理的・時代的に異なる条件下にある個人に、互いによく似た形態、すなわち元型を形成するような全人類に共通する心的基盤という概念こそ、今日では多くの心理学者、人類学者、哲学者に、「集合的無意識」として知られているものにほかならない。
　こうしたユングの見方は、特に発達心理学に照らして考える時に、どのような重要性を持つであろうか。ユング自身は子どもの心理療法にほとんど関心を持たなかったと考えるのが通説のようになっているが、親子の関係に関する彼の考察は、今日もなお先駆的な仕事として意義あるものであろう。1927年、フランセス・G・ヴィックス（Wickes, Frances G.）の著書『幼少期の内的世界（*The Inner World of Childhood*）』のドイツ語版に寄せた序文において、ユングは次のように書いている。

　　「だからこそ親たちは、ことによると自分が子どもの神経症の第1要

因であるかもしれないことを、常に念頭に置いておかねばならない。」
（Jung 1985）

　今日の心理療法においては自明のことと思われるかもしれないが、1920
年代の段階では決してそうではなかったのだ。さらにユングはこう述べる。

　　「理論的な認識を好む者にとって真に本質的なことは、通例は、子どもに
　対して最も強力な効果を及ぼすのは、親たちの意識状態ではまったくなくて、
　むしろ彼らの無意識の背景にあるものであるということだ。」（ebd.）

　こうした見解の帰結として、少なからず社会的な水準にも足を踏み入れる
こととなる。ユングの論述は続く。

　　「自分自身が父親あるいは母親である場合、倫理的な人なら、このこと
　は恐らく不安を喚起する問題となろう。というのも、多かれ少なかれ自分
　の手の内にあるようなもの、すなわち意識とその内容物など、自分でどん
　なに努力したところで、こうした背景にある制御不能の影響に比べれば無
　邪気なもの、効果のないものにすぎないように思われるからだ。」（ebd.）

　先に引用したユングの母親とのエピソードを、もう一度思い起こそう。彼
女は、自分の息子が、特に重要な知人との付き合いにおいても、ピカピカに
磨き上げられた状態でりっぱに責務を果たすことができるよう、考え付く限
りの最大限の良心を行動に移そうとした。母親のこうした意識的な目論見が
――無意識的には、社会的に高い立場にある人々の持つ圧力に対して恐らく
は彼女自身が悩んでいたのであろうが――、自分の子どもにまさに正反対の
ものを呼び起こすことになる。善意の、しかしどこか強制的でもある小言が
繰り返されることで、息子は強化されるどころか、むしろ劣った存在へと仕
立て上げられてしまったのだ！　それらの言葉は確かに息子の精神生活へと
深く浸透したが、悪魔にでも導かれるかのように正反対の方向に変容してし

第2章❖分析心理学の文化横断的構想　　21

まい、結局、子どもの耳に声高に押し迫ることになったのは、無意識のメッセージのほうであったのだ。それらは、こうまくし立てたに違いない。「本当は私達なんてまったく価値のない存在なの。きちんとした見た目で覆い隠しているだけで、実際の姿はみすぼらしいものなのよ」と。この子どもには、こうした無意識の言いつけに従うことしかできず、母親の人格の中の薄っぺらな意識層のみに由来したような友好的な挨拶は伝えることができなかったのだ。内気で強情な態度をとったあげく、大人の矛盾した世界に苦しむことになるのである。

　ユング自身が行った心理療法の数少ない記録において、彼は絶えず、子どもがセラピストに対して信頼感を確立することの重要性を強調している。それは、セラピストの人格だけにかかっているものではない——まして、精神分析の技量によるものでもない。決定的な影響を及ぼすのは、セラピストが子どもの言葉で子どもと気持ちを通じ合わせることができるかどうかにほかならないというのだ。そして無論、それは言葉による表現のみに限られるものではない。

　先に見たように、ユングは子どもとしてだけでなく大人としても、言語による表現形態ではないものの影響を身をもって体験したのである。そして後に訪れる精神的危機の時代、彼の見つけた最良の道は、ほかでもなく「遊ぶ」ことであった。

　　「フロイトとの訣別以後、私にとって内的な不確実性の、すなわち方向喪失の時代が始まった。[…] この時期こそ、私の運命における転回点であった。そして終わりなき抵抗の末、私は子どもの遊びに耽るようになった。[…] こうして私は、湖岸から、また水中から、適当な大きさの石を集めるようになり、それらを組み立てる作業へと取り掛かった。[…]天気さえ良ければ、昼食後には毎日のようにそれに取り組んだ。食事が終わると、患者がやってくるギリギリまで建築ごっこに励み、仕事が早く終われば再び作業に戻り、夜まで続けた。この作業によって私の思考は研ぎ澄まされ、私の中に予感として感じられていたようなファ

ンタジーを自分で捉えることができた。」(Jaffé 1987, S. 174-177)

　ここで語られていることは、もしかすると、子どもが自由遊びの中で、また
プレイセラピーの中で体験するようなこととかなり似通っていると言える
かもしれない。

　1954年、ドラ・カルフがマーガレット・ローエンフェルトの「世界技法」
に取り組むようになった際には、1937年にすでにフランスで耳にしていた
ユングが、この「世界技法」を子どもの心理療法として発展させることを大
いに支持したという。

　ユングが心的プロセスにおけるイメージの展開の重要性に着目したこと
で、20世紀後半には、イメージを用いた様々な方法が発展していくことに
なる。アメリカに移住せざるをえずにいた多くの精神分析家たちは、そうし
た刷新的な方法のうちに、ヨーロッパに戻る道を見出した。今日「表現療法」
という概念でくくられるものは全て、その例証にすぎないとみなしてよいだ
ろう。「C. G. ユングは20世紀の初頭に、今日の我々が表現療法の中で行っ
ているあらゆるものを見越していた」(McNiff 2006)のである。

　表現療法はアメリカで広く普及したが、そこではきわめて幅のある定義が
なされている。つまり、表現技法をめぐって語られることもあれば、理論的
な根拠を与えるものとして説明されることもあるなど、様々な解釈を許して
いるのだ。「表現療法は、精神分析の理論、自我心理学、対象関係論、脳科
学から寄せ集められたものである」(ebd.)。

　表現療法を支持する者の中には、C. G. ユングの発展させた「アクティブ・
イマジネーション」の技法に自らの療法との類縁性を見出し、そこを起源と
捉える向きもある。むろん、箱庭表現法もまた、表現療法の一つと考えられ
るものであるので、ここでひとつ誤解のないよう注意しておく必要があるだ
ろう。アクティブ・イマジネーションの前提は確かに大多数の表現療法の方
法と何らかの形式的な類縁性を示しているが、この技法の核にあるもの、す
なわち意識による無意識内容との対決は、自発的に行われる表現過程のまさ
に対極にあるものである。

第2章 ◆ 分析心理学の文化横断的構想　　23

それゆえ、アクティブ・イマジネーションは、子どもにも集団にも適していない。それが可能性を持つのは、十分な自我の強さと耐久力を備えた人が、実際に自己分析に取り組むために用いるという場面なのである。

1920年代にユングが生み出したその他の概念にも、いまや精神的にも社会的にも一般常識になっているものがある。すっかり日常語へと浸透し、もとの意味が減じられた形で用いられているのだ。その顕著な例が、「内向」と「外向」の概念である。ユングはタイプに関する学説において、世界に対する構えの4つの類型をあげ、そのそれぞれに内向きの、あるいは外向きの方向性が存在すると考えた。今日では、この2つだけの大雑把な分類ばかりが知られるようになったが、もとの類型論全体についてはあらためて専門家の手で検討することが求められよう。DSM-5で内向性を精神障害に数えるべきかについて議論が行われているような現状は、今日流布している内向性の概念が、ユングの意図したものからいかに乖離したものになったかを示しているといえる。

非常に重要なのは、ユングが客観的な科学の言葉を用いて表現したということである。彼はきわめて明確に象徴と記号とを区別し、解釈と拡充とを差別化し、目的論と因果論とを対置して記述した。

C. G. ユングの今日的な意義は、言語による表現方法に対してイメージのプロセスを強調したというだけに留まらない。この人物の別の側面もまた、21世紀の心理学においてさらに重要なものになるように思われる。1906年から1907年にかけて、若く野心にあふれた精神科医であったユングが、ブルクヘルツリの精神病院で過ごしていた頃のことである。同僚の見解に反して、彼は真っ先に、自分の担当する統合失調症患者の語る一見「意味のない」ファンタジーに意味を見出した。こうしてユングは、心理学的現象を病理化する傾向の対極に、自らの身を置いたのである。

今日、PTSDの診断をめぐって論争が白熱し、またその治療方法にはなおも議論の余地があるという現状を考えるにつけ、あるいはいかにアメリカで躁うつ病と診断される子どもたちが激増しているか、いかに軽率に注意欠如障害と断定され、薬剤が用いられているかを見るにつけ、精神障害の持つ無

意識的な目的を探求しようというユングの最初の試みが、今まさにあらためて問題になってくるといえよう。

　ユング派分析家であり精神科医でもあるレノス・パパドポロス（Papadopoulos, Renos）の難民に対する取り組みは、意図的に形式を簡易化しているために一見単純なもののようにも見えるが、今日、ユング派の理論を幅広く社会に適応しようとする実践の好例である。彼は次のように書いている。

　　「こうした残虐行為による辛い体験を癒すことができるかどうかは、洗練された治療技術を考案することではなく、人々が適切な仕方で語れるようになるための援助をするということに基づいた、より『伝統的な』治療形式へと戻ることにかかっている。」（Papadopoulos 2002）

さらに続けて、こう述べる。

　　「私は、デブリーフィング、解除、カタルシス、過去のトラウマの再現、対処能力の訓練といった治療図式は一切押し付けないようにした。『責任能力のある』者として彼らを尊重し、こちらから対話を方向付けることはとにかく避け、彼らが自分のペースで話したいと思うだけのことを何でも話せるよう心がけた。」（ebd.）

難民たちに対して取り組む中で、パパドポロスは、「通例に反する」かもしれないが、状況にふさわしい治療設定の形を見つける必要を感じたという。ただし、ここでこの医師がさしあたって、指定した面接室に患者を呼ぶというような治療方法をとらなかったからといって、彼は決して、ただ手放しに集団内での相互作用を狙っていたというわけではない。

　パパドポロスは、時間を区切ることなくひたすら、多くは深刻なトラウマを抱えた人々と共に過ごし、訪ねて行っては、（お茶のコップを洗うところから、セルビア＝クロアチア語と英語の翻訳をしたり、様々な専門家との連絡をつけたりするところまで）「できることは何でも」手助けした（ebd.）。

第2章◆分析心理学の文化横断的構想　25

しかし彼はまた同時に、日常会話の中に治療的な姿勢をこっそりと忍び込ませる。

> 「たとえば、日常の問題について話でもするように、彼らが自らの抱えている苦しい喪失感や混乱に目を向けられるようにする。また、彼らがさしあたり取っている態度をあくまで適切なものと考え、抵抗として扱うようなことはしない。[…] 敬意と思慮を持って接する中で、私は彼らの経験を、悲惨ではあるが決して不健全ではないという観点から、正常なものとして『理解』する（すなわち『異常な状況に対する通常の反応』として考える）ことを目指しているのである。」（ebd.）

ユングの治療法は、非常に微妙なニュアンスをもって表現されてはいるが、同時に一貫して筋が通ったものでもある。病理化については、そもそも「治療」というものがまったく企図されていないという意味でも、語られることはなかった。枠が守られること、治療者が居合わせることという最低限の条件さえ揃えば、心の自己調節能力は必ず発揮されるのであり、これを経験することが決定的な意味を持つ。重要なのは、可能性への展望である。最も惨憺たる出来事でさえも、それが人生にとって何か価値の高いものを、以前は存在しなかったものを呼び出すということがありうるのではないか、と。

個人的なものにせよ、集合的なものにせよ、ある障害や症状、あるいは危機の背後に意味を読み取ろうとするこのような姿勢こそ、C. G. ユングが果たした偉大な功績のひとつであろう。もちろん、そうした見解は何も、全く新しいものというわけではない。長い歴史の中で、昔から深く根付いたものであり、新しい現象形態をとって繰り返し姿を現しているのにすぎない。たとえば、そうした可能性への展望は、「危機」を表す中国の漢字にも見て取ることができる。これは同時に「創造性」の記号でもある。すなわち、それぞれの「危機」が持っている、別の、まだ目に見えない、潜在的な展開可能性をも同じだけ含んでいるのだ。

ユング独自の概念は、以下の章で他にも引用することになるが、表立って

取り扱うということはしないつもりである。

　ユングによれば、「自己」とそれに関連する「超越機能」の概念は、「自我」の上位にある機関であり、いわば心的プロセスを始動し、司っているものであるという。ユングは人間の宗教的な本能について述べるなかで、人間はごく幼いときから、物質的な世界を超え出た問いに関心を持っており、人間の心的均衡は、人生の経過において納得の行く答を見つけることができるかどうかにかかっていると考える。その最終的な答が出るということは決してなく、切実な経験をするごとに、また年齢段階に応じて更なる変化を遂げていく。ユングによれば、心は自ら像や形態の形で現れるとされる。それらはより大きな、文化横断的な文脈に貯蔵されることで意味連関を生み出し、その中で「象徴」という性格を帯びて、あふれるほどの意味を纏うことになる。こうした活力を携えることで、「象徴」は、心的な対立や矛盾、遮断といったものを超越していくことができるようになる。すなわち、別の段階へと止揚し、以前のあり方を解きほぐす力を得るのだ。

　以下では、箱庭表現法を何か特別の、独自な手法として記述するというよりは、むしろユング理論の実践的な応用として示していきたいと思う。

第3章
マーガレット・ローエンフェルトの世界技法とドラ・カルフの箱庭療法

> 「子どもはみな、どこかしら難しいものですが、中には常
> に難しい子どもがいます。繰り返し別の病気に罹り、決して
> 良くならないような子もいるのです。生活や学校生活に困難
> を抱えて神経質になる子もいれば、癇癪癖を持つ子もいます。
> この診療所では、女医の指導のもと、そのような問題を抱え
> た子どもたちとお母さん方への援助を行います。」
>
> マーガレット・ローエンフェルト

　これは、1928年、マーガレット・ローエンフェルトがロンドンの労働者街に設立した「生活上の困難と神経症を抱えた子どものためのクリニック」開業時の冊子に書かれた文言である。

　のちに箱庭療法を治療メディアとして世界で初めて導入することになる、この英国の女性小児科医は、1890年、ロンドンの裕福なユダヤ人一家の娘として生を受ける。もっとも、彼女の父親がロンドンに移住した時、彼は一文無しの状態であった。ポーランド自由戦争の際にすべての財産を失っていたのである。しかし、わずか数年のうちに、彼は美術収集家として再び富を築くことに成功する。社会的な名声を獲得し、音楽家や役者、作家たちとも幅広い交遊をもった。一家は、1年のうちの数ヶ月をポーランドで過ごした。父親が、以前の所有地をすべて、再び買い戻したのだ。他方、ローエンフェルト夫人は、船長の娘として生まれ、洗練された女主人といった雰囲気の持ち主だった。彼女の派手な社交生活は、ヘレナとマーガレットという2人の娘をもうけてからも、変わる兆しが一切見られなかったという。娘たちは乳母に育てられ、2人だけにされることも多かった。マーガレットは体が弱く、家にこもりがちであり、就学には難があるようだった。一方、姉のヘレナは

29

開放的な性格で、みるみるうちに学問に頭角を表していった。マーガレット
が13歳の時、両親の離婚が決定する。母親が娘たちを引き取ることになっ
たが、様々な病に苦しむようになり、マーガレットの健康も、それに引きず
られるようにますます悪くなっていった。父親のほうは、引き続き財政面で
の援助を惜しむことはなく、娘たちに良い結婚をさせることを望んでいたが、
母親はむしろ、娘たちに専門教育を施すことにより大きな価値を置いていた。
そうして娘たちは2人とも、医学の道に進むことになる。ヘレナは、大学で
の学びを終えると、婦人科の領域で輝かしいキャリアを積みはじめる（Evans
1984）。マーガレットはといえば、姉よりも多くの年数を要しはしたものの、
戦争の最後の年には無事に学業を終え、「婦人専門病院」の医療助手として
働くことになった。時は1919年、ポーランドがロシアと戦争状態にあった
頃のことである。同じく共産主義の敵国との対立関係にあった英国とアメリ
カが、ポーランドに援助の手を差し伸べ、また軍医の確保も急務とされた。
マーガレットは、幼少期を過ごした地に戻ることを決心し、そこで英国のチ
フス対策協会とアメリカのYMCAの仕事に就いた。彼女は特に戦争捕虜た
ちを担当し、さらにポーランドの学生支援の秘書としても活動した。当時の
多くの精神分析家たち同様、ローエンフェルトの心にも、この戦争の時代は
大きな爪痕を残したようである。

　　　「戦争中の経験は、心理療法家の卵に教育分析がもたらすはずのもの、
　　　すなわち私自身の内界への扉を誘い出すことになった。それはまだ見つけ
　　　たことも、開いたこともないものだった。」（Lowenfeld 2007）

　この叙述には、彼女が後年、精神分析的な見解との間に感じることになる
意見の相違が、すでに暗示されている。
　さて、この若い女医が4年後再びロンドンに戻った時、病院に彼女の勤め
口はなくなってしまっていた。というのも、空きのある場所はすべて、戦争
からの帰還兵たちに占められていたからである。そこでマーガレット・ロー
エンフェルトは、自ら私設の小児科診療室を開設し、これと並行して発達心

理学の勉強を始めた。彼女がとりわけ関心を向けたのは、社会的に不当な扱いを受けている子どもたちであった。1923年には、グラスゴーの「病児のための国立病院」の研究奨励金を得て、子どものリュウマチとその家庭環境との相関について研究を行う。さらに母乳育児に関する研究プロジェクトにも携わり、その成果を1928年に発表している。そして同年、彼女はもうひとつの、長年追い続けた夢をついに実現させる。子ども専門の精神科クリニックの開設である。1歳から18歳までの子どもを対象に、ある新しい治療法を用いるようになり、ローエンフェルトはそれを「世界技法（the World Technique）」と名づけた。わずか数年で、このクリニックは子どもの心理療法の研究機関「子ども心理学研究所」へと成長を遂げ、世界中の心理療法家を強く魅了するようになった。その研究領域は、当時としては大変画期的なものであった。特に調査の関心が向けられたのは、「言語では捉えることのできないような、子どものイメージや体験」である（Mitchell and Friedman 1993）。

　小さなおもちゃを用いるというアイディアは、ローエンフェルトが幼少時代に読んで感銘を受けたH. G. ウェルズの作品、『フロア・ゲームズ（*Floor Games*）』（Wells 1911）に着想を得たものである。ローエンフェルトは、多種多様な素材を、たとえば、真珠や木の棒、マッチ箱、紙や厚紙でできた型、その他たくさんの小さなおもちゃを集め、子どもたちが「不思議の箱（the Wonder Box）」と呼ぶことになる箱の中に揃えた。

　2年後、クリニックをより広い建物に移した際に、ローエンフェルトは亜鉛でできた2つの砂箱を作成した。そして、ひとつには乾いた砂を、もうひとつには湿った砂を入れた。治療に入ると、子どもたちは砂に取り掛かり、ミニチュアを「不思議の箱」から取り出して、砂箱の中に置き始めた。

　　「机の上の金属製の砂箱と、たくさんの小さな人形を並べた棚がプレイルームの調度品に加わってから3ヶ月も経たないうちに、新しい治療法が自然と生み出されていった。それはあくまで子どもたち自身が作り出したものである。」（Lowenfeld 1979）

これと同時期に、かのメラニー・クラインも——ベルリンの総合診療所が閉鎖される頃のことである——小さなおもちゃを治療で用いはじめていた。ただし、この2人の女性セラピストの理論的な見解と遊びに対する考え方、ならびに治療法は、あまりにも相容れないものであった。

　メラニー・クラインは、次のような見解を主張している。

　　「セラピストが子どもに遊びや描画、振舞いに対する解釈を伝えることで、遊びの背後にあるファンタジーの抑圧を徐々に緩め、解放することができる。」(Urwin and Hood-Williams 1988)

対して、マーガレット・ローエンフェルトは著作においてこう述べる。

　　「私が子どもの治療において願うのは、大人が転移や解釈などを通して介入することなく、子どもが自ら、精神や感情の状態を表現することができるような手段を発展させることである。さらには、そうした子どもの表現を記録することもできるものがよいであろう。私の目的は、その子どもを援助することであり、理論に左右されることなく、それだけで成立していて、その子自身の本質にのみ従うような何かを作り出すことである。」(ebd.)

　こうした発言が、当時の精神分析家たちすべてを敵に回すことになったのは驚くに値しない。しかし、マーガレット・ローエンフェルトは、精神分析と対立しようとしたわけでは決してなかった。彼女はただ、子どもの非言語的な表現方法を、理論という眼鏡を通して見ることに抵抗したのだ——それがどんな理論であったにせよ。遊びは、それ自体が重要な心理学的機能を持っていると、彼女は確信していた。それこそ、彼女の全く新しい見解の出発点にほかならない。当時は、ドナルド・ウィニコットにさえも共有されなかった、斬新な発想である。フロイトの弟子たちの目には、子どもがもつ遊びへの欲求は、精神分析的治療においては単に副次的なものであるばかりか、

治療に対する抵抗の表現と見られたのである。

　マーガレット・ローエンフェルトは、自らの仕事を少しずつ国際会議の場に出していくようになるが、そこで彼女を待ち受けていたのは、冷たい批判の嵐であった。

　メラニー・クラインは、ローエンフェルトのやり方は、転移が持つ重要な可能性を犠牲にしたものであると唱えた。また、ウィニコットは、ローエンフェルトに宛てた手紙の中で、彼女の仕事の目的がまだ理解できないと述べるとともに、「世界技法」の遊び道具の多さは子どもたちを混乱させるのではないか、描画のほうがより個人的な表現の可能性を広げるのではないかと指摘している。ウィニコットはこの後に、セラピストと小さな子どもの患者とのコミュニケーションツールとして、スクイグルというお絵かき遊びを発展させることになる。

　これに対するマーガレット・ローエンフェルトの反論は、ミニチュアのおもちゃは引き出しの中に整頓されており、それゆえ混乱を招くことはないというものであった。それは一方では彼女の覚悟を証明するものともいえようが、他方では、ただ無力感ばかりが漂っているようでもある。当時は有効とされていた、治療経過はもっぱら転移と逆転移の内にのみ生じるとする精神分析的な見解が、まるで壁のように彼女の前に立ちはだかっていたのである。

　メラニー・クラインは、「子どもとの遊びにおける精神分析的なテクニックの目的は、子どもの感情、願望、ファンタジー、そして思考を究明すること」にあると考えたが、マーガレット・ローエンフェルトはそれに同意することができなかった（ebd.）。彼女は遊びのことを、診断を確定するための手段として捉えるのではなく、そこにすでに来るべき治癒への道が表れていると考えていた。メラニー・クラインに対しても、彼女の治療法において、転移は治療者にではなく、砂箱に投影されるのだと反論している。これについてあけすけな口調で述べるとともに、その先駆的な仕事の核心を、彼女は次のように書いている。

　　「精神分析では、治療者は遊びの『意味』への解釈を通して子どもと

第3章❖マーガレット・ローエンフェルトの世界技法とドラ・カルフの箱庭療法　33

向き合う。『世界技法』では、その子特有の感情的世界、その子の考え方や記憶の断片によって、その子の人生という観点から子どもと向き合う。それは、その子が自ら、自分で観察できるように広げてみせたものにほかならない。」（ebd.）

　遊ぶ子どもは「その子自身の人生を自分で観察できるように広げてみせている」のだとするこのような表現は、ローエンフェルトの先駆的な見解を的確に表しているといえよう。この見解には——前章ですでに見たように——C. G. ユングが提唱していた考えと同様のものを見て取ることができる。また、1990年代には、ダニエル・スターン（Stern, Daniel）が主導した乳幼児の観察によって彼女の見解の有効性が証明されており、およそ百年が経過した現在になってようやく、子どもの心理療法の分野において広く受け入れられるようになったといえる。人類学的な観点からは、アルノ・スターン（Stern, Arno）が、異なる民族集団に属する子どもたちの手による何千もの描画について10年以上にわたって比較研究を行っているが、やはり、彼もローエンフェルトと同様の結果を導き出している（Stern 1998）。つまり、子どもたち一人ひとりに特有の心の出来事について、その専門知識を持つ権利はほかならぬその子自身にある、としたのである。しかし、ローエンフェルトの時代に、そうした見解を共有している精神分析家は皆無であった。彼女はたったひとりで信念を守らざるをえなかったのである。

　1935年に上梓されたローエンフェルトの著書『子ども時代の遊び（*Play in Childhood*）』に、彼女と親交が深かった有名な人類学者、マーガレット・ミード（Mead, Margaret）が次のような一文を寄せている。

　　「マーガレット・ローエンフェルトは、子ども時代なるものを発見し——この発見自体が、20世紀における人間と科学にまつわる出来事のなかでも特筆すべきものと言える——、また子どもたちの思考と感情を探求する知的冒険の一翼を担った、偉大なる先駆者のひとりであった。」（Lowenfeld 2007）

ローエンフェルトは、この本のアメリカでの出版は見送っていた。専門家たちの関心が、遊びにではなく、子ども時代の別の側面に向いてしまうのではないかと危惧したのである。もちろんこの時の彼女は、まさかヨーロッパでもそのような状況になるなどとは、つゆほども想定していなかった。

　この本の要約には、彼女にとっての子どもの遊びの意味が、再度はっきりと明文化されている。適切に、また十分に遊ぶことができなければ、正常な感情の成長はありえない、と。

　いつも、他のより目立つ人物の陰に隠れてしまうことになるのは、ほとんどローエンフェルトという人の運命だったようである。子ども時代には、有能で外向的な姉に道を譲らざるをえなかったし、今日では不動の古典となっているウィニコットの『遊びと幼少期（*Play and Childhood*）』には、ローエンフェルトの名前が一度として引用されていない。子どもの心理療法をミニチュア遊びを通して行うという考え方は、現在ではメラニー・クラインのものとされている。ローエンフェルトが微に入り細をうがって仕上げたはずの「世界技法」さえも、世界中に知られたドラ・カルフの「箱庭療法」の日陰に入ってしまった。ローエンフェルトは、砂箱遊びが大人にも同様に展開可能であると認識していたが、世界技法が今日の箱庭療法の流れに入り込むこともなかった。そればかりか、彼女の抵抗にもかかわらず、シャルロット・ビューラー（Bühler, Charlotte）によって、診断的な検査法に作り変えられてしまった。また、ローエンフェルトが考案し、まとめ上げた別の2つの検査法は、情景テスト（Sceno-Test）へと統合され、現在ではとてもよく知られているものの、そこに彼女の名前が冠されるということもなかった。

　『世界技法』が出版されるのは、1979年に彼女が亡くなってから、実に6年後のことであった。

　ドラ・カルフは、1956年のチューリッヒにて、マーガレット・ローエンフェルトを初めて知ることになる。それは、「世界技法」に関する講演が行われた最後の機会であった。当時、ユング研究所で学んでいたカルフは、この技法に深い感銘を受ける。ユングの励ましもあり、彼女は「世界技法」をユング派の子どもの心理療法に発展させることを決心する。そして1年間ロ

ンドンに留学し、マーガレット・ローエンフェルト、マイケル・フォーダム（Fordham, Michael）、ドナルド・ウィニコットの下で学んだ。

カルフは、「世界技法」を引き継ぐに当たり、実施の手続きに大きな改変を加えることはしなかったが、分析心理学と、エリッヒ・ノイマン（Neumann, Erich）が理論化した人間の意識の発達段階の概念に基づいて、砂の中に観察されるプロセスを記述していった。こうした治療形態を、カルフは「砂遊び（Sandspiel）」と名づける。箱庭療法に関する彼女の最初の論文は、1966年に発表された、「治癒の要素としての元型（The Archetype as a Healing Factor）」である。そこでは、とりわけ「自己」の概念が強調されている。「自己」とは、ユングが無意識と意識の全体性として定義したものであり、「自我」との緊張関係を持っているが、心的な健康とは、自己－自我軸において、自我が自己に対していわば優位を譲っているような状態にあることを指す、と述べられる。

カルフは、東洋の哲学にも関心を持ち、とりわけチベット仏教と日本の神道については、全ての著作で言及している。彼女の偉大な功績は、スピリチュアルな次元を、あたかも自明であるかのような単純な方法で心理療法へと統合することに成功した点にある。彼女のカリスマ性のある人格も幸いし、アメリカと日本での講演旅行を通じて、箱庭療法は瞬く間に知られるようになった。1990年までの17年間、亡くなる直前まで、世界中の心理療法家たちが、カルフの元で学ぶべく、ツォリコンを訪れた。1985年に彼女が設立した国際箱庭療法学会（ISST）は、統一的なトレーニングプログラムを提示しており、国ごとの支部が世界中にできている。

カルフは、精神医学的な錯乱のような難しいケースに箱庭療法を適用することのないよう警告していたが、今日では、箱庭療法も精神科のクリニックにしっかりと吸収統合され、まさに精神病や心身症、人格障害に対して――全治療プランのうちのひとつという意味で――よい結果を上げることに成功している。

近年では、箱庭遊びにおける象徴的・イメージ的な表現の水準だけでなく、子ども時代の最も早い時期に見られる前象徴的なプロセスや、砂だけでミニチュアをひとつも用いないような場合に特に顕著に現れるような、投影同一

視などの複雑な転移現象についても研究が進み、多くの論文が書かれている。治療者と患者の間の心的な「場」において交わされるエネルギーのプロセスが、この砂箱という第3の中立的なメディアの中に、具体的な形を取りながら現れることもある。そして患者は、自らの手が、まるで意志に反した催眠のような状態で砂の中に何かを形作ることで、あたかも外側から、すなわち砂箱からこちらにやってきたかにも見える、その人自身の内的な心の状態と向き合うことになるのである。

　1988年、筆者自身も、ドラ・カルフによるいくつかの箱庭セッションを受けた。カルフは問いを投げかけるとともに、生き生きした様子でたくさんの話をしたが、その間、彼女の眼差しはしっかりと、しかしさり気なく、私の手に注がれていた。ミニチュアでいっぱいの部屋に足を踏み入れた瞬間に生じる「自由」という感情は、筆舌に尽くしがたいものがあった。それは単に、判断されたりコントロールされたりしないことに関係しているというよりは、どうやら、そこで行ったり考えたりすることの全てが、まるで彼女が相手に期待しているらしいことそのものであるようだという感覚である。どんなにつまらないことでも、とにかく考えうる全てのものが、彼女の顔に、好奇心の強い共犯的な微笑みを浮かばせるのだ。そして、彼女はスイス訛りのドイツ語で鼻歌を歌う。「あぁ、そういうことね！」と。彼女は常に他者から学んでいるような人であった。

　カルフは、患者の魂を尊重した。また同時に、独特のある種ありふれたやり方は――それは確実に彼女の知的能力を大幅に過小評価させてしまうものでもあったが――相手に必然的にくつろぎを与えるものだった。カルフの「霊媒的な」才能は、訓練生にとっては危険なものにもなりえただろう。幸いにして、箱庭療法はこれまでのところ、神秘的－魔術的な福音に成り果てたり、診断的－科学的な検査法に還元されたりといった、極端な定式化を免れている。臨床的な手法と、文化的・人類学的な試みとの、経験的なものと精神分析学的な理論との、知識と知恵との、西洋からの影響と東洋からの影響とのあわいを保っているのである。そして今のところは、患者たちに対してであれ、適用法に関してであれ、改良に向けて、比較的開放性を保ってきてもい

第3章❖マーガレット・ローエンフェルトの世界技法とドラ・カルフの箱庭療法　37

る。心理療法のメディアで、これほどまでに幅広い適用の多様性を約束する
ものはほとんどないに等しいのではないだろうか。

　心理療法において無意識の内容がたどる道は、次のように表現することが
できるだろう。一般化された身体感覚を出発点とし、感情の知覚に至ると。
これは例えば、箱庭遊びにおいて砂の中に形作られる形態やイメージにおい
て変容していく。結果として一連のイメージを生じ、それらがひとつの物語
へと秩序化してゆき、そして最終的には言葉でも表現されうるようになる。
身体、感情、イメージ、そして言葉、というふうにきわめて図式的に述べる
こともできるこの経路は、箱庭療法を両方向に貫いている。この道のどこか
らプロセスを開始してもよい。ひとつの表現水準から他へと向かう歩みは、
大抵の場合、複数回の箱庭セッションを跨いで進んでいく。新しい水準に到
達することに成功することは、いずれの場合も大きな満足に結びつく。ただ
し、それが発達路線上の「より高い」水準のことなのか、「より原初的な」
水準のことなのかは、重要なことではない。表現の水準が変化しうるという
事実だけで、活性化作用が及ぼされるのだ。この際、大抵の場合は、自律神
経系が最初に反応する。とてもわかりやすい例として、子どもたちがセッシ
ョンで熱心に砂に取り組むと、治療期間の半分が経過した頃に、どもりやチ
ックが消失してしまうというものがある。さらに、箱庭遊びが他の精神分析
的な治療法に対して特徴的なのは、患者と治療者の関係に、抵抗のメカニズ
ム（例えば、遅刻）が比較的現れづらいという点である。それはむしろ、砂箱
の中に、目に見える形で直接現れる。壁や要塞として、あるいは極度に対称
形であったり、空っぽだったり、過剰だったりする像として。これには他に
もメリットがある。治療者は直接的な打撃を受ける必要がないし、抵抗をよ
り容易に認識することができる。しかしとりわけ、おそらく最も重要な側面
は、そのような形の抵抗が、その機能が単に抵抗することに限られず、建設
的な側面を持っているのだということを直感的に認識させるということであ
る。砂の中に作られた壁が、単に分断したり疎外したりするだけでなく、守
ったり取り囲んだりするものでもあるということが、一目見ただけでわかる
のだ。空っぽの作品は、欠乏の感覚だけでなく、自由や余地といった印象を

も伝え、わざとらしいほど綺麗に並べられた構造は、窮屈さだけでなく、確実性の感覚をも伝える。箱庭遊びにおいては、治療者が意識化せねばならないような、心的力動にさらされた対立構造についても、比較的容易に認識されうるのである。

　もうひとつのポイントは、先にも述べたように、中立的な「第三のもの」が存在するということである。トラウマ的な体験は、言語的に伝えるのがなかなか難しいものだが、砂箱を通して表現の可能性が見つかることがある。抽象的になることを避けるため、以下にグリム童話「がちょう番の娘」を取り上げ、少し解説することにしたい。周知の通り、民話というものは、内的な魂がたどる道がどのように描写されているかという観点から観察することが可能なものである。そして、その意味を解釈することが、たくさんの心理学的力動を理解するうえでの助けになるということがわかっている。

　このメルヘンは、ある王女が許婚のところへ発つために、優しい母親の元を離れなければならないというところから始まる。しかし、この旅の間、王女は悪い召使の策略で、ドレスと馬とを取り替えられてしまい、ついには、自らが召使として、元の召使のお供をすることになる。目的地に到着したものの、王子は——メルヘンに出てくる王子は往々にしてそのようなものだが——事態には何も気づかずに、偽物と結婚してしまう。本物の王女は、宮殿でがちょう番として働くことになる。しかし何日かが過ぎたある日、息子よりは直感を持ち合わせているらしい王子の父親が、違和感から疑義を抱き、がちょう番の娘に自分のことを話すよう求める。起きた出来事について決して人に話さないと悪い召使に誓わされていたため、それを断った彼女に、年老いた王様は次のような提案をする。もしその気があるのなら、古い鉄製のストーブの中に座って、それに心の苦しみを訴えてみればどうかと。彼女がその通りにすると、それを王様が煙突から立ち聞きするのである。これは、今日の心理療法家がまさに回り道をして行っていることと、あまりにもよく似ているのではないだろうか。

　箱庭遊びという状況は、メルヘンにおけるストーブと同じようなものである。その中で、人は守られているという感覚を抱き、誰かの手を煩わせるこ

第3章❖マーガレット・ローエンフェルトの世界技法とドラ・カルフの箱庭療法　39

とも、罰せられることもなければ、理解されなかったり笑われたりするようなこともないままに、自分の苦しみを訴えることができる。我慢の限界を越えていて、どんな生き物とも共有できそうにないような、トラウマ的で非人間的な体験が、そうして次第にもう一度人間化されていくのである。

第4章
極限状況における心理療法

　本書に突きつけられている大きな問いは、次のようなものである。社会的な貧困状況において、心理療法は本当に役に立つのか。安全な住居や食糧、学校教育を確保せずして、心理的介入は許されないのか。栄養不良の子どもに心理療法から手を差し伸べられることはないか……。このような問題意識が、本書の扱うプロジェクト全体に通底している。

　社会的困窮状況でまだ働いたことのない若い治療者、またとりわけボランティアたちは、準備段階から繰り返し、疑念や不満を感じることになりやすい。子どもに関する生育歴の情報が僅かにしか報告されないこともままあり、それだけでも大人に無力感や激しい憤り、絶望感を引き起こすには十分すぎるものである。とりわけ、実践に取り掛かる前から、すでに援助者が子どもの感情状態と共震しているような場合には、「一体いつまで我慢しなければならないのか？」などの気持ちも生じる。

　箱庭の作業においては、多くの経験を重ねた人でも、経験の浅い人と同じように、子どもたちが砂箱のある部屋に初めて足を踏み入れる瞬間には、いつも心あらたに大きな緊張を持って向かい合うものである。そして子どもと大人が砂箱の前に立ち、ミニチュアの世界の制作を始めるや、突如として、予想もしなかった新しい雰囲気が広がり出す。子どもたちが真剣に取り組み、明確な目的を持って行動する中で、ある種の静けさが生じ、それがぐらつくことのない安定した枠のように作用する。札付きの乱暴者という子どもたちまでが、挑発的な振る舞いなど忘れてしまったかのように静かに取り組むのだ。子どもが箱庭作りをしている只中にも、子どもの身振りや身のこなしがいかに変化していくかを見て取ることができる。額にあったしわが緩み、呼吸は体中を巡って、ゆっくりと静かになっていく。子どもたちが蒙ってきた、言葉の最も真の意味における「筆舌に尽くしがたい」心の侵略が、箱庭作り

41

の中で形をとりはじめる。そこに形作られた像には、すでに発展や成長の最初の兆しが見られるはずだ。2、3週間が過ぎると、態度にも変化が現れる。対象となる子どもの大半は、家が最悪の混乱状態にあったり、あるいは全く身寄りがなかったりするため、家からのフィードバックというものはほとんど期待できない。しかし、学校の教師たちの目には、社会的な振る舞いや学習意欲が向上しはじめたということは一目瞭然である。子どもを取り巻く家庭や社会の環境は変わらないままにせよ、そうした変化は生じうるのである。

　心理療法が成功しても、社会的、経済的、政治的介入の代わりにはならないのは確かである。しかし、心理療法が効果的に働く時、そこでは、取りこぼされてしまったか、あるいはまだ発展していないような自らの資源へと至る道を、その人が見出すことができるようになる。むろん、心理学的介入と経済的介入とが手に手を携えることができるのが理想ではあるが。

　　ヨハネスブルク近郊のスラム街出身の少年ジョージは、箱庭表現法のセッションにおいて、数回続けて耕地と野菜畑を作成した。それによって彼は、外の世界でこれまでずっと妨げられてきたもの、すなわち育てたり成長させたりすべきものを、自分の砂箱のミニチュアの世界に実現することができた（**写真1**）。

　この作品には、畑で働く人と、やや高いところに座って全体を見渡している人とが見える。中央のガラス玉は、灌漑用の水を表現している。特徴的な構造と秩序は、少年の暮らす荒れた環境を知ればなおさら、強く注意を引くことだろう。ジョージは作品について、菜園を作って採れた野菜を売るのが夢だと語った。プロジェクト終了後、彼がわずかな貸与金を元に夢を実現する可能性を得たとの知らせがあった。このケースでは、内的現実と外的現実が共に建設的に作用することに成功したといえよう。心理学的な治療を受けず、抑うつ的なままであったら、同じ貸与金も、1週間以内に酒代に消えていたことだろう。治療以前のジョージは、野菜畑を作りたいという夢を持ったことなど少しもなかったという。望みを捨てていたのだ。しかし、箱庭を作る自由で守られた空間の

写真 1

中で、少年は自らの成長を前に進めうるものを生みだすことになった。特に重要だったのは、物事には可能性があるという体験をしたことである。可能性があるという感覚が起動したことで、意志力と持久力とが湧きあがってきたのだ。ジョージは箱庭の助けを借りて、自らの望みを白昼夢として思い描くだけでなく、ミニチュアの世界という象徴的な水準ですでに実現させている。彼は自らの手で実際に畑を耕し、秩序付け、形作った。これが心的作用を引き起こしたのである。しかし、貸与金を得られなかったらどうなっていたのだろうか。必要なだけの野菜の種を自分で何とかして入手するようなことをしただろうか。他の少年たちの嘲笑に耐えて、毎日自分の土地まで水を引きずっていく決断ができただろうか。ただ確かなことは、彼が一度でも植物を育て、葉を繁らせるような体験を内的に持てたこと、そして、箱庭作りを通して抑うつ的な気分から開放されたということである。

もう少し考察を続けよう。社会的な困窮状況の多くでは、財政的な援助が

不足しているだけでなく、時にはすでにある病理的な行動がさらに強められている可能性もある。

　　6歳のダニエルは、ボゴタの貧民街で、祖母と兄と共に暮らしていた。彼は誰とも口を聞かず、兄だけを信用していたが、兄は深刻ながんを宣告されていた。ダニエルの身体的・心理的な発達の遅れは明らかであった。箱庭表現法のセッションの経過中、彼の家庭環境はさらに悪くなってしまう。父親は殺人の罪で16年の懲役を課されていたのだが、一緒に暮らしていた祖母が病に倒れ、もう孫の面倒を見ることができなくなってしまったのだ。アルコール中毒の母親がダニエルと暮らすことになったが、彼女は何とかかき集めてきた食糧と金を、すべて刑務所にいる夫のところに持って行ってしまった。父親が妻と子どもたちの面倒を見たことは一度もなかったが、母親の空想の中では彼が特別の位置を占めていた。彼女なりの理想化された将来像のなかでは、彼は16年後に戻ってきて、全てが再びよい方向に向かうと信じられているのである。母親は、今、生きるに必要なものが子どもたちに不足していることを認識していない。ダニエルが栄養失調であることにも、ほとんど自閉的なまでに自らのうちに引きこもってしまっていることにも気づいていないのだ。母親はカウンセリングに姿を見せることこそ拒んだが、お金がかからないならと、子どもが箱庭表現法のプロジェクトに参加することには反対しなかった。集団で、14日間の箱庭制作を行って半年が経過した頃には、少年の体重は増加し、話すこともできるようになって、問題なく社会に適応しはじめていた。

　貧しいだけでなく、病的でもあるような家族の場合には、心理学的な介入は不可欠である。どんなに大きな額の財政援助があったとしても、両親によって誤った形で悪用されてしまえば、結局子どもたちの手には何も残らなくなってしまう。その後も変わらず、物として扱われるだけなのだ。しかし、子どもたちがその代わりに治療的な措置という援助を受けることができたな

ら、彼らは自分の内的世界を持ったり、自分で決断や行動ができる場所を得たりを体験することで、その子の持っている潜在的な成長の力を実現し、破壊的な環境に立ち向かうチャンスが出てくるはずである。このような場合、心理療法は、社会生活を構造化しようとする他の全ての措置をいっそう効果的にすることができる。

　先にあげた問いに、ここでさしあたりの回答を与えることができるだろう。ただし、だからといって、この問いが別の形式で新たに立てられることがないということではない。

　心理療法というものは往々にして、最も介入が必要な子どもほど、接近する道が閉ざされてしまっているものだ。心理療法家を養成するための専門的な教育には長い時間を要し、危機状況にある地域では、どうしても専門家の数が圧倒的に不足している。もちろん他方で、社会的な困窮状況では、時間とエネルギーを提供してくれるボランティアがいるケースも多い。ただし、彼らは心理療法的な訓練を受けているわけではない。南アメリカで、心理学を学んだ若者たちが過剰労働させられている場面にたびたび出くわしたことがある。彼らは、公立あるいは国立の施設に勤務していたが、必要な心理療法的訓練を受けないまま、毎日診察室に助けを求めて押し寄せる人々に対応することを強いられていた。彼らが燃え尽き症候群に苦しむのは、過剰勤務や問題の深刻さのためではなく、自分たちが不十分にしか関われないことを感じるためである。少なくとも鎮痛剤くらいは処方することのできる医師たちに比べて、自分に提供できるものがわずかであるという現実に直面するのだ。必要な道具も与えられず、多くの場合は国が世間に対して何かしているということを知らしめるだけのために雇われている、というのが現状である。大人も子どもも順番が来るまで何ヶ月も待った挙句、手ぶらで帰らされることになるという事実を、彼らは知ることになる。職場のローテーションもすぐに回ってくる。2、3ヶ月も経たぬうちに——滅多にないことだが長くても2、3年で——若者たちは、状況が許せば職場だけでなく、職業さえも変えてしまうのである。

　この事実を鑑み、切実であるが非現実的に聞こえるかもしれない次の問い

第4章❖極限状況における心理療法　45

をここに掲げたいと思う。心の障害の治療のために簡単に使用でき、また文化を越えて適用可能であるような方法があるのではないだろうか。もしかすると、専門家でない治療者を養成する可能性すらあるのではないだろうか、と。

　まずはさらに問いの地平を拡大し、大災害があった地域でのこれまでの経験に照らして考察を深めたいと思う。地震や津波の後や、難民の収容所などでは、訓練を受けていないボランティアをどのように、そして何の仕事に動員すべきかをめぐって、明確な対応がなされないことが多い。周知のように、援助者の良心ばかりでは十分ではないのである。トラウマ的な体験をした人々は打ち解けがたく、体をこわばらせているような印象を与える。例えば、ボランティアの援助者に、質問紙によるアンケートを生存者に実施してもらった時に、何らかのミスがあったとする。するとそれが原因で、彼らにそれ以上の面会を拒絶されてしまうことにもなりかねないのだ。よく考えられた統計的な記録であっても、それだけですでに相当深刻な副作用を引き起こすことはある。例えば、家族を何人亡くしたか、といった問いに回答するのは、感情を深く関わらせることなくしてはまったくありえない。十分な訓練を受けていない援助者がこの危険を過小評価していたために、さらなるトラウマを生み出してしまうことも多々あるのである。紙の上に印刷された10個の質問は、それだけでは害のないように見えても、やり方次第では、心理学的に有効な道具にも、まったく中立とは言えないものにも変化しうる。2008年8月に中国の四川省を襲った地震の被災地での取り組みでは、このようなことが繰り返し問題となった。本書の第8章では、「心理学者」さえも、いかに容易に新たなトラウマを引き起こしてしまいうるかということについても詳述することにする。

　援助したい人はいる——しかし、どうすればよいのか。社会的な貧困が慢性化しているような状況では、これらの問いがさらに白日の下に晒されることになる。その人々に話をするよう、一概に勧めてよいものなのだろうか。援助を必要としている人は、文盲であるかもしれないし、言葉を使うことにすらまったく親しみがないかもしれない。大学を卒業したボランティアたち

が当たり前のように期待しているものが通用しない可能性があるのだ。そもそも、質問した内容が、ある文化では、援助者の出身地と同じ意味に取られるとも限らない。特定の話し方が——とりわけ部外者によるものだと——住民の多くにとっては一切馴染まないということがある。何も有益なものを差し出せないとなると、援助者が人々の「受身的な態度」や「モチベーションの不足」にはねつけられたように感じるようになるのも時間の問題である。

　こうした未踏の地に、何らか特別のプロジェクトを携えて乗り込んでいく人も少なくない。アーティストが手がけたものも多く、自らの専門としている音楽やダンス、演劇、絵画、あるいはスポーツを直接教育していく形式をとる。そのようなプロジェクトは、かなり高い治療的効果を誇っているようである。特に印象的な例は、指揮者のサイモン・ラトルが率いるベルリン・フィルハーモニー管弦楽団による音楽教育プロジェクト「リズム・イズ・イット」である。同名の映画にもなっているものだが、そこではラトルが社会的に恵まれない地域出身の250名の若者を引き連れて、ストラヴィンスキーの「春の祭典」の舞踏を上演した。

　もうひとつ、世界的に知られた例として、1970年代後半、指揮者のアントニオ・アブレウが、ベネズエラの地に立ち上げた音楽学校のプログラムがあげられる。「エル・システマ（El Sistema）」によって、実に30万人以上の恵まれない子どもたちが楽器を習得することができたという。

　また、そこまで華々しくはないものの、同じくらい大成功を収めたプロジェクトとして、ドイツの南アフリカ開発銀行の管理する劇場やサッカー競技場が協力して行った、アフリカのエイズ予防キャンペーンも忘れることはできないだろう。また、ニューヨークでは、イタリア文化会館が、9.11以後の展示期間中、子どもたち向けに、新しいツインタワーを描こうという課題を出した。これに応募した6歳から18歳までの子どもたちの絵は、彼らが恐怖や不安、希望をどのように受け入れていったかを如実に示しているといえる（**写真2**）。

　さらに、注目に値する事例は、インドの精神科医M. ゴータマーダ（Gauthamada, M.）の考案した手引きである。2004年に発生したインド洋大津波後、タミル・ナドゥ州のカッダロール地方の僻地にある51の村落で活動

第4章 ❖ 極限状況における心理療法　47

写真 2a

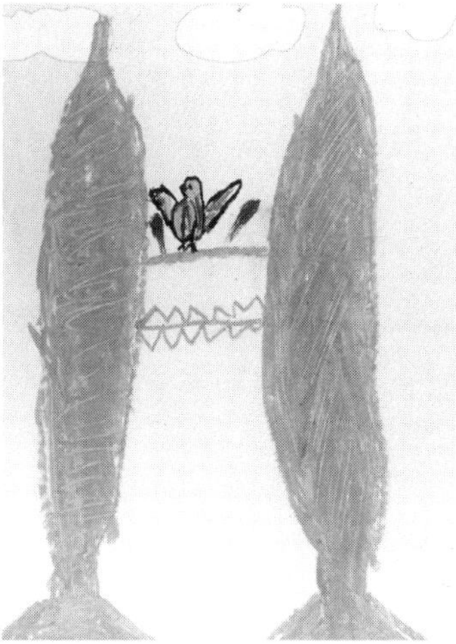

写真 2b

写真 2c

写真 2d

を行う、訓練を受けていない援助者のために作成されたものである。その村落に暮らしていたのは、それまで文明社会との接点をほとんど持たずにきた人々であった。そのような場面では、自由画表現が多くのケースで役に立つことが証明されている。「6歳の子どもたちのグループにペンと数枚の紙を渡

せば、それらを真っ先に使いたがる様子が例外なく見られるだろう」と、カシミールの僻地で子どもたちに携わった体験を、カラチの精神科医ハルーン・アフメッド（Ahmed, Haroon）が記している（Ahmed 2006）。一方で、それに該当しないケースもある。フィリピンのストリートチルドレンのプロジェクトに参加した、あるソーシャルワーカーの女性は、子どもたちが「創造性」を欠いていることを嘆いていた。彼らは、何を描けばいいのかわからず、全員が互いのものを写し合ったというのだ。ここで明らかになるのは、自由画表現においてはとりわけ、どのように表現手段を提供するかが重要であり、最低限の治療的理解なしには成果を期待することはできないということである。

　こうした先駆者達の成功例や失敗例の様相を見るにつけ、訓練を受けていない援助者が用いることのできる心理学的介入方法で、文化を越えて適応可能なものなど、これまで開発されてこなかったのではないかと思わされる。心理療法家たち自身のなかにも、当然ながら、そのような方法に対する抵抗があったのだろう。それでは、一体どうすれば、長い学生生活を経て学ぶべき心理学的技術を持ち合わせていないボランティアの援助者でも何とか間に合うようにできるのだろうか。心理学的な助言と心理療法の間の境界線はどこに存在するのだろうか。差し迫った状況で、ある手段をたとえ限定的にしか使えなかったとしても、全く使わないよりは意味があるというところを目指すことはできないだろうか。

　ここで、危機というものの本質にも、提供される心理学的技術にも関係している点について、いくつか考えてみることにしたい。

　まず言えることとして、ひとくちに貧困といっても、慢性的な社会的荒廃と、戦争あるいは自然災害の結果として起こっている場合とを根本的に区別することが重要である。貧困だけでは、必ずしも心の障害には結びつかないのだ。むしろ、皆に共通するよりよい生存可能性があるのだと考えられれば、その共同体が徐々に一体となっていくということもありえる。また、同じく家をなくしてしまうにしても、それが地震の結果であるのと、戦争の結果であるのとでも、意味合いはだいぶ異なっている。戦争の場合は、筆舌に尽くしがたい暴力が彼らと同じ人間によって振るわれているのであり、それゆえ、

第4章 ❖ 極限状況における心理療法　49

人間側の努力によって戦争を避けることができるのではないかという印象は拭えない。ところが、自然災害は、何とか説明をつけようとしても、非合理なものしか見つけることができず、罪悪感や罰が当たったのだという感覚が刻み込まれてしまうのだ。2004年にスマトラ沖で大津波が発生した際、犠牲者の大多数はイスラム教徒であり、仏教徒側はそれを神の罰が下った結果だと考えた。実際のところは、イスラム教徒たちは普段、菜食主義ではなく、魚を獲って暮らしていたこともあり、多くの死をもたらした津波が迫った時に、海上か海岸部にいた者が多かったということなのである。

とはいえ、自然災害によって両親とも亡くした子どもたちが、必ずしも心に障害をきたすというわけではない。悲劇的な出来事が起きるまで、大半は、活気に満ちた両親を持つ健康な子どもたちであったはずだ。両親が亡くなってしまったとしても、彼らは、前向きに振る舞う行動の規範を自分の中に潜在的に身につけている。それが人格の内に書き込まれているのだ。自らの内面にあるこの「宝物」が、突然の喪失や、長く絶え間ない不都合な状況の中では見えなくなってしまうかもしれないが、簡潔で的確な心理学的介入があれば、その子はもう一度活動的になりうるはずである。

その一例が、中国北西部の山間部の集落に暮らす「羌（チャン）族」の人々である。彼らは独自の言語を持つ少数民族であり、2000年にもなる古い文化を有していた。家族生活と社会的な結束も極めて健全であったという。2008年の5月、北川地区の峡谷で、全ての石塀が石ころひとつ残すことなく倒壊するまでは。

チャン族の子どもや若者たちが、箱庭作りの中でどのように家族の喪失を飲み下していったかを目にしたなら、人は彼らの内なる強さに必ずや瞠目することだろう。そこには確かに深い悲しみが表現されているが、それは有無を言わさぬ絶望ばかりではなかったのだ。とはいえ、この若者たちの手には負えない事態もあった。通学を引き続き確保するため、6歳から18歳までの子どもたち全員が、北川郊外にあった故郷を離れ、一時的な措置ではなく半永久的に、山の麓に設営された新しい居住地に住まなければならなくなった。ほんのいくつか点在する、アクセスの難しい村々にだけは、従来の生活地帯

に残り、慣れ親しんだ暮らしを再び立て直そうと試みたチャン族の人もいたようである。そうではない子どもたちは、遠く離れた綿陽市で、見知らぬ食事、見知らぬ習慣、見知らぬ言葉、見知らぬ風景に体を慣らさなければならなかった。彼らの多くにとって、大地がぱっくりと口を開けた光景の記憶は、なおも危険を伴ってありありと思い出された。文化心理学の見地から見ても、ほとんど全ての世代がいなくなってしまったことで、若者たちが自分たちの未来も危うくなっているのを感じていたことは想像に難くない。そのアイデンティティを強め、再び新しく生み出していくことこそが、治療的介入の本質である。これについては、以下の章で述べていくことにする。

　この一方で、社会生活を共にするある住民集団が、すでに長らくの間、多くの場合にはすでに何世代にもわたって慢性的な自己破壊に苦しんでいるような場合には、事態は完全に別の様相を呈する。外部からの介入が壊滅的な形で行われた際の──そうした植民地化は世界中で行われているが──後遺症として必ず起こるのが、伝統的な生活習慣の空洞化が緩慢に進行していくという事態である。その例は、南アメリカからアフリカ、アジアまで、またグリーンランドからマダガスカルまで、枚挙に暇がない。何十年も続く戦争、または乱獲による経済的な生活基盤の徹底した破壊などが、その元凶となる。世代を越えて引き継がれた伝統的な職業や、それにまつわる儀式、生活形態、生活知が失われてしまうのだ。それに伴って、日常的な「世界−内−存在」のきわめて特殊なあり方も消失する。文化的なルーツ、スピリチュアルなルーツを見失うことは、魂を壊されることにも等しい。言うなればそれは心身の死であり、嗜癖や暴力、倒錯、無気力などを呈することにもつながるのである。

　南アフリカでは、アパルトヘイトの廃止後、北部から絶えず移民が流入するようになって以来、全く別の国々から来た民族集団が、極度の貧困の中、ごく狭い場所ですし詰めのようになって暮らしている。彼らの心は荒廃の一途を辿っている。どの民族であっても、特別な庇護を受けるべき存在である幼子が、この悲惨さの只中では、その都度「他者」の欲望のための餌食となる。彼らは迫害され、虐待を受け、時には殺されてしまう。親がいなくとも、

健康な共同体であれば他の大人でも親の機能を担うことはできるものを、この子どもたちは他者に対する信頼を持つことすらできない。その合理的な帰結が――存在の不可能性から逃れるための唯一の道としての――自己破壊行動というわけである。

　南アメリカでも状況は同じことである。ブエノスアイレス出身の、あるソーシャルワーカーの女性が、2000年から2010年に至るまでに彼らの勤務条件がいかに悪化したかを話してくれたことがある。この10年間はアルゼンチンの経済的破綻とも重なっており、その後遺症として、かつては裕福で、文化的にも多様であったこの土地に、初めて組織的犯罪が発生することになった――それはあまりに大規模で、町の住民たちにとってはいまだに理解できないほどであるという。それまでのアルゼンチンには、食べられるものを探してゴミをあさるような人など存在しなかったが、今ではブエノスアイレスから戻った旅行者の誰もが、その目撃談を話すことだろう。彼らはまた、貧しい人たちがいかに礼をわきまえた物乞いをするか、アルゼンチンの人々がいかに彼らに敬意を持って対応するかにも目を引かれるだろう。貧しい状態になって間もない人は、自分はまだ「別物」にはなっていない、という「ところ」に身を置いている。2、3年前、このソーシャルワーカーが悪評高い「第24居住区」を勤務で訪れると、子どもたちが彼女に駆け寄って嬉しそうに出迎えてくれたものだという。子どもたちは彼女の到着を待ちわびていた。何か食べ物がもらえたり、本や服がもらえたり、映画上映が開催されたりするのを知っていたからだ。しかし今ではもう、子どもたちが出迎えてくれることはなくなってしまい、彼女は自ら子どもたちを探しにいかねばならなくなった。7歳の子までもが、パコと呼ばれる毒性の高い混合薬物の中毒になって、バラックの合間をよろめいている。誰がどこにいるのかもわからず、何かを必要としていたことさえ、子どもたちはとっくに忘れてしまったのだ。

　ここで問いが重くのしかかる。そのような状況で、そもそも心理学的介入など考えうるのか、と。絶望から逃れるために、分析心理学の論理の枠組みに固執しようとしているだけなのだろうか。ここで次のことに思いを馳せてみよう。ある社会が心理的に没落したとしても、それぞれの個人の中に、文

化的アイデンティティの欠片は潜在的に保持されており、ファンタジーや夢に、あるいは症状にまでも表現されているのではないか、と。C. G. ユングの説を踏まえれば、人間には、遺伝子の中に心の生命が絶えず新しく生まれ出てくるような潜在力が備わっているとするところから出発することができるはずである。「イメージとは魂である」。つまり、魂はイメージの生まれるところに存在する。このことは、あらゆる人類の歴史を通じて、同じモチーフが神話などの様々な民間口承に繰り返し現れていることにも示されている。破壊と再生のモチーフについても、数え切れないほど多くのバリエーションで、繰り返される永遠の過程として描かれている。文化を越えて、今なお働いている心理療法的な概念は、合理的であったり意識的であったりするような内容はほとんど存在していなくても、必然的にこの無意識的なイメージに由来しているはずである。そこでは、混沌の中に断片を求めることが、おそらくは潜在的な心の生命の諸部分が集まっているのであろう語りの断片を求めることが問題になる。自然発生的なイメージに関わるこの作業は、治療者によって前もって知らされることは決してなく、当人自身から飛び出してくるのを待つのみである。心理学者ができること、そしてとどのつまり箱庭表現法がなすこととはまさに、そのために適切な条件を整えることに他ならない。驚くべきことに、そうして与えられる条件の枠組みが、たとえ極端な事例であっても、無駄になったり、利用されないままになったりするということはめったにない。もちろん、私たちがそこに表現されるものに対して持ちこたえられないがために、それを理解できないものと考えてしまうことはあるが。

　トラウマ研究では、生き生きとした体験の重要性が示されている。イメージを用いた方法は、PTSDの治療の中でもゆるぎない要素となりつつある。神経科学の分野では、トラウマ的な体験は、言語と結びつかないイメージ的なプロセスが処理される右脳に貯蔵されるということが証明されている。このことからは、なぜ人間が、たとえば戦争体験を物語ることができないのかの理由も明らかになる。その人の記憶において、それが言葉や文章の形で存在しているわけではないからだ。恐ろしい場面のフラッシュバックは、イメ

第4章◆極限状況における心理療法　53

ージ像へと結び付けられた心身のあり方を示しているといえる。もしも心理学的な介入がとりわけ言語的な表現に向けられているのだとすれば、そのような体験が結び付けられている感情にはまったく接近することができないということになるだろう。そうではなく、たとえば言語の代わりにイメージを用いるというような「原初的な」表現の次元に介入するのであれば、正当な処理プロセスの進行に沿った方法ということになろう。ただし、一方では、イマジネーションを用いた方法へと誘導することによって、新たなトラウマ化を生じるという危険性を繰り返し生じうるものであるということも忘れてはならない。そのうえで、以下に、患者自身が自発的に生み出したイメージ素材を用いる治療の有効性を示すことにしたいと思う。

　再度、慢性的な苦境を呈した社会状況の問題に話を戻そう。そのような地での心理学的介入がいかに困難なものであるかについては先に示した通りである。病理的な行動が、共同体全体にあまりに根深く浸透してしまっているからだ。殺害、性的虐待、中毒、非行が当たり前に行われている。子どもや若者にとって、手本として機能しうるようなあり方が他にほとんど存在しない。もしあったとしても、まず倣うわけにはいかないであろう。子どもも含めた住民全体がコミュニケーション能力を疎外されているので、とりわけ訓練を受けていない援助者が手を貸そうとしても、彼らに拒絶されていると真っ先に感じてしまうことになる。だからこそ、上述したように、危機に対応できる最低限のもの、つまり何らかの心理学的な道具が不可欠になるといえる。その人自身の、あるいは状況的な制限の中で、それでもなお専門的に有効なものを持ち込むことができるようなものが必要なのだ。そうした治療にとって最小限の道具こそ、ジャングルに潜んでいる可能性のある生存者を救い出すための大鉈のように、きわめて重要になってくる。では、どうすればそのような最低限の治療法を思い描くことができるのか。

　この観点から、慢性的な荒廃に苦しんでいる幼い子どもの状況に少し目を向けてみよう。彼らは、他の子どもと一緒に行動するようなことができない。話をする子どもたちの輪の中で、うわの空で座っていたり、周りで別の子どもたちが何かを描き始めているところで、与えられた紙をじっと見つめて固

まっていたりするかもしれない。その姿勢から唯一わかるのは、その子が身を置く状態が、およそ健康な人間の想像力が及ぶような場所からいかに離れたところにあるかということのみである。援助者が親しげに誘ってみたところで、言葉が上滑りするだけで、存在にすら気付かれない。心的な防衛システムが働いて、どこかで感情を呼び起こすのではないかという疑念を生じさせるものすべてを、最初から体系的にフェードアウトするのである。それは、何らかの危険が大きくなり、長く続く場合に、心が作動させる最も表面的な措置である。不安が、その人に持ちこたえることのできる量を上回ってしまう恐れがあるので、感情や感覚に完全にフィルターをかけるようなメカニズムが働くのだ（Kalsched 1996）。それでも感情はどこかに存在しているかもしれないが、この前提のもとでなら、それ以上感情が意識に近づくことはない。そうした状況にある子どもが、関係を結ぼうという善意の働きかけに乗るということはほとんどないに等しい。それ以上何の感情も抱かないようになっているし、存在していた感情さえも失われているのである。その子どもが自分自身に深く埋め込まれた資源と再びつながりを取り戻し、しかも、それがその子なりの方法で、その子なりの時間の経過において行われるためには、どうしても手助けが必要となる。そうした方向に働きかけるのが、「箱庭表現法」の枠組みである。子どもは自分用の砂箱の前に座り、初回、あるいはその後のセッションでも、何もせずにただじっとしている以上のことは何も求められず、そうであるにもかかわらず、グループから追い出されるということもないという体験をする。ただ存在が認められるという体験をすると、その子の体のどこかで緊張がほぐれ、場合によっては、固く握り締められていた拳が、砂に触れようと少し開き始めるかもしれない。ここではじめて、接触を受け入れるということが起きるのだ。それは、2人の人間の間ではなく――この時点では不可能であろう――、ものとたましいという2つの存在の領域の間で生じるものである。関係を結ぼうとする働きかけが先に来るということはありえない。まず存在するのは、砂箱という固定された枠と、砂という固体と液体の間にある濃密な性質にほかならない。そして、子どもはまさに自ら砂を手に握りしめる。その子の心の中で、生来の原初的な「持つ」

という型が、また同時に「持たれる」という型が活性化しはじめる。その子はそれまで、感情の適切な拠り所を自分の内的な宇宙のどこかに失っており、誰かに「持たれる」ことをまったく信用していなかったかもしれない。しかしいまや、その子は自らの手で、生来の「持たれる」という体験を作り、生み出していくことができる。分析心理学の言葉では、元型的な振舞いの型が活性化したものと言えよう。これは身体的な次元での、まだ気付かれていないにせよ、背後で活性化され、機能している本能に相当するものである。この心的な生存型が元型的に形成されるためには、正確な前提条件が必要となる。「箱庭表現法」の核心は、この条件を作り出すことにある。

　さて、ここで問うべきは、心理療法の訓練を受けていない大人でもそのような枠組みを提供することはできないか、ということである。上述のような場合、援助者に最低限できることは、自分の存在をそこに居合わせること、そして子どもの内的な世界に感情的に持ちこたえること以外にない。援助者は自ら、子どもの手がどのように砂に触れていくかを体験し、身体的に共感しなければならない。「目の前に立ち現れるものすべてに、内面的に、しかも徹底的に参与」せねばならないのだ（Kalff 1966）。この内的な参与が共鳴として作用し、子どもの体験を強めることになる。苦しみの只中にある時、子どもの心は、どんなに些細な働きかけにもきわめて敏感に反応するものだ。健康な成長にとって不可欠なものが一部だけでも供給されれば、乾いたスポンジに水が吸い込まれていくように、その欠片が余すところなく吸収されることだろう。この時点で妥当なのは、そうした最小限の働きかけのみである。あくまで、それは受け取ってもらうことができる形で行われなければならない。しかし、少し研修を受けただけの、専門家ではない援助者が、子どもたちがどのような状況に適応しうるのかを学んでいない点に問題があるのではないかという反論があるかもしれない。それに対する暫定的な回答は以下の通りである。私たちは、一時的ではあるが信頼することのできる枠組みを子どもに与えるだけである、と。そこでは、その子の心が、自らの治癒のために必要なものを、自分の手で作り出すことができる。C. G. ユングはこれを、心の自己調整と呼んだ。

詳細に立ち入る前に、そもそも心理療法はどのように学ばれるものなのか、という問いに寄り道してみよう。続いて、それに関連するものとして、ボランティアの援助者に向けた簡易版の訓練の可能性をめぐって考察してみることにしたい。

　周知のごとく、心理療法の訓練の本質は——自然科学的な方法論とは対照的に——きわめて特殊なもので成り立っている。それは、学び手が、その手法を用いて自分自身を題材とするという点である。つまり、学び手は、自分自身の問題と対決した結果をもとにして治療の原理を習得するのである。たとえば、医学の勉強であれば、それに要する10年の間、研修中の医師の感情に触れることは求められないのに対し、心理療法の訓練では、それとはまったく別の道を辿ることになる。訓練の期間を通して、学び手の他者に対する、また自分自身に対する感覚は、身体的にも精神的にも大きく変化していく。したがって、心理療法の本質的な教科書とは、科学的な論文であるだけでなく、本来は読者の知覚の変容を企図したテキストでもあらねばならないと考えられよう。これが、いわばソクラテス以前に教科書に期待されていたことである。心理療法とは、その意味において、客観的な科学ではまったくなく、ある意味で主観的な経験の学であるということだ。学び手は、他者の——患者の——思考と感情とを詳細に知覚するとともに、それに並行して、自分自身の思考や感情の変化を観察することを学ばなければならない。また、この2つの知覚を一緒にまとめたうえで、それについての何がしかを患者に伝えねばならない。そのためには、あらかじめ傾聴を通じて身につけておいた患者の言葉をできる限り用いる必要がある。深層心理学の訓練とは、何よりも治療者の人格そのものが道具であるというところを出発点としたものなのだ。そして箱庭療法は、まさにこの深層心理学の手法に属したものである。しかし、箱庭療法にはさらに顕著な特殊性がある。実際的で贅沢な器具、そう、砂箱とミニチュアの人形を用いるということだ。

　ここで、箱庭表現法と、専門家でない治療者あるいはボランティアの援助者に関する問いに話を戻そう。満足の行く結果が期待できるのは、援助者が患者にいわば自分の人格を貸し渡して自由に使わせることができるくらい

精神的に健康である場合に限られる。また箱庭療法の場合には、治療者の人格に加えて、象徴形成のきっかけとなるような文字通りの道具も用いる。箱庭療法では3次元的な構造、いわゆる「小さなものの中の世界（eine Welt im Kleinen）」が築かれる。それによって、自然と湧き上がってくる心のイメージ的な性質を最大限利用することができるようになる。形象化のテクニックを学ばずとも、心的内容、すなわち実存の状態、感情、思考、ファンタジーを具体的・3次元的に表現する可能性が患者に差し出されるのだ。患者は――他の多くの心理療法の方法論とは違って――はじめから自分自身の力を動員するよう強く誘われる。内容が前もって定められているわけではなく、表現のプロセスが書かれた手順書があるわけでもない。表現の選択は、患者の手に完全に委ねられている。心は――自由で守られた空間の中であれば――自らが治療のために必要とするものを正確に演出できるものと仮定しよう。この原理は、様々な観点から見て、西洋医学に対置される自然治癒的な考え方に相当するといえる。症状を癒すのではなく、生体固有の免疫反応を活性化するような生体システムを可能にするための条件を整えるのだ。またこれは同時に、文化的取り組みとして捉えることもできる。内的に、そして外的に、新しい世界が創造され、以前の相容れない対立物を新しい水準にまで高めることができるような新しい歴史が語られるのである。

　ボランティアの援助者にも危機状況下で箱庭表現法を援用できるのはなぜか。この問いへの答えに、いよいよ近づいてきたといえる。この一定の労力をかけた、具体的な装置（砂箱とミニチュア）は、患者自身へと重心を移動させる。箱庭は、その人から生み出されるものなのだ。いずれの場合にも、今は何らかの大きな経験によって縮こまってしまっているかもしれないが、本当は極めて健全な成長の可能性が確かに存在している。子どもや若者が自分の苦しみの原因となっている経験から自ら距離を取れるような過程が軌道に乗り、一度始動すれば自動的に走行し続けることができるような的確な条件設定さえ整えば、ボランティアの援助者でも十分事足りるのである。

　既に述べてきたように、身体や心は、困窮が過酷であればあるほどいっそう効果的に、最小限のものから最大限のものを引き出そうとするものだ。ほ

とんど味のしないスープでも、食べることさえできれば、人を餓死から救い出すことができる。逆に吸収できないほど多くのものを差し出すのは、何も与えないより悪いことかもしれない。期待が裏切られると、援助された者だけでなく援助した者の中にも、罪悪感や無力感、攻撃性が生まれかねないからである。同様に、心理学的なテクニックも慎重に運用しなければならない。とても逆説的なことだが、段階を踏んだ所定の手続きを指示することには、とりわけ注意する必要がある。「箱庭表現法」では、援助者の人格に大きな信頼を置くことにしている。特にボランティアの援助者が詳細な指示を求めることはよくあることだが、間違いを犯すのではないかという不安は、それぞれの気づきの能力という、彼らがもとから備えている最高の力を減じさせてしまう。それゆえ彼らには、箱庭の自律的な生命が展開していくプロセスに意識的に寄り添っていけるかどうかだけがまずもって重要であると伝える。最初こそ不確かな思いがあるかもしれないが、じきに心が軽くなり、好奇心や新しいモチベーションを感じるようになるだろう。

　　ボササ（ヨハネスブルグ）の少年院の中庭。17歳になる6名の少年たちが、それぞれに用意された箱庭に歩み寄る。物々しく武装した監視員も、それを尊重するように距離を保っている。少年たちの罪状は、度重なる家宅侵入、麻薬所持、麻薬取引、計画的／非計画的な殺人などである。さらにソーシャルワーカーたちのメモによれば、「やる気のない印象」、「錯乱」、「将来への展望なし」とある。そんな彼らに、次の一言が告げられる。
　　「今日は、特別なことをしなくてかまいません。これはテストでも課題でもありません。何かを証明する必要はないし、後で誰かが注意するようなこともありません。やりたければ、ここにあるアイテムを使って、砂の上に何か作ってもかまいません。」
　　少年たちは途方に暮れたように砂箱の前に立ち尽くしているものの、不信感を持っているわけではないようである。ここでは管理されることはないらしいということを察知するだけの、人を見る目はあるようだ。教育的なものではなく、目標も目的もないかに見えるこの提案は、どう

もこれまでのものとは違うらしい。何も受け取るものはないし、そうかと言って何か特別なものを要求されることもない。しかし、6人の大人が6つの砂箱とおもちゃをわざわざ運び込んできたという事実は、少なくとも彼らの興味を引いたようである。

　ひとりの少年が、習性なのだろう、箱庭アイテムが武器として使えるかどうか探り始める。「この貝殻は、終わったら持って帰っていいの？」別の少年は、動物を手に取り、砂の上に置く。3人目は、砂の表面を撫で始める。自分の生活風景を表現するといいなどとは一切提案していない。しかしセッションの終わりに、何を作ったか説明する機会を設けると、彼らは皆、それぞれの目下の状況を表現したと言い、それを次のような言葉で描写したのである。「ここに僕がいて、完全に閉じ込められてる。昔持ってた良いものからも悪いものからも離されてるんだ。」「僕はこの細い道にいて、まったく身動きできない。この橋にしか道がなくて、下にはワニが待ち受けてる。橋の向こうに道が続いてて、そっちにたどり着ければ（1頭のシマウマが立っている）、何が良いことで何が悪いこ

写真3

写真4

とか決められるんだけど、僕はまだここだ」(**写真3**)。「ここにテロリストの集団がいる。奴らのことは言いたくない。こいつらが中の人たちを攻撃してる。輪っかで囲って堰き止めようとしたんだけど、ビー玉が足りなくてちゃんと閉じられなかったんだ」(**写真4**)。

　彼らの説明はあまりに明快で、セラピストあるいはソーシャルワーカーの側から注釈を加える必要がないほどである。
　箱庭制作を通して、彼ら自身の中で、すっと肚に落ちるような体験が湧き起こっている。自分の過去や現在の一部がはっきりと意識化されるのだ。
　大人と若者の間で交わされる心理的なやりとりも、ひとつの「承認」と考えることができるだろう。それは能力に基づく評価ではなく、その存在の未来を見据えた承認の形である。砂の扱い方について手ほどきも受けずとも、少年たちは箱庭制作が前提とする能力を内に秘めている。大人が彼らの未来に対して承認を行うこと(ミニチュアの世界を築くことについてだけでも)によって、多くは従来と全く違う方法で、少年たちは自らの価値を認めることに目

覚めるのである。

　それまでに代わって何か相応しいものが見つかる。たとえば親が最初の子どもの誕生を待ち望むとき、彼らは初めから――おそらくは本能的に――この子どもが健やかで、賢く、心の優しい人になることを信じて疑わないだろう。そうした肯定的な期待が、生後数日や数ヶ月のうちに、この子どもの自尊心を育てていく。それが後に自己肯定感へと成長していくのだ。難しい境遇に生まれた若者たちは、自分が沿っていくべき未来への肯定的なファンタジーをほとんど持ってこなかったと言える。その代わりに、彼らは何かに対抗する形でアイデンティティを形成していくしかない。つまり、自分たちに敵対的な世界と闘う存在として生きるしかなくなるのだ。そうした若者たちのために砂箱を用意する大人は、――治療的な枠組みの中で――ちょうど親が子にファンタジーを持ち、「そうであるかのように」信じるのと同じように振舞う。無感動に見える若者でも、砂の中に自ずと表現され、変化を求めてやまないような、それぞれの内的世界を持っているのだ、と。この姿勢は、先の親たちと同じようにあくまで現実的なものだ。それこそが幼子の健やかな成長を可能にするものであり、心理療法にとっての基本的前提にほかならないのである。この「肯定的な期待の姿勢」は、ここでは確かに意識的なものには違いない。しかし、だからと言って、これを何らかの個人的な信念と混同してはならない。たとえば、「誰しも心の奥は善である」とか、宗教的な文脈で「どんな罪人も救われる」とか、あるいはただの推定だけで「適切な道具さえ揃えば、皆本来は芸術家である」といったような考え方とは違うということだ。援助に携わるそれぞれの大人が、そうした個人的な立場を持っていようがいなかろうが、いや、まさにそうしたものこそ、治療状況からはなるべく除外しなければならない。それに対して、ここで言う「肯定的な期待の姿勢」とは、もっぱら「人間が持っている内的な世界は表現可能なものであり、だからこそ多様でありうるものである」という考え方のみを参照している。そうでないような信念は、箱庭の制作に大きく影響し、せっかくの冒険的な試みが、イデオロギーや宗教の押し付け、あるいは自己陶酔的な性格を帯びることになり、もはや心理療法にはなりえなくなってしまうのだ。

こうなると結局のところ、箱庭療法と「箱庭表現法」の構想はどうしても一概にはっきり区別できるものではないのではないか、という意見が出てくるものと思われる。確かに、一見したところ、いずれの場合も手続きは大変よく似ている。しかしこれらは、セラピストの訓練の方法において、より厳密に言えば、後者ではボランティアの援助者やソーシャルワーカーに心理療法的な訓練をしないという点において大きな違いがある。

　箱庭療法は個人を対象とした深層心理学的な手法であるが、対して「箱庭表現法」は、集団で施行され、自由で守られた空間を用意することだけにその領分を限ったものである。あるいは、治療的配慮とも表現できるかもしれない。それは、セラピストが砂上の作品を見て「子どもから出てくる以上のもの」を引き出そうとしたり、何の断りもなく自分独自の思考や感情を伝えようとしたりはしないということを意味する。むろん、時と場合に応じて、言語的なコミュニケーションが生じることがあるなら、それを妨げるものではないが。

　本書は、「箱庭表現法」の入門書を意図したものであり、専門用語は極力排除したつもりである。ただし、技法的な手引きのようなものを期待されるとしたら、残念ながらそれに応えることはできない。ここで援助する大人に要求されるのは、本当に本質的なもの、心が自ら創り出すものが生じてくるままにしておくために、つねに最大限開かれていようとする姿勢だけである。

　とりわけ３つの異なる文化的・社会的・政治的環境でおこなった事例と箱庭作品の写真には、感じる力を研ぎ澄まされることであろう。

第４章◆極限状況における心理療法　　63

第5章
心的トラウマと心の回復

「落ち着きを取り戻したとき
謎の重みがのしかかり
痛みは突然始まる
友から友へと
腕利きの射手も今度ばかりは撃ち通せまい」[3]

ルネ・シャール

　「落ち着きを取り戻したとき……」。フランスの詩人、ルネ・シャール（Char 1995）は、ある詩の冒頭をこの言葉で始めている。1960年1月4日に友人のアルベール・カミュが急死して以降、深く眠り込んでしまった創造性の沈黙を、彼はこれをもってついに破ることとなった（Todd 1996）。4月に彼がこの行を何とか書き上げる頃には、「落ち着きを取り戻し」ていたのだろう。この表現に、シャールがかつて友情で結ばれていたこと、そして現在は「落ち着いている」ということの2つの意味が込められているのは、非常に示唆に富んでいるといえる。今や自らの「落ち着き」を回復し、その経験と直面しても最早「自制心を失う」ことはないというように。

　ルネ・シャールが、親友を自動車事故で失ったように、思いがけずに愛する人を亡くすという体験は、まさにトラウマ的な出来事と考えることができる。しかしそれは、心理的に健康な人であれば克服することが十分可能な体験でもある。

　詩人に特有の直感をもって、シャールは自らがトラウマ状態から出て戻ってきた瞬間のことを、この詩の1節に正確に描き出している。それは、時空

---

*3　原文は次の通り。"À l'heure de nouveau contenue où nous questionnons tout les poids d'énigme, soudain commence la douleur, celle de compagnon à compagnon, que l' archer, cette fois, ne transperce pas."

を超えた、実存的な「無」の状態にあるように見える。「落ち着きを取り戻し」、
主観的な生活時間が再度流れ出してはじめて、人は、それまで時間の流れが
完全に狂っていたのだということに気づく。そして、それまではほとんど感
じられていなかった痛みが、今や初めて、「謎」の問いとともに疼きはじめる。
「……痛みは突然始まる……腕利きの射手も今度ばかりは撃ち通せまい。」ル
ネ・シャールが指摘しているように、それは仲間から仲間への特別な痛みで
あり、聞く耳を持たないものではなく、関係をなす痛みなのだ。このことは、
傷ついた人にとって、今や再び誰かと親密な関係を持つ可能性が現れたとい
うことを意味している。それは、隔絶と時間の停滞の只中で、いかなる対話
もありえなかったこれまでとは明らかに違う。痛みが「突然始まる」のは、
まさに関係性の能力がもう一度、少しずつ目覚めはじめるからである。その
喪失を隅から隅まで理解できるようになるのは、その人が少なくとも何らか
の意味で落ち着くことができてはじめて可能なのだ。

　この詩人の記述にしたがえば、3ヶ月間で、時間・空間と関係の能力が回
復したということになる。「落ち着きを取り戻したとき」は自然と訪れたよ
うだ。あるいは、シャール自身の助けが時の統御を早めたのかもしれない。
なぜなら、彼は自らの体験を言葉で捉えることができたからである。

　だからといって、作家というものが全て、長きにわたる深刻なトラウマか
ら、うまく自分を守ることができるとは限らない。そのことは、プリモ・レ
ヴィやジャン・アメリー、その他集合的なトラウマの犠牲者となった多くの
作家の生活史が静かに証明していることだろう。

　今日では、「心的トラウマ」という概念が幅広く用いられるようになって
いる。トラウマに関する文献は膨大に存在し、その定義や起源、文化的・社
会-政治的な診断基準、トラウマ後の心的負担の除去、治療方法などを扱っ
ている。この数十年の間に、神経生理学の分野で根底を覆すような大発見が
なされ、それがこのトピックに関する領域横断的な新たな議論の引き金とな
った（Schore 2001 を参照のこと）。

　現在では、出来事がトラウマとして体験されるか否かは、生来の、そして
文化的に学ばれた傾向が司っているということがわかっている。救いようの

ない、命を脅かされるような思いを引き起こされる体験は、その出来事がより幼いときに生じるほど、深刻な余波を——つまり心的にも身体的にも——多大な影響を及ぼすこと、そして、トラウマ状態にさらされている時間が長いほど、その治療が困難になることもわかっている。また、年齢にかかわらず、人間の生活を精神的に破壊してしまうような出来事があるとする見解もある。

こうした場合には、問題を消化し終結させることができず、フラッシュバックや悪夢によって無力感が繰り返し新たに呼び起こされ、それがさらなるトラウマ化へとつながっていく。生理学的なレベルでは、神経生物学的・生化学的回路が、自己治癒に向かうこころの動きを阻止しているということになる。免疫疾患との比較がわかりやすいかもしれない。いわば身体が「誤って」自分を攻撃し、自分自身の細胞組織を系統的に破壊しはじめるようなものなのだ。

神経生理学的アプローチの観点からは、トラウマは「神経可塑性の病」とも表現される（Ansermet/Magistretti 2003）。あるいは、この障害は「逆学習」の過程としても考えることができる（Mundo 2009）。通常は刺激に反応することでその都度の新しい状況に適応できるようにしているはずのシナプス結合が貧困化し、外的な刺激の全てに対して常に同じ回路のみを作動させるようなシステムになってしまう。心的に表現したり、消化したりしていく機会が少しずつ失われていくのである。

トラウマ的な断絶と、他の傷つきを伴う心理的体験が質的に異なるものなのか、またトラウマ的体験の深刻度合は連続的なものなのか、などの問いに、いまだ決定的な回答は見出されていない。トラウマの定義そのものにも違いが出はじめている。しかし確かなのは、どんなトラウマ的出来事も、最初は予期せぬ形で遭遇するものであり、傷ついた人は——主観的にせよ、客観的にせよ——なすすべもなく自分の身体的・精神的健全さを差し出すことになるということだ。

トラウマとは、異常な負荷に対する正常な反応である、という認識については、今日では広く共有されているが、精神分析的、神経生理学的、生理学

第5章❖心的トラウマと心の回復　67

的な観点を問わず、次のことは常に念頭に置く必要がある。先に述べた「逆学習」——ある時間のしがらみから身動きがとれずにおり、以前の恐ろしい体験を繰り返さざるをえない状態——が、他方では、ひとりの個人を優に超え、一民族やその時代全体すら超えているような、壮大な文化的形式をも帯びているのだということである。

　そうしたトラウマ的な硬直状態とその絶えざる繰り返しとが詩の形式をとった比類ない例が、『フロレンティン・コデックス（Florentine Codex）』、あるいは『トラテロルコ年代記（Anales de Tlatelolco）』である。『トラテロルコ年代記』は、スペイン人の「新世界」への上陸と、少数のアステカの民族が、エルマン・コルテス率いるほんのわずかのスペイン軍と戦い、完全に打ち負かされるまでの様子を描いている。スペインのフランシスコ会修道士ベルナルディーノ・デ・サアグン（Bernardino de Sahagún）が1540年から1585年の間に編集したものであり、先住民ナワ族の言語による目撃談が数多く含まれている。スペイン語では、後に『ヌエバ・エスパーニャ綜覧（Historia general de las cosas de Nueva España）』として出版された。

　このテキストの例外的な点は、戦争の記述にあるわけではない。アステカの人々は戦闘民族であり、彼らにとって敗北と勝利とは必ず交互に訪れるものであり、生も死も互いなしにはありえないというのは当然のことであった。当時の世界観においては、戦争で死ぬということも、民族全体が征服されるということも考えられないことであり、本当のトラウマにはならないはずであったのだ。

　ところが、スペイン人の出現は、アステカの人々にとって何か別のものを意味していたようだ。東の、海の彼方から到来する者があると太古より予言されており、彼らはそれを神々として待ち望んでいたのである。アステカの皇帝モンテスマが長きにわたって躊躇し続けたのもそのためであった。モンテスマは、全くといって神とは思えないスペイン人たちの振る舞いを、彼らがいかに醜く、いかに不公正で、貪欲で、血に飢えているかを、そして何よりも彼らがいかにあらゆる宗教的儀式を軽んじているかを、何百回も目にしていた——それにもかかわらず、彼は意思決定能力が麻痺でもしてしまった

かのようだった。神々に裏切られるということは、想像を絶するような、最悪のトラウマであろう。モンテスマは抵抗することなく鎖に繋がれ、自ら民族滅亡への道を開いたのである。

　この敗北についての詳述、リズミカルな繰り返し、そして明らかに瑣末な細目の羅列によって、読者はまるで催眠にでもかけられたかのように、驚くべき未曾有の行為の数々へと引き込まれていく。それは、戦士同士や、敵方の女・子どもへの行いではなく、自らの聖性を破壊する倒錯した神々の振る舞いであった。テキストには、至るところに次のような記述が散りばめられている。

> 「聖なる詩を歌う人々が、一糸纏わぬ姿で歩いていた。体には、貝殻やトルコ石の唇飾りや首飾り、羽冠に鹿皮の靴。可愛らしい古ぼけた太鼓とタバコ瓢箪のシンバルを鳴らしながら。そこへやにわにスペイン人が襲いかかる。素手で頭を殴られて、人々はあっという間もなく息絶えた。詩を歌っていた者すべてが。無限とも思われる3時間が過ぎた。寺院の中庭に、死体が折り重なった。スペイン人は寺院に押し入り、さらなる死を撒き散らした。水を運ぶ者、馬の餌を運ぶ者、とうもろこしを挽く者、床を掃く者、守衛に立つ者、すべてが命を喪った［…］。
>
> 　これが我らの身に起きた顛末である。あたりは苦しみで溢れた。最も悲しい運命に、恐怖が我らを飲み込んだ。道沿いには壊れた槍と毛髪が散らばり、屋根を失った家々は赤く血塗られていた。」（Baudot 1976）

　アステカの人々が、この時点まで銃も騎兵も知らなかったということを考慮に入れねばなるまい。次の記述に描かれる彼らの驚きには、どこか夢のようなところがある。いわば、この圧倒的な侵略を、彼らの世界に以前からあったものと引き比べよう、何とか親しみあるものと結びつけようという、果敢な試みである。火や水の要素で対比が説明されていくが、「〜のよう」の繰り返しには、不可解なものをなんとか表現しようという、必死の努力が見てとれる。

第5章❖心的トラウマと心の回復　69

「鉄の槍は、全てを炎で焼き尽くすようだ。鋼の刀は、海の泡沫のように波立つ。［…］おお、偉大なる戦士たちよ！ おお、メキシコの民よ！ どうか助けを！ すでに命尽き、偉大なる戦士たちは滅びた！ 死に絶え、裏切られ、打ち砕かれた！ おお、メキシコの民よ！ おお、偉大なる戦士たちよ！」(Zoja 2008)

　彼らの歴史を織りなしているこの集合的なトラウマは、トラウマというものをとりわけ臨床的に理解するための非常に重要な手がかりであるといえる。ここでの目的が治療や治癒ではないからだ。分析心理学の知見から、助けたいとか癒したいという願望が諸刃の剣になりうることはわかっているし、心理療法家は、心理的な健康／病というすでに確立した概念を絶えず疑い続けなければならない（Guggenbühl-Craig 1986）。今日でもなお心的トラウマを処理できる儀式的・宗教的な体系が機能している僅かな文化圏では、心理療法家など必要がない。それらがもはや存在しないところでも──残念ながら、今日ではほぼ全てがそうであるともいえるのだが──心理療法家がそのような体系に取って代わるようなことは決してできない。心理療法家にできることは、できうるかぎりふさわしく、人間らしい共感を差し向けることだけである。これは習得しうる部分もあるが、持って生まれた才能の面も大きい。

　元の考察に戻ろう。今度は、民族や文化に留まらず、一個人のトラウマに議論を移していくことにしたい。個人の実存においても、トラウマはやはり意味の分裂化を意味する。

　PTSDの治療については、1990年代後半以降、様々な議論が行われ、とりわけその条件が示されるようになった。防衛機制に切り込み、トラウマ体験に関する記憶の無意識的な断片を活性化させようとする手法が、患者に再トラウマ化の影響を及ぼすことがわかっていったのである。どんなに患者の資質を活かした手法であったとしても、軽率に用いれば不利益を与えかねない。たとえば、患者に悪夢を絵で描いてみるよう促すような表現療法が、その人に新たなトラウマを与えることは十分にありうる。それが起きるのは、

患者がこの絵を「セラピストのために」描いた時である。セラピストは、患者が描いた無意識内容の激しい表現に魅了されるあまり、その状況の危険性を見誤ってしまうのだ。そして患者も同様に状況を見誤り、セラピストの熱狂を前に、自分で自分をどんどん悪化させていることに気づかない。そうなるのも無理はない。この無意識内容はまだ消化されておらず、意識には魅力的に映るほどに強化されたのだから。根本的な誤りは、セラピスト側が転移－逆転移関係を適切に扱えていない点である。こうした方法論的な不手際を避けるには、その患者なりの表現手段をできる限り自主的に探求してもらうことだろう。美的な良し悪しについてはコメントを控えるほうがよい。そして何より、ある治療法に対して患者側にほんの僅かでも抵抗が見られれば、それを深刻に受け止めることである。トラウマを受けた人には、自分にとって有用なのか有害なのかを判断するのは非常に難しい。人生の最早期の心的外傷、ないしトラウマ的な体験が疑われる場合には、直接的な介入は差し控え、できるかぎり大きな共感を寄せる心の準備をもって接することが求められる。どんな人にも、心的プロセスを消化するための自分なりの方法と、自分なりの時期というものがあるのだ。

　消化の作業にあたって、トラウマとそれが引き起こす結果には大きく分けて２種類あり、それぞれの間には大変意味深い、根本的な違いがある。トラウマ的な体験が、比較的心のバランスのとれた大人に起こるのか、それとも幼い子どものように未形成の人格に起こるのかという違いである。平均的な大人では、主観的なものや客観的なもの、また特に文化的なものに応じて、PTSD が生じることもあれば生じないこともある。これに対し、乳幼児への身体的ないし精神的な暴力行為は、その発達上、どのような場合にも深刻な、多くは不可逆性の影響をもたらす。発達最早期のトラウマ体験が、未完成の自我意識を深く傷つけるためである。この前-自我の発達段階では、まだ体験を認知的に消化する力を持たない。言語的な表現手段を欠いており、それゆえ、記憶のイメージを連続的な流れとして貯蔵しておくことができないからだ。生後２、３ヶ月の段階では、自分の身体や感情、そして外部にある人々が、いまだ渾然一体としている。主観も客観もひとまとまりなのだ。そんな

子どもの宇宙に、暴力や命を脅かす危険が押し入れば、あっという間に覆い尽くされてしまうだろう。彼らの全き世界には、外側の空間も生活も、物事を克服しうるような中心軸も存在しないからである。発達と成長は止まることがないので、その先に形作られていく人格構造は、トラウマ的な侵入を不可避的に含み込むこととなる。この段階ではまだ判断も、言語表現も、象徴化もされえない未処理のトラウマを前に、彼らは対抗し、寄り添い、その周りをめぐって発達していかなければならない。それゆえ、最早期のトラウマを念頭に置くときは、記憶の中に貯蔵され、再び呼び出し可能な一連の場面が精神的・イメージ的に再現されたものである、などというような想定をしてはならない。むしろ、ここで問題にしているのは、人間の精神状態全体に影響を与えるような感情構造や知覚傾向である。それは、外傷を受けたその瞬間に、外界から流れ込む全ての情報や刺激を精査し、それを前意識レベルで弾き出しはじめる。トラウマ的な体験が、特に身体の奥深くまで刻み込まれることは、筋肉の痙攣から大まかに知ることができるし、血液値や脳のシナプス結合、脳の容積、ホルモンや内分泌的な調節回路にも関係する代謝経路などの変化から生理学的に測定することも可能である。このように大抵は不可逆的であるような神経生理学的損傷を記述していくことは、確かに大衆に注意を促し、幼い子どもたちを守る助けにはなるかもしれない。しかし、それは同時に、医学モデルにのみ依拠するあまり、心理力動的な連関やその生理反応との相互作用を見逃してしまう傾向を強めることにもなりかねない。

　だからこそ、感情が遺伝子の発現に影響するという新しい洞察（Bauer 2004）は非常に重要であり、薬物療法に道を譲ったかに思われた心理療法にも、少なからぬ影響を認め直すものであるといえる。

　ドナルド・カルシェッドは、幼少期のトラウマがどのように生じるか、またどのような原始的な防衛機制が働くことで通常は多様な広がりを持つはずの感情的知覚が縮減されているのかについて、精神分析的な観点から、きわめて具体的な描写を試みている（Kalsched 1996）。カルシェッドの説明によれば、この太古的な防衛機制、すなわち「セルフケアシステム」が、新たなト

ラウマ化を避けるべく機能している。名前からもわかるように、「セルフケアシステム」は、未成熟な人格の中心の周りに、言うなれば「内なる傷つきやすい子ども」の周りに心身相関的な防護壁を打ち立てることで、どんなことがあってもそれ以上の危険が入り込めないようにする。また、それだけでは終わらない。砦の中で外界からも感情的世界からも遮断されており、それゆえ新しい経験からも閉ざされているために、今度はセルフケアシステムが、その人にいわば「物語」を「語り」はじめる。この内的なファンタジー化の行為は、障害の深刻さによっては、白昼夢や幻覚と呼ばれるものにまで発展する。この根底には、どんなに実存が制限された中にあっても、意味の断片を何とかして繋ぎ合わせようとする人間の根深い欲求が見て取れるのではないだろうか。

　深刻なトラウマが、それを体験した人の関係能力を部分的に、あるいは完全に破壊してしまうというのは、種々の心理療法において見解の一致するところであるが、これに対してカルシェッドは次のような異議を唱えている。関係とは、対人レベルでのみ生じるわけでなく、「あなた」という役割は、必要とあらば、動物や行為によっても肩代わりすることができるものであると。

　例として、次のエピソードが思い起こされる。

　　その若い女性は、幼少期をロシア占領下のエストニアの寡黙な祖母
　　——祖父は自ら命を絶っていた——の元で過ごした。少女は完全にひとりぼっちで、家と祖母と数頭のペットを除いては、見渡す限り野と森が続くばかりであった。おもちゃもなければ、他の大人も子どももおらず、かろうじて必要最低限の食糧があるだけだった。それでも少女は退行することなく、まさに自然という、ある意味母親的な存在に育てられた。草や木々、風との対話が始まった。来る日も来る日も、少女はひとりで、あるいは犬と一緒に何キロも歩き続けた。家からずっと離れて、彼女の世界の一番外側——中央にウラン処理工場のある監視付きの軍用地——まで行ってしまうこともあった。この場所が公式の地図にはどこにも示されていないとわかったのは、だいぶ大きくなってからのことだった。

第5章❖心的トラウマと心の回復　　73

その年齢の少女からすればかなりの脅威にさらされていたものと思われるが、実際に危険な目に遭うことは一度としてなかった。自然や動物たちがきっと自分を守ってくれるだろうという考えが、この少女の中に深く根付いていたのだ。このように堅く信じられたのは、おそらく無口な祖母の影響があったのだろう。近くにいるだけで、幼い少女の心へと無言のうちに伝わるものがあったのにちがいない。この祖母が自然について話すことも、動物に特別気を使う素振りもまったくなかったと、少女は後に語っている。むしろ、ペットも野生動物も助けてくれる存在だと思っているようだった、と。しかし、祖母がどれだけ信頼に満ちた眼差しで空を見上げていたかが、少女にはとても印象的だった。必要最低限の信頼感を芽生えさせるには、そのようなお手本があれば十分であった。それが生まれもった生存能力を活性化させ、その状況で可能な関係を模索し、開拓していく。その後、近くの工業都市に暮らす両親の元で就学することになり、少女は祖母や犬と無理やり引き剥がされてしまった。それから彼女に障害が現れるようになり、その後何年か、たびたび精神的に崩れる事態が生じた。幼少期には、両親の病的な部分に逆らうことができなかったが、心の中にはどこか傷つけられない部分が残っていた。彼女は自分の感性、心の温かさ、内省力を大人になるまで守り続けた。それを胸に、彼女は——遠く離れた故郷を求めて——人生の道を歩むことができたのである。

　ただし、不良少年たちが心理的に操作されたり直接的な身体的暴力を体験したりする場合には、また状況が異なるということを付記しておく。彼らにはそれを防ぐことも、出来事を整理することもできないからである。
　次の事例は、こころや防衛機制が「世界の解明」をどの程度可能にしてくれるものであるかを示していると思われる。生きるうえでこのメカニズムに助けを求めるかどうかは、読者次第ではあるが。

　　かつて看護師をしていたという60歳の女性から、電話で心理療法の

申し込みがあった。「スピリチュアルな道を進んで、もっとうまく他の惑星の住人と交信できるようになりたい」のだという。初回来談時、セラピストは彼女のあまりに構わない身なりに衝撃を受けた。この女性がファンタジーの世界に生きており、身体的な欲求にほとんど気づいていないのは明らかであった。異星人ともっと接触を持ちたいと思うに至った経緯について尋ねると、女性は次のように語り始めた。彼女はごく幼い頃から良心と愛に溢れており、他者を助けたいと常々思ってきた。異星人は自分によく似ていて、光と良心と愛に満ち満ちているのだという。そして、3歳の頃、午後に彼女がひとりで家にいると決まって訪ねてくる隣人を、よく癒してあげていたものだと回想した。当時の彼女は、その男が下半身に何らかの奇形を持っているのだと思っており、毎日、求められるままに、喜んで癒しを提供していた。患者がこの性的虐待のエピソードを不適切な感情反応を交えて話している間、身体のほうは意識とは解離しているらしい、別の物語を語ってみせていた。話している間、彼女の顔と首は真っ赤に染まり、ひどい汗をかきはじめ、呼吸困難に苦しみ始めた。両腕は体をしっかり包み込み、全力で自らを支えていなければならないかのようであった。彼女の身体は，これによって解離した感情を示していただけでなく、このファンタジーが持っている機能を伝えていた。さもなければバラバラに解けてしまったであろう人格を、なんとか纏めあげていたのである。彼女がもう一度異星人について話し出すと、身体は落ち着きを取り戻していった。

　地球の住人の野蛮さに耐えるために、この女性は自分の内なる異星人的な性質に出会った。それ以前に、すでに家族からも虐待があったと推測する根拠も十分に示されていた。彼女の心は決意したのだ。常に愛や関係を求める生来の欲求を満たせないくらいなら、その動きに見合う対象を見つけ出すか、自分の中に創り出してしまおう、と。

こうした「解決」に至ったこの女性が、決してひとりきりではなく、集合的で元型的なファンタジーに関わっているのだということは、巷に見られる

地球外のものへの多様な関心がよく示していることだろう。

　この事例のように、トラウマ的な出来事がもし最早期の子どもの心に起こると、重要な心的機能、とりわけ自我－コンプレックスに関連する機能が損傷されることになる。しかし、雷が木に落ちて、幹が崩れ落ちたとしても、根は無傷のまま残るものだ。幹、すなわち意識的な自我がもはや成長の中心から外れるとしても、イタリアの画家ロレンツォ・ロット（Lotto, Lorenzo）（1480-1557）の絵にあるように、傷ついた幹から小さな木が育ち始める。そこに養分を供給する根は、元の木を養っていたものと同じものである。心的生活は、なおも養分を受け取り続け，一貫した唯一の自我－意識がなくとも、さらなる発展を続けることができるのである。無人の地――こころの中の、あるいは対人的な空虚――が常にそうであるように、そこでは対立するものが綱引きをしている。なぜなら、それらを一緒にしておくような慣習、つまりいかなる儀式も、祈りも、説明書も存在しないからだ。

　トラウマは人を絶望の淵へと追い込む。簡潔に、それに「持ちこたえる」ことができないためである。トラウマはまた、楽観的な理想を信じることを許しもする。本当は我々のコントロールを超えたところに存在するものを、心理学的な技術によって癒すことができないかという切なる願いを。

第6章
箱庭表現法

> 「子どもの箱庭作品は、その子の心的状況の一側面を三次元的に表現したものと捉えることができる。」
>
> ドラ・カルフ

> 「子どもに自分の考えや気持ちを表現する力を与えるような装置とは、知識や能力からは独立したもの、思考を複数の水準で同時に表現できるようにするもの、動きの表現を許しつつ、全体の隅々まで作ることができるよう十分に制限されているもの、手触りと視覚などの感覚の要素を結びつけるもの、そして、しかるべき現実との関係から完全に自由であるようなものでなければならない。」
>
> マーガレット・ローエンフェルト

　「箱庭表現法」とは、個人的な心理療法が不可能な状況のために、箱庭療法を応用して編み出されたものである。箱庭の変形版ともいえるこの手法は、今やアジアや南アフリカ、ラテンアメリカの国々で、公立、私設を問わず様々な機関で用いられるようになっている。「箱庭表現法」は、個人向けに行われる箱庭療法とは異なり、主に集団で施行されるという特徴をもつ。ただしそこでも、個人に対するケアはプロセス全体を通して保証されている。子どもたち一人ひとりがそれぞれの砂箱で作業し、そこに大人が1名ずつ付き添って、遊びを見守る。とりわけ心理療法的な治療と大きく違うのは、見守り手の大人が必ずしも訓練を受けた心理療法家ではなく、教師でも、心理学や教育学を学ぶ学生でも、ソーシャルワーカーやボランティアでもよいという点にある。彼らには、事前におよそ30時間の理論的な手ほどきを受けながら、自ら集団の中で箱庭体験をしてもらう。こうした最小限の訓練で、最大限の

治療的介入を可能にしなければならない。この一見不可能な試みが実現するのは、まさに箱庭というメディアそのものが、子どもの要求に応える比類ない方法であるからだ。砂の中に小さな世界を組み立てるのに、特別なスキルや言語能力は必要ない。箱庭は、子どもたちがごく小さい頃から自発的に、個人的に自分を表現してきたもの、すなわち「遊び」と強い結びつきを持っている。そして、砂箱やミニチュアというこの上ない装置が、専門家でない見守り手の影響を極力減らす助けとなる。経験不足ゆえにしてしまいがちな妨害的な干渉は、以下に見るように、とてつもなく大きな影響を及ぼすものである。専門家でない見守り手の課題はただひとつ、子どものこころの中で生じる自己調節のプロセスを呼び覚まし、自由に作動させるべく、外側の条件がもたらすものをひたすら制限することである。見守り手には、心理療法的な介入も、解釈も、問題の言語化も求められていない。自分なりの考えや感情を抱きながら、遊びの過程に参加するというだけで十分なのである。したがって、見守り手が複雑な心理力動的、あるいは象徴的な連関を理解しているかどうかも本質的な問題ではないのだ。この理由については、再び触れることになるだろう。

　「箱庭表現法」は、どの人間社会も当たり前に持ち合わせてきた少なくとも２つの事象を正確に取り上げるものであるといえる。すなわち、遊びたいという子どもの生来の欲求と、人間が社会的な生き物であるという事実を。

遊びの心理的意味

　箱庭制作が利用するのは、全文化に共通する生得的な行動、それを通して子どもたちが困難や不安、恐れに、また新しく持った印象や刺激的な体験に対して自然に反応するもの、すなわち「遊び」である。遊びは、子どもの健康な行動様式のひとつであり、それによって世界に向かい、引き取っていくために持って生まれた方途であるといえる。遊びはつねに、心理的な消化のプロセスでもある。遊びの助けを借りることによって、感情は認知過程に変換され、理解へとつながるようになる。子どもであることと遊ぶこととは同

一の事柄であるともいえるだろう。

　遊びは、現実とイマジネーションとの中間領域にあり、ドナルド・ウィニコットはこれを「移行領域（Übergangsbereich）」と呼んだ。この特別の空間において心的内容が像を結び、何らかの妨害を受けた場合にも、自らを調整することが可能になる。そこでは、心理的成長や感情の分化を必要とするような変化が楽々と生じていく。感情的な負荷が和らいでいくまで、悪い体験が遊びの中で長々と再現されることもある。外界に対してよりよい適応ができるように、遊びの世界の中で新しい行動戦略が育まれ、長い時間をかけて試されていくのだ。子どもの自由な遊びとその子の環境との関わり方の間には直接的な関連がある。健康度の高い子どもにとって、遊びには実験者の純粋な喜びだけでなく、活力を増すという極めて基本的な機能が備わっている。支持的な環境で育っている子どもであれば、遊びの無限のバリエーションを自ら発見していくことに喜びを見出すはずである。

　逆に、子どもの心理的成長が何らかの逆境によって制限されている場合には、遊びはたちどころに成長へと働きかける役割に身をおくはずだ。遊びの内容は、無意識的な、あるいは意識的な葛藤をめぐって展開していくことだろう。妨害しているものや欠けているもの、また、もし障害がなければ人生がどのように見えるかということが、常に新しく、多くはドラマティックな仕方で示される。あたかも心的エネルギーが、内的な異物にあらん限りの角度から攻めかかろうとしているかのように。あるテーマがその都度新しく、直接的に、繰り返し表現される。何らか外からの助けがない限り、その表現は見ている者にとって過激で、混沌として、ますます理解できないものになっていく。その子の心的成長が全体として停滞しているならば、その子の内的な無力感を反映するように、遊びもどんどん小さな範囲で行われるようになるだろう。バリエーションは次第に減り、繰り返しが増えて、やる気がなくなれば遊びそのものをやめてしまう。あるいは、物を壊すよりほかに何もできなくなるかもしれない。そうした振る舞いがあまりに長く続けば、その子のこころの安定は深刻に脅かされてしまう。子どもが遊べなくなったということは、自分自身でいるのをやめてしまったということを意味する。言い

換えれば、その子は、自分なりの世界の体験の仕方を失ってしまったということになろう。

　しかし、そうした有害な環境がわずかでも改善され、その子の身を置ける場所が最小限でも開かれるやいなや、心理的な発達へと向かう特有の潜在能力が直ちに活性化しはじめる。失ったものを取り戻そうと、子どもはすぐにあらゆる可能性を試しにかかることだろう。このような場合、飛ばされてしまった発達段階のちょうどその部分を示すような象徴が、プレイの中に続々と現れはじめる。それによって、ブロックされていたその子の人格的成長が再び動き出すのだ。子どもが十分な環境を見つけていない場合には、発達の停滞と退行が主な症状として現れることになる。例えば孤児院に暮らす小さい子どもの多くに、この傾向が非常に顕著に見られる。次に示すのは、中国南部の孤児院の4歳の女の子の事例である。「箱庭表現法」がいかにこうした子どもたちが発達レベルを取り戻すための助けになるか、ありありと描き出してくれるはずだ。

　　ある箱庭セッションで、少女は小さな赤いプラスティックボトルを手に取り、そこに砂を詰めはじめた。手のひらで砂を掴んでは、ボトルの首に滑り落としていく。彼女はじっと集中してこの手順を辛抱強く繰り返し、ついには縁までいっぱいに満たした。それ以上続ければ、溢れ出てしまうのは明らかだが、彼女は上からさらに砂をかけ続けた。次に、今度は黄色い別のボトルを手にした。彼女はこれにも同じように砂を詰めた。次はグラスの番。グラスは口が開いているので、砂をいっぱいにするのは容易だった。とっくに満杯になったグラスに、休むことなく砂をかけ続けていく。見守り手の心には、この子はこうすることで内面の空虚さを満たそうとしているのだろう、という思いが自然と浮かんだ。少女は次にカップを取り出した。その次は、引き出しのついたドールハウス用のチェストの一段一段を砂でいっぱいにした。それから冷蔵庫、そしてオーブン。空いている場所があれば、ありとあらゆるものが砂で満たされた。そしてついに、そのような目的にそぐわないものも含め、

砂でいっぱいになったあらゆる種類の入れ物が、彼女の周りをぐるりと囲んだ。充実感が満ちみちている。少女の満足げで、リラックスした表情がそれを雄弁に物語っていた。以前は空っぽであったものが、満たされている。容易に指の間から零れ落ちるようなものが、集められ、確かな形を持ち、境界を定められたのだ。セッションの間じゅう、少女はほとんど顔を上げなかったが、誰かが近くにいることを確かめでもするかのように、ほんのたまに、少しだけ見守り手に目をやった。

　生後直後に親に捨てられたこの少女は、こうした原初的な行為を通して、いわば自らにこころの栄養を与え、それによって長年抱いてきた心理的・身体的に「十分満たされていない」経験を埋め合わせたのである。こうした簡潔な自己治療行為は、この小さな中国の少女が必要と感じるかぎり、箱庭の中で繰り返されることだろう。しかしそれには条件がある。同じ状況が変わらずに用意されていると彼女が信頼できるかどうかということだ。つまり、次のセッションでも同じ大人が立ち会わなければならないし、引きつづき関心をもって遊びに付き添わなければならない。仮に、それが何の変化もなく、繰り返されるばかりであったとしても。

最早期に親に捨てられ、十分なケアを受けられなかった子どもたちであっても、もともとの健康的な振る舞いに自力で戻っていくことができる。子どもは、いわば遊びの中で自らに「栄養を与える」ことができる。その子自身の中から充足感を引き出すことができるのである。成長において欠けていたものを、あたかも象徴的なレベルで埋め合わせていくというように。こころが自分自身を調整し、自ら回復していくのだ。

グループ

　自由で守られた空間で、見守り手の立会いのもと行われる箱庭作りが自由遊びと別のものを表し、より深い影響力を持つのと同じように、「箱庭表現法」におけるグループも、「通常の」グループとはまったくの別物であるといえ

第6章❖箱庭表現法　　81

る。そこでは、子どもたちが相互に関わるよう促されることはない。むしろ、制作中は、話すことも一緒に遊ぶことも許されない。ある見方をすれば、「退行的な」グループと呼ぶこともできるだろう。ギブアンドテイクの精神とは異なり、ここでは、受け取るだけで必ずしも与えないということが許される。他者の存在によって守られ、支えられているように感じることもできるし、一緒にいるという感覚を内的に持ちながら、あたかもひとりきりであるかのように振る舞うことができる——もちろん、あくまでこの可能性を互いが邪魔をしないという前提のもとで。

　今日では、人間の脳が仲間と接触するように設計され、またそれに頼るようにできていることがわかってきている。他のあらゆる哺乳類と同様、人間もまたきわめて社会的な生き物なのだ。人間の心理－生理的な均衡は、周りの人々とどのように交流しているかに左右される。動物界においても、集団にとって、ストレス要素をいかに減らし、処理していくかは大きな課題となっている。それは、野生動物の挨拶の儀式にも観察される。たとえば、ライオンが離れていた群れに再び戻る際には、他のライオンの体に沿って、何度も行ったり来たりを繰り返す。戻って行くライオンの動きは、はじめはまだ興奮したものであるが、群れ側のより落ち着いた動きに合わせていき、そうすることで受け入れの挨拶に応える。こうした一連の交流が、あらゆる感覚器官を通して、攻撃や防御の態勢が終わったという信号を脳に送り、それにふさわしい別のホルモンを分泌するよう伝える。すると直ちに、その動物はリラックス状態に入ることができるようになるわけである。しかし、群れというものがなければ、かくも早く、完璧にそのような状態を達成することは決してできないのだ。

　これと同様に、深刻な心理的ストレスに晒された子どもたちが集団に入ることを許され、そこでは労せずして自分の位置を取ることができ、報酬を受けることもなければ罰せられることもないのだとしたら、そのことが彼らにどんな意味を持つか想像に難くないだろう。通常のやり取りは一切行われない。沈黙がその場を支配する。それぞれが自分だけの空間を与えられており、それが失われることもなければ、他者の場所を侵害して広がることもない。

皆が自分自身の作業に没頭している。このような特殊な条件が揃うとき、その集団は太古的な、感覚的－身体的な聖域の機能を持つ。むろん、これが機能するのは、通常の集団療法で強調されるようなコミュニケーションの多面的な可能性が、むしろ意図的に、一定の時間排除されているという条件のもとである。この場は、社会的スキルを習得するためのものではなく、守られているという感じや安心感をただ体験するためだけのものなのだ。それがこの集団に逆説的な効果を生むことになる。ほとんどが心理的な苦悩を抱えた子どもたちで構成されているにもかかわらず、この集団が一人ひとりに、自分を支え、包んでくれるような保護空間として作用するのである。こうした枠組みが正確に実行されればされるほど、また見守り手がどっしりと構えていればいるほど、この効果はより強められることになる。

　この集団効果が、大人たちにとっても同じように作用する。大人たちもまた、別の大人の存在によって心強さを覚えるのだ。新入りのボランティアは、多くの言葉を交わさずとも、より経験のある者から学び取ることができる。一人ひとりが注意深くそこに存在しているということが、お互いに感覚レベルで感じられるのだ。

表現は変化そのもの

> 「砂箱の中に、問題がドラマのように展開される。葛藤が内的世界から外的世界へと移り、目に見えるものとなる。このファンタジー遊びが、子どもの中にある無意識のダイナミズムに影響し、そのこころを動かすのである。」
>
> ドラ・カルフ

　心的内容が表現されたということは、それ自体すでに変化を意味している。これは、箱庭というものが創始当初から自らを定位してきた中心原理のひとつであるといえる。こうした考え方は、これまで深層心理学に基づく子どもへの心理療法の経験の蓄積の中で得られてきた知見であるとともに、近年で

は神経科学のデータによっても支持されることがわかってきている。遊びというのは、自発的な心的同化のプロセスである。他にも述べるとおり、大人の姿を真似た重要な体験や行動様式はすべて、多かれ少なかれ子どもの遊びに組み込まれていくものである。

　しかし、ここで同化されていくのは外的な影響だけではない。将来の心的な成長段階に相応しい内容や刺激は、内側からも子どもに影響を与えているのだ。自由遊びの中で、子どもは新しい行動様式を試していく。それは誰かから学んだものではなく、自分のファンタジーの世界、あるいは夢などから提供されるものである。次から次へと繰り出されるそうした内的なイメージやプロセスは、その子の発達の潜在能力に並行して進んでいく。次の発達段階が迫っている時はつねに、それに対応した無意識の心的内容が強く意識に生じてくる。子ども時代には、それがとりわけ強く打ち出され、発達は段階を追って展開していく。心的成熟の段階は身体的な成長とつながっており、それゆえふさわしい年齢のうちに起こらなければならない。さもないと直接的な形では達成しえなくなってしまうのだ。発達が停滞してしまったとしても、大人にとっては単に未開発のまま時間が過ぎていることを示しているにすぎないが、子どもにとっては、不可逆的な心的損傷を意味することも大いにありうるのである。だからこそ、幼年期に受けた障害はつねに劇的な性格を帯びる。

　そのような子どもは、もはや遊ぶことができなくなっており、そのため心理療法を求めようとしないという場合も多い。生来のこころの自己調節能力を失ってしまっているのだ。彼らは、自分の身振り手振りやイメージ、考えに信頼を置くべきだということを、まずは間接的にもう一度伝えられなければならない。子どもは箱庭において、大人の見守る自由で守られた空間を与えられ、その中で自分の世界を表現することができる。こうした表現は――しばしば誤解されているように――診断的な目的にばかり奉仕するものではない。この表現がすでに、変化そのものなのだ。

　箱庭がどのように進められるべきか、あらかじめ書かれた標準的な筋書きなどありはしない。ただし、大人がプロセスをできるかぎり多層的に知覚で

きるようにするための理解のモデルなら存在する。大人が途切れぬ注意を保ち、感情的にプロセスに加わり、理解しようと努めることを通して、遊びのプロセスに大きな意味が与えられる。言葉で表現する必要は一切ない。子どもはこれを自分の行動への信頼と受け取り、自分ひとりでは決して思いつかなかったであろうものをプレイの中に発見していく。言葉を発さずとも、大人が見守っているだけで、子どもは自分の感情への新たな入り口を見つけていくことができるようになるのである。

とはいえ、「箱庭表現法」が今記してきたような治療法として効果を持つようになるためには、心理療法的アプローチの基本原理があくまでも尊重されなければならない。自由に遊ぶことは、それだけで子どもにとって良いものである。しかし、もし遊びが的確な枠組みの中で行われるなら、その効果は何倍にも強められることになる――気温の上昇につれて、密閉容器の内圧が増していくように。

症状

明確な理由もなく、他の子どもを叩いたり噛んだりする子どもがいたとする。教師はその子になぜそんなことをしたのかと尋ねる。答えはない。しかし、もし医者が高熱の子どもになぜ熱があるのかと尋ねれば、私たちは確実にその医者の腕を疑うだろう。その子はなぜ身体がそのような反応を示しているかも、そこに何の目的があるかも知らないのだ。発熱とは、身体の免疫システムと特定のウイルスないし細菌とが戦っていることを示唆するものである。もし免疫の防御がこの戦いに勝てば、熱は下がるだろう。そしてもし菌の炎症が上回れば、発熱という結果として身体を長く破壊しつづけることだろう。医者は熱を鎮めようとするのではなく、いわば熱と手を取り合って菌を根絶するように作用する薬を処方する。熱は病気の原因ではなく、妨害に対する身体反応なのだ。心理的な症状にも似たようなところがある。幼少期の問題行動は、心的な免疫システムの表現として解釈することができるのではないだろうか。子どもの成長を脅かすような妨害的な環境――ネグレク

ト、育児放棄、暴力、過剰な期待——の影響から身を守ろうとしているのだ。虐待とは、大人が子どもと「関わる」のではなく、子どもをある目的のために「用いる」場合の全てを指す。「関わる」とは、子どもには年齢に応じて発達したいという特別な欲求があり、それが充たせるかどうかがその後の発達を左右するのだということを、大人がきちんと感じ取っていることを意味する。子どもは、身体的・精神的に成長していくことを何よりも強く本能的に欲している。怠惰な子、攻撃的な子、引きこもり、多動の子……。これらはいずれも、メッセージの一部、部分的な真理にすぎない。その背後には、世界を体験したい、世界に関わりたい、世界を愛したいと願いながらも満たされずにいる彼らの本能的な欲求が隠されているのだ。好奇心や共感こそが、彼らの生来の振る舞いであるはずだ。子どもの問題行動を単純に禁じたり罰したりしては、かえって事態を悪くするばかりである。叱責を受けて一時的に症状が消失したとしても、それは形を変えてまた現れることだろう。あらゆる症状は、葛藤に囚われているという子どもからのサインとして理解されなければならない。この葛藤は、ただひとつ、次のような問いに集約できるだろう。自分は持って生まれた才能を伸ばしていけるのだろうか、ここまで脅威や過大要求にさらされた環境では、引きこもるか、早く逃げ出すか、自分も暴力的になるかしか道はないのではないか、と。いずれにせよ、自律性と創造的な表現に対する本能的・生来的な欲望は、まずもって抑圧されざるをえない。まさにこうした抑圧に由来するエネルギーが、心理的・心身相関的な症状を引き起こすこととなる。本来なら新しい体験をすることに注がれるはずのエネルギーが、今や症状に取られてしまうのだ。それが子どもに、意味のない破壊的な行動様式を繰り返すよう強要し、それが悪循環を作り出して、その子が次の発達段階へと進むことを妨害する。子どもはますます環境に適応しづらくなり、不安感は増していく一方となる。おとぎ話でヘンゼルとグレーテルが魔女の家に閉じ込められるように、子どもは罠にかけられる。病理的な振る舞いに従うしかなくなるのだ。この病理は、家族の中のひとりの神経症として現れることもあれば、何世代もが戦争の中で暮らしているような国の集合的な狂騒として出ることもある。子どもたちはこの病理の

なすままに、こころの発達を遂げられなくなってしまうのである。

　おとぎ話の助けを借りて、この状況から逃れる道を考えてみよう。それは、悪に果敢に立ち向かうのでも先制攻撃を仕掛けるのでもなく、状況を見定めたり、機が熟すのを待ったりすることを学ぶ、自己訓練の辛抱強い過程にほかならない。時には、表向きは破壊的な力と手を携えることもある。状況をひっくり返すためには、適切なタイミングで巧みな策略を取らねばならないこともあろう。それがうまくいけば、悪の力は必ずや、自分自身の制御不能な欲求に呑み込まれて、自ずと滅びていくだろう。ここでおとぎ話の示している内的心理構造は、病理的な環境との対決においても効力を発揮するはずである。心理療法が成功すれば、子どもの中で、経験や行動に向かう生来の創造的な可能性が活性化されていく。おとぎ話の多くが肯定的な結末を迎えるのは、まさにこのような発達のモデルを表すためである。残念ながら現実はそのようにはいかないなどと、あえて付け加える必要はないのだ。

砂箱

　　　｜世界技法の道具として必要なのは、およそ75×50×7センチの金属のトレイに、砂を半分まで敷き詰めたものです。使う時に合わせて、設置するテーブルの高さを変えるようにします。……手の届くところに水があるとよいし、シャベルや漏斗、型や篩のような器具も揃えておくのがよいでしょう。｜
　　　　　　　　　　　　　　　　マーガレット・ローエンフェルト

　　　「私は、規定の大きさ（57×72×7センチ）の砂箱を用いています。このサイズがちょうど作り手のファンタジーを制限することになり、調整の要素として機能するのです。」
　　　　　　　　　　　　　　　　　　　　　　ドラ・カルフ

　カルフの箱庭療法では、上記の内寸の砂箱2つを用意することを基本として

おり、ひとつには乾いた砂を、もうひとつには湿った微粒子の砂を満たす。箱庭表現法では、実践上の理由から砂箱はひとつだけとし、大抵はプラスティック製で40×60センチサイズ、そこに軽く湿らせた砂を入れるようにしている。

　砂箱の内側は、縁も含めて水色に塗っておく。これによって砂の中に川や湖といった水域を表現することが可能になるし、縁まで青いことによって、遠くに地平線があるようなイメージを惹起することにもなる。

　砂箱を置く高さは、子どもの年齢に応じて加減できるようにしておき、できれば固定可能なキャスターを取り付けるのが望ましい。砂箱を学校の校舎に置く場合には、実際的な意味で蓋も準備しておくとよい。そうすれば、使わない時には物置やテーブル代わりに用いることもできるし、まだ写真に記録していない完成作品に蓋をして一時的に保護しておくようなこともできる。いずれにせよ、学校や幼稚園の廊下に砂箱を開けっ放しにして雑に置いておくようなことは避けるべきだ。もし通りすがりに砂で遊ぶことができるのだとしたら、その非日常的な出来事に伴う比類ない雰囲気が失われてしまうことだろう。アイテムについても同様である。普段は戸棚の中にしまっておき、セッションの時にだけ触れることができるというようにする必要がある。それを通して、子どもにも大人にも、この出来事がどこか日常的な時間や空間を超越したものであるという感覚を伝えることになるのである。

砂

　ところで、なぜ砂を素材に用いるのだろうか。湿った砂は、特別な能力を前提とせずとも、多種多様な3次元的造形を可能にしてくれる。深くまで掘り進めることも、高く築き上げることも、きわめて容易にできるはずだ。一方、乾いた砂は、軽く触るだけで跡が残る。指でさっと引いた線が不器用な印象を与えることはほとんどないだろう。いずれの場合も、砂の粒子は、どんなに小さな動きや移動にも正確に反応するので、そのことが慎重な態度を呼び起こす。砂の振る舞いはまるで、絶対的な正確さをもって仔細な動きも逃さず記録する、きわめて繊細な受信機のようだ。あたかも何百万もの砂粒が、「耳

をすませて」待っているかのごとく。作り手の仕草は、少しずつ、研ぎ澄まされた雰囲気を帯びていく。

　砂は、受容も抵抗も、絶妙のバランスで差し出すものである。自然の中にある砂は、ゆったりとした果てしない過程の中で、風や水によって、人間の目には判別できないほど小さな丸い粒へと砕かれていく。他方、銀砂のように人工的に作られた砂は、鋭く尖った粒で構成されている。砂の粒子は、まるで液体のように、届くところ全てを満たそうとする傾向を持つ。これは次のアナロジーとして理解することができよう。こころにおいても、出来事と関わりあう際には、その本質を一分の隙なく探れるかどうかが重要である、と。砂の入った容器を繰り返し振っていると、砂は重力に引っ張られて段々と落ち着いていき、ほとんど間隙のない石のような塊になる。砂は固体の物質であるが、しかし、ばらばらに解けたものでもある。かつて、日本人の同僚が、「砂は水よりも水らしい」と述べていたことがある。その言葉の中には、液体という物理的性質に加えて、水の持つ象徴的な性質の意味合いも込められていたように思う。この「固体的液体」のもつ密度が、心理的過程を写し取るという目的にとっては、理想的なまでにふさわしいのだ。

　砂は、対立物や両極端のものを、明確に、簡潔に具象化する。水分をどれだけ含むかによって、塵のように乾いて軽くも、湿って重くもなりうる。ある時には、混じり気のない純粋なものであり、すべての粒がふさわしい場所にあるという秩序を連想させるが、またある時には、ぬかるんで汚れたものとして、混沌を表す。何かを築きあげることもできるが、流砂として、すべての固体物を埋め尽くすこともできる。いまいましいほど指の間にくっつくこともあれば、手の平を心地よく冷やしてくれることもある。砂の方から親しげに見上げてくれる時もあれば、砂箱が大きな渦のように見え、呑み込まれるのではないかと恐怖さえ覚える時もある。ある時は、砂の良い手触りが人肌に触れているかのようで、優しく撫でていたい心地がするだろう。また別の時には、手のわずかな動きだけで山や谷、川、砂漠が形作られる。まだ誰も足を踏み入れたことがないのに、ずっと前からよく知っているように思える場所を。砂の造形は、つねに容易に変化しうる。破壊とは、すなわち次

なる生成の可能性である。何ひとつ捨て去ってはならない。同じ砂が、何度でも繰り返し姿を変えていくからだ。究極には、砂そのものを壊すことはできない。そもそも、何より小さな粒でできたものなのだから。

アイテム

　ミニチュアのアイテムは、およそ3センチから5センチ程度のものとし、並べる場所は、棚や机か、時には床の上でもかまわない。フィギュアは、子どもたちの文化的環境にふさわしいものを用意する。生活環境の中で馴染みのあるものに加え、いくつか知らないものも混ぜておくとよい。このミニチュアを用いて小さな世界が十分に表現できなければならない。それには、石や木、植物、貝殻、魚、爬虫類、昆虫、鳥——高等ほ乳類に至るまで系統発生を追ったもの——そして、様々な年齢、職業の人間は最低限必須になるだろう。さらに、動物と人間それぞれの棲家となるもの（洞穴から摩天楼まで）、調理道具や食器、食料を含めた家具・生活用品類ももちろん必要である。また、戦いに関するおもちゃ、手押車から飛行機に至るまでの様々な種類の乗り物も同じくらい重要だ。特に欠かせないのは、パトカーや救急車である。子どもたちはしばしばこれらを用いて、身に迫る危険を、つまり自分のこころを傷つけるものを表現する。また、そこには同時にその子がこの危険に反応できるのか、どのように反応するのかも現れる。救急車は、たとえば負傷者を助けるというように適切に導入されることもあれば、明確な目的なく、他の多くの乗り物の中にたまたま現れることもある。後者の場合は、助けを求めていることがその子自身に意識されておらず、まだはっきりと救護要請が示されているとは言えないだろう。遊びの中に救急車が現れるというのは、子どもが助けを求めている可能性を示す、最初の間接的な手掛かりにすぎないのだ。その他、絶対に必要なものとして、死や冥界のような不吉なものを象徴するアイテムが挙げられる。例えば、骸骨や棺、ネズミ、あるいは怪獣、お化け、魔女や魔法使いといったグロテスクな空想上のフィギュアなどである。もし、コレクションがそうしたアイテムを欠いていると、とりわけアジ

アの文化圏では、子どもたちに次の2通りの影響を与えることになる。ひとつには、恐れや悪夢といった、その子の持つ不快な感情を表現する手立てが狭められてしまうこと、そしてもうひとつには、大人が「きれいで肯定的な」ミニチュアだけを揃えることによって、「きれいで肯定的な」ものを作ってほしいという大人側の無意識の一方的な期待を子どもたちが感じ取ってしまうことである。アジアでは、教育上の観点から、子どもたちが作品に邪悪なもの、忌まわしいもの、残虐なものを表現してもよいとする考えを必ずしも無条件に受け入れられることはできないようである。それは、子どもや若者が暴力的なコンピューターゲームや映像作品にいとも簡単にアクセスできるようになっている現状と明らかに相容れないだろう。しかし、暴力行為が行われるコンピューターゲームと箱庭制作の間の違いは決定的なものである。前者では、子どもたちの中に暴力的な行為が染み込んでいき、ゲームをプレイすればするほどそれが増していく。他方、後者の場合には、暴力は心理的に消化され、次第にその要素が振る舞いから減っていくのだ。

　世界中の宗教にまつわるフィギュアも重要である。様々な文化における信仰の対象、例えば、北米インディアンのトーテムや、仏像、また十字架や天使、聖人などのキリスト教的なシンボルなどである。

　　　以前見ていた7歳の少年の事例である。彼は遊びに没頭していたが、ずいぶん長い時間、棚の前で何かのアイテムを探していた。どうもちょうどよいものが見当たらない様子である。何か決まったものが必要なのか尋ねてみると、彼はこう答えた。「神様持ってる？」と。神様がどのようなものか、私にもはっきりわからないらしいことを察すると、彼はそれ以上迷わず、聖フランシスコの人形を手に取った。

　興味深いのは、例えば中国の孤児のように、キリスト教とは全く関連を持たない子どもたちが、箱庭にキリストの十字架像を用いるというケースがたびたび見られることである。もちろん、単に苦しんでいる人を象徴するためにキリストが用いられることも多い。その痛みを誰が見てもわかるように。

第6章❖箱庭表現法　91

しかし、子どもたちはしばしば、文化や時代の異なるところに由来するフィギュアを、実際の意味を知らずして、直感的に正しく用いる。アメリカの子どもが、メキシコの雨の神の像について、「この人形は畑を育ててくれるんだよ」と語ることもあれば、コロンビアの子どもがアヌビスという古代エジプトの冥界の神の像の周りに、頭蓋骨や骸骨のパーツを並べるということもある。

とはいえ、子どもが求めるもの全てを細大漏らさず手に入れるわけにはいかないので、自由に造形に使える素材をいくつか用意しておくのも有益だろう。特に混乱した家庭状況にある子どもたちに好まれるのは、よく病院で使われる木の舌圧子である。コロンビアでは、それを用いて境界や秩序、守りが繰り返し表現された。また、色紙は、細く切れば食べ物として人形用のフライパンで料理することもできる。貧困状態にある幼い少年少女たちにとって、自分で食べ物を作るということはとても重要だ。

ただし、きわめて簡便な素材、例えば木片や金属片、瓶のコルク栓、枝や樹皮、ガラス玉、貝殻に、数体の人形と動物のフィギュアがあれば、それだけで切り抜けるということも可能ではある。次に紹介する南アフリカの経験には、ミニチュアが多すぎたり、見知らぬものであったりしたために、むしろ箱庭が制限されてしまうことがありうるということがよく示されている。スラム街出身の子どもたちに対し、われわれは当初、木と針金、石、貝殻、コルク、樹皮、バナナの葉で作ったほんのいくつかの人形しか提供することができなかった。他のものがどうしても入手できなかったためである。しかし1ヶ月後、ヨーロッパから多くの寄付が寄せられたおかげで、動物や人間、家、戦争のおもちゃなど、たくさんの箱庭アイテムが南アフリカに輸送されることになった。初めてこれらの人形を見て、子どもたちが魅了されたのはよかったが、それは遊び方を劇的に変化させる心の奪われ方だった。彼らはフィギュアをめぐって喧嘩を始め、自分だけのものにしようとしたり、盗んだり壊したりしはじめた。象徴的な表現の可能性はたちまち消失してしまった。箱庭が消費の対象に成り下がり、その治療的な性質を失ってしまったのである。

個人的な治療実践の場合には、箱庭のフィギュアは、それぞれの性質がよりよく強調されるようテーマごとに分類されるものである。すべてカゴの中に一緒くたにされているのとは違って、一つひとつきれいに並べてあれば、それぞれがより生き生きと引き立ち、遊びへと誘うことだろう。しかし、箱庭の持ち運びをしなければならない状況下では、これが不可能であることは言うまでもない。アフリカでは、砂箱や砂と一緒に輸送する都合上、アイテムはすべていくつかのジュートの袋に詰めることになった。頑丈で、素材として金銭的な価値がないことが重要だったのだ。そうした状況のなか、何度も次のようなことが起きた。年長の子どもたちが、遊びの合図が出た途端、アイテムを置いたテーブルに殺到し、持てるだけの量をもぎ取っていくのだ。大きな積み木の山を自分の砂箱まで持ち帰った少年もいれば、金属片をすべて取った子、人形をすべて持っていった子もいた。小さな子たちは、大きい子が急いで落としていったわずかの物を床から拾い集めはじめた。このような場合は、もう一度初めからやり直さねばならない。その都度必要な量のアイテムだけを砂箱に持っていくようにと、改めて説明をすることになったわけだ。いずれにせよ、それぞれの素材を自由に使えるよう十分に置き、子どもたちの中に、落ち着いた、確かな、大抵はかつて感じたことのないような感情が初めから生まれるようにすることが何より大切である。自分にもちゃんと十分に物があるのだ、という安心が。

　アイテムを一箇所に保管できる場合には、子どもたちは同じフィギュアが棚の同じ場所に見つかることに喜ぶし、そうしたこと全体が、秩序や見通しというものを与えてくれる。多くの場合、子どもたちは頭の中に決まったイメージを持ってセッションに訪れる。「今日は街を作るんだ」とか、「飛行機はどこ？」などと言うこともある。しかし、アイテムの中に、家も飛行機もなかったとしても問題はない。子どもは必ずや、家や飛行機を表現できる何かを見つけ出すことだろう。

自由で守られた空間

> 「だから私は、子どもにとって自由でかつ守られた空間を
> 治療関係の中に作り出すのが自分の課題だと考えています。」
>
> ドラ・カルフ

　「箱庭表現法」が行われるのは、静かで、邪魔の入らない場所である必要
がある。他の子どもや大人が誤って入ってきてしまうことも、電話が鳴るこ
ともあってはならないし、特に見守り手が不意にその場を離れるようなこと
は許されない。ほんの一瞬であっても、物理的に部屋を離れることはもちろ
ん、携帯電話に来たメールを見るなど、心理的に離れることも禁物だ。どん
なに実際的な理由があったとしても、大人がいなくなるということは、子ど
もに不安感を与え、場合によってはパニックを引き起こすこともありうるか
らである。そこには、ある相互作用が生じている。空間が守られているから
こそ、子どもは心を開くことができるし、子どもが心を開いたからこそ、そ
の部屋は守られ続けなければならないのだ。箱庭の制作中には、写真や映像
を撮るのを差し控えるのもそのためである。

　箱庭セッション初回の冒頭に、子どもたちに砂箱とアイテムを示し、そこ
にあるものは何でも使ってよいと伝えるわけだが、ここで次の2つの基本原
則を説明するのが効果的である。砂を砂箱の外に投げ出してはいけないこと、
そして、セッション中は静かに過ごすことである。もし、子どもがこの2つ
の基本原則を守ることができないとすれば、その子を引き続きグループに置
いておくことはできない。そうした行動は、少なくともその時点でその子に
はまだ自由で守られた空間を認識したり、活用したりすることができないと
いうこと、したがってもう少し別の治療的介入が求められるということを示
唆しているといえる。

　そして、何より重要なのは、子どもが何かを質問しない限り、見守り手の
側からいかなる誘導も示唆もしてはならないということである。大人は、砂
箱から居心地の良い距離をとって座り、その後のセッション全体を通して同

じ場所を保たなければならない。子どもが砂箱の周りを歩こうと思えば歩けるだけの空間は必要だろう。先に述べたように、セッションは静かに進められるべきだが、子どもたちはそれぞれ、見守り手とならそっと話をしてよいことになっている。そこでは、一人ひとりが自分の場所を、自分の空間と時間を持っている。どんなに落ち着きのない子どもでも、誰もがこの特別な雰囲気にはっとする。その子自身の小さな姿を除いて重要なものは何ひとつ存在しないという空気は、彼らがかつて一度も体験したことのないものなのだろう。

　特に、時間が終わりに近づくと、セッション中に作り出された象徴的な空間が、不注意のために拡散的になってしまうというリスクが出てきやすい。作品の物語を見守り手に説明しはじめている子どもも何人かいるかもしれない。他の子どもたちが自分の作品を無事に完成できるよう、そこには慎重さが求められる。それにもかかわらず、すでに完成した子どもが他の砂箱を急き立てたり、聞き耳をたてたりしようとすることがある。そうした行為が認められないのは、それによって子どもたち一人ひとりの守られた空間が侵害されることになるためである。子どもの親が早く迎えに着きすぎて、すぐに話そうと、悪気なくプレイルームのドアをノックするようなこともしばしば起こる。これらはどれも深刻な妨害であり、セッション全体の成果を台無しにする可能性もあるほどである。したがって、重要なのは、この象徴的な空間が最後の瞬間まで自由で、外部のあらゆる影響から守られているということである。治療場面と同様、箱庭セッションの設定も人工的に作り出されたものであるゆえ、あっという間に壊れてしまう危険がある。抑えられていたもの、とりわけ集団力動的な欲求が、まるで真空が満たされるかのように爆発してしまうのだ。実際に、部屋そのものや見守り手の振舞いによって形作られていた特別の容れ物が、あっという間に異常な空気に満たされることになる。すべての儀式がそうであるように、日常性への移行は少しずつ、意識的に行われなければならない。さもないと、苦心して作った貴重な歩みが、ものの数分であっという間に崩れ落ちてしまうのだ。それは例えば、子どもが別の子どもの作品の悪口を言ったような場合にも起こりうることだ。だからこそ、一人ひとりの箱庭セッションがどれも「聖なる」行為の一種として、

第6章❖箱庭表現法　　95

つまり、何人も不法に足を踏み入れることを許されない私秘的な場として取り扱われるように、こちらは細心の注意を払わなければならないのである。それでも、自分の作品を他の子どもに見せたがる子もいるだろう。セッションに参加して日の浅い子どもが、自分の親に見せたいとせがむこともあるに違いない。守られた空間という観点から言えば、無論この要望に対する答えは否定的なものにならざるをえないが、あくまでその特質を守ることを第一にしてしかるべきだろう。その子が今後も内的生活をさらに開示していこうと思える気持ちを危うくするくらいなら、ほんの少しの例外を認めるほうがよいこともあるかもしれない。自分の箱庭作品に誰も手を加えず、誰も注文をつけなかったことを確信した子どもは、それを後に残して、ドアを閉めてその部屋を去ることができる。それは決定的な瞬間である。セッション中の経験と新たな発見がその子の中にきちんと根付いたこと、そして、次回に向けてますます育っていくであろうことが、それだけで十分保証されているといえよう。

自由で守られた時間

> 「セラピストから子どもに対していかなる解釈も施さないというテクニックを正しく理解し、適用していくことが、きわめて重要です。」
>
> マーガレット・ローエンフェルト

> 「セラピストの理解を子どもに言葉で伝える必要はありません。大切なのは、守られた空間の中でシンボルを体験することができるかどうかなのです。」
>
> ドラ・カルフ

箱庭制作の時間を厳密に設定し、それを遵守することは重要である。理想的には、セッションは週に1度、数ヶ月、あるいは年度いっぱい継続できる

ことが保証されているのが望ましい。主に12名の子どもで行うグループセッションの場合には、前後の時間を入れて、2時間を予定しておけば十分だろう。ただし、何回かのセッションを終えて、あるいは最初のセッションの後で、子どもがそれ以上遊びたくないとはっきりと感じた時は、むろんそれが尊重されなければならない。箱庭制作によって活性化される無意識のイメージは大変強い影響力を持っていること、そしてそれは必ずしもつねに明確に示唆されるわけではないということを、こちらは肝に銘じておく必要がある。継続するよう子どもに働きかけたり、ご褒美を期待させたりするような行為は断じて控えるべきである。遊びは、自発的なものでなければならない。子どもが参加したくない日があれば、代わりに絵描き道具や粘土を提案すればよいことだ。幼い子どもの場合、1つ2つのおもちゃさえあれば、喜んで地べたで遊び始めることだろう。他の子どもを妨害しない限りにおいて、それは十分に認めてよい。子どもが砂で遊びたくないとすれば、そこには様々な原因が考えられる。たとえば、前回のセッションで心の中にあまりに多くの動きがあったために、新しい内容がもっと感情的に消化される必要があり、それにはもう少し時間的な距離が必要なのかもしれない。あるいは、恐ろしい内容が出てきてしまったのかもしれない。心の中でまだ混乱状態にある時には、新しいイメージが生じてくることは難しいし、そうあるべきではない。大人は、このような状況をきわめて自然で当たり前のこととして受け止め、砂箱で遊びたくないからといって子どもが疎外感を感じることのないようにしなければならない。

　子どもの個人療法であれば、そのような段階をどう扱うかについては、数多くの可能性がある。まずは、前回の箱庭セッションで何が起きたのかを理解しようと努めるだろう。仮にそれについて何の言葉も交わさなくても、大人が理解したことは、多くの場合、子どもの気分に直接的な影響を与えることになる。しかし、子どもの心に今まさに何が起ころうとしているのか、必ずしも理解できるわけではない。箱庭表現法では、機を待つこと、そして、子どもの要求につねに目を光らせておくことで、まずは十分であろう。

　時に、見守り手が、自分自身の思考や感情に意識的であるだけでなく、そ

れをよく反省できていることは大きな助けとなる。かつて、中国の孤児院で、グループの2、3人の子が砂では遊ぼうとせず、セラピストからやや離れたところで地べたに座りたがったことがある。彼ら担当のセラピストたちが、人のいない砂箱のところにひとりで腰掛けて、見捨てられたような、自分が不必要であるような感じを抱いていたことは想像に難くない。そのような感情を、関係の力動に関する意味から捉えることはできる。例えば、その子は孤独や無用さという感じをセラピストに間接的に伝え、感じさせようとしたのだと想像することもできる。このような感情を自ら体験することで、セラピストはその子に対してよりよく照準を合わせていくことができるようになるだろう。しかしながら、そのような観察や考慮をした時点で、私たちはすでに心理分析に深く足を踏み入れていることになり、それは箱庭表現法においては全く不要なことである。ただし、そうしたことが大人の側の興味をより引くという意味では、子どもにとって有利な面もあるだろう。

　子どもたちの中には、時間枠を不十分に感じ、意識的にせよ無意識的にせよ時間を延長させようとする子もいる。あと5分で終わりという時に、突如として素晴らしいアイディアを思いついてみたり、1分前になって、大急ぎでひとつかみのガラス玉を投げ入れてみたり。それは、内的な遊びの世界から離れ難く感じているということ、そして、それに怒りさえ覚えているということを言おうとしているのだ。彼らはこの怒りについて持ってまわった表現しかできず、主観的にはそのことに気付かずにいる。あるいは、見守り手から離れたくないということなのかもしれない。だから、大人に何らか追加の宿題を与えるのだ――セッション終了後に苦労してガラス玉を砂から拾いあげなければならなくして、それによってもう少しその子に付き合わせるというように。そういうことがあったとしても、初めに設定した時間を守るということがきわめて重要である。時間の延長は、分離を先延ばしにすることにすぎず、結局はより難しくしてしまうことにもなりかねない。ただし、ともかくその子の感情に触れるというのは有効である。「もうすぐ終わりなのは残念ね」という具合に。同様に、終了のおよそ10分前に、じきに終了であるということを告げておくのも助けになるだろう。それによって子どもは時間制限

を意識化し、時間を超過しようとしているのだということにはっきり気づく
だろう。しかし、セッションが回数を重ねるごとに、子どもたちは、一旦や
めたとしても、それですべておしまいだというわけではないことを、より明
確に体験するようになるだろう。自分の内的世界が続くことが十分に信頼で
きると、身をもって知っていくのだ。また、次回まで作品をとっておけない
か、子どもが尋ねてくる場合がある。実際的な理由から、これにはノーと答
えざるをえない。しかし、そうであるからこそ、例えば、大人が作品のストー
リーを書き残したり、写真に撮ったりするので、作品を忘れてしまうこと
は決してないと強調することはできるはずだ。話を書き留めてもらうという
ことは、子どもによっては、自分を真剣に受け止めてもらったという感覚を
覚えるものであり、見守り手がノートを持っていなかったりすると、なぜ今
日はメモを取らないのかと聞いてくることさえあるほどだ。一方で、メモを
取られると、抑制されたように感じて、自由に遊べなくなってしまう子もいる。
また、同じ子どもの中に、書き留めてもらいたい時期と、それを邪魔と感じ
る時期があるような場合もある。それは、それぞれの状況に沿った適切な振
る舞いを感じ取れるかどうかという大人側の感覚にかかっているといえよう。

　箱庭セッションの長さが十分でなかったように見える場合には特に、砂の
中で始まったことを子どもたちが家でも続けてくれるのではないかと期待し
がちである。しかし、大抵の場合はそういうことにはならないものだ。子ど
もたちは、以前よりも家で遊ぶようにはなるかもしれないが、箱庭で遊んで
いるようなテーマが出るわけではない。そのテーマは、子どもたちが自由で
守られた空間に足を踏み入れた途端に活性化しはじめるのであり、ドアを閉
めて部屋を出るやいなや、意識から消失してしまうのだ。

　この時間制限に子どもたちがどのように対処するかというのも、ここで明
らかになることのひとつである。最初に時間のリミットを伝えられた時──
例えば、終了まで残り10分だと言われた時──、それですべての動きを中
断してしまうような子もいる。自分の活動を邪魔された経験があるのだろう、
抵抗を示そうとさえしない。彼らには、遊びがゆっくりと幕を閉じていく移
行領域というものがまだ全く思い描けていない。時間制限があるのがあまり

第6章❖箱庭表現法　99

にも受け入れがたいために、それくらいならいっそのこと直ちにすべてを手放そうとしてしまうのだ。そのような場合には、その子が徐々にこの移行を果たしていけるよう、こちらから手助けしてあげるとよいだろう。箱庭からあまりにぱっと離れてしまうと、内的に無効化することになりかねず、その治療効果を打ち消し、逆効果を生み出してしまうことにもなりうる。

　もし自分が何かに集中している最中に中断を受けたとしたらどんな感じを覚えるかについては、一考の価値があるだろう。多くの場合、その反応は、苛立ちか怒りのようなものであるに違いない。一般的に子どもたちはもう少し知覚や思考がゆっくりしているが、彼らは心の中で、１日のうちに数え切れないほど多く、活動が不意に妨害される体験をしているものだ。その活動とは、重要な感情のプロセスであることも多く、繰り返し中断されることによって、子どもの経験の中で価値が下がっていってしまう。特に非常に幼い子どもの場合、終わっていく道筋を感じるために十分な時間を与えられていないことがほとんどだ。一旦始まった感情の流れが中断されるという経験がストレスや攻撃性へとつながっていくのは明らかなことである。

　妨害されることにあまりに慣れて育ってきた子どもたちの中には、箱庭制作中にたびたび自分から中断してしまったり、新しく思いついた考えや衝動に妨害されてしまったりする子もいる。たくさんのことを始めるが、何も終わらせられない。そうした様子を見ていると、見守り手は落ち着かない気持ちになり、常に失敗しているような感覚さえ覚えることもある。

　見守り手がさらなるジレンマに直面することになるのは、子どもの時間配分に関することだろう。複雑な作品を一生懸命に作り、後でそれで遊ぶのを楽しみにしている子どもがいたとする。しかし、そうしたある種の完璧主義は往々にして、時間切れの段階で、細かい部分がちっとも思い通りに仕上がっていないということになりがちだ。この子は今後も、自分で自分の遊びを邪魔したまま終わりを迎えてしまうのではないかと、見ていた大人は心配になるに違いない。この時点で、「もうやめないと、また遊ぶ時間がなくなるよ」と言いたくなるのはもっともではあるが、原則に照らせばふさわしくないと言わざるをえない。それでは、行動の変化を狙った教育的介入になってしま

う。しかし、すでに強調してきたように、箱庭作りが目的としているのは、単に行動様式を変化させることにあるのではなく、問題のある行動がそのままの姿で正確に表れ出るままにすることにほかならない。この子は、遊びまでたどり着けないということによって、生活の中で繰り返し体験してきたことをまさに表現している。「本当にやりたいことに一度もたどり着いたことがない」と伝えているのだ。もしこのメッセージが伝わり、大人がきちんと受け取ったなら、子どもは自ら遊びの中で変化への道筋を見つけていくことだろう。したがって、どんなに不合理で回りくどく、くだらない行為に見えたとしても、子ども一人ひとりの特別な道程に注意深く着いていくことこそ、調整や訂正によって干渉することよりもはるかに大切なのである。訂正というものは常に、メッセージが本当に伝えていることを阻んでしまうのだ。

　ここでは、子どもの感情の流れを慎重に探るために、大人が自分自身の感情を探り当てるという、個人的な体験に基づく学びが目指されているともいえる。もしも、企てが実現できないことに、大人が欲求不満や悲しみ、苛立ちを覚えるのだとしたら、その人は子どもに共感的に近づいたということになる。1日に幾度となくその子の身に起きていることを感知している、というよりも自分の体で体感しているのである。これを言語的に表現することはさほど重要ではない。むしろプロセスを妨害してしまうことさえあるだろう。同じような状況が複数回のセッションにわたって続くような場合、大人はそのことに一度触れてみようかと考えるかもしれない。例えば、建設的にこんなコメントをしてみてはどうかと誘惑されたりする。「あなたには全部が正確であることが重要なのね」などと。すると子どもは、「今日はもうこれでいいことにしようよ」などと言って、いつものような強迫的な行動をどこか緩めてしまうことになるのだ。

見守り手の姿勢

　　　　「治療状況におけるこうした自由な空間は、セラピストが
　　　　子どもを完全に受け入れることができた時にのみありうるも

のである。その結果、セラピストは心の中で、その子自身と
まったく同じように、その場に起こっている全てのものに徹
底的に関与していることになる。」

ドラ・カルフ

　砂箱という境界があることによって、そこでの遊びは安全に囲われている
ため、この枠の内側では本来何が起きてもよいといえる。大人は、子どもが
思い切って遊べるよう見守っていなければならない。それによって、自分の
表現がそうであってよいのだと子どもが信じられるようになるだろう。先入
観を持たず、価値判断を挟まないということが、ここでは必須の条件となる。
問題を抱えた子どもたちは、どのような形であれ、大人から評価を受けるこ
とにきわめて敏感になっているものだ。彼らは、大人が価値を認めているか
否かを素早く察知する。大人が何も言わなくとも、子どもは自分が今した行
動が望まれたものであったかどうかを感じ取ってしまうのだ。価値判断を含
んだコメントを口にしない、というだけでは十分ではない。それを考えさえ
しないことが重要なのだ。そのようなことは果たして可能なのだろうか。例
えば、ある子どもが毎回のセッションで、砂の町を辛抱強くこしらえては、
それをハリケーンによって壊してしまうというのを繰り返しているとしよ
う。人間も動物も、むごたらしく殺されてしまう。細部にわたって町を作っ
ていたのは、嵐にもっと猛威を振るわせるためにすぎないようにも見える。
そんな光景を破壊的と捉える感覚や価値判断を持たずにいることなど、どう
してできるだろうか。
　しかしながら、われわれは見守り手として、それに対して自然に湧き上が
る感覚と自分の価値判断とを区別することができる可能性を持っている。つ
まり、自由で守られた空間においては、いかなる表現方法もその子どもにと
って意味があり有益なものである、というわれわれの原則さえ順守すれば、
それが可能であるはずだ。われわれの前提はまさにそこにある。箱庭制作の
場面では、子どもに何かを教えるべきではない。むしろ、子ども自身の中に、
その遊びの主導権を握る審級者の存在を想定しているのだ。精神的に消化す
ることのできていないものは全て、子どもの内的世界に蓄積し、その子の上

にのしかかっている。以前のトラウマ体験が消化されない限り、新しい体験が統合されていくことはない。ところが、自由で守られた空間が用意されるや否や、子どもたちは、ありとあらゆる混乱、不可抗力、重荷を表現しはじめる。その表現のテーマは、長期間同じまま、非常によく似た光景が繰り返し作られ、とてもゆっくりとしたペースでそのバリエーションを示していくばかりである。しかし、遊びにおけるそうした表現そのものが、多くの子どもたちの味方となって、力を貸していくことになる。大人の側が遊びの内容にショックを受けるあまり、そんなにも破壊を表現してはその子にとって良くないことだと考えたり、戦士たちを最後のひとりになるまで虐殺していくような子どもの表現を、代わりにもっと平和的な解決へと導いたりする可能性もあるだろうが、これまで述べてきたとおり、それは教育的介入にすぎず、この文脈においては必要のないものなのだ。余分なことであるばかりか、自己調節的なプロセスを阻んでしまうことにもなりかねない。どんなにむごたらしく、葛藤に満ち、不安を喚起するものであったとしても、それが必要十分なだけのありったけの繰り返しをもって表現されることがなければ、意識からは依然隠されたままになってしまう。どんなに解決不可能に見えるあてどない表現の繰り返しも、それは消化のプロセスに先立つ必要な歩みなのだ。見守り手には、根気と、できる限りの忍耐と、そして何よりプロセスへの信頼が求められる。治療的な観点から見れば、操作的な介入はいかなるものも、自由で守られた空間を保証するという約束への背信行為にほかならない。大人は介入することも口を挟むこともなく、遊びの展開についていけばよい。ただそこにいて、見ているだけでよいのだ。そうした興味から、ある雰囲気が醸し出されていく。興味（Interesse）とは、語源的には「何かの只中に（inmitten）いる（sein）こと」を意味するラテン語の"Interesse"に由来するものである。興味から発するそうした雰囲気が、秩序も無秩序も、緩慢さも、ぎこちなさも、破壊も、退屈さも、今ここにある全てを包み込んでゆく。遊びに関する子どもの説明が、遊びとは何の関係もない話のように聞こえることもあるかもしれない。あるいは、理解不能のものがそのまま残ることもあるかもしれない。未完のもの、砂の中に埋められたものが、未完のまま、地中に埋まっ

第6章❖箱庭表現法　103

たまま残される。もし、子どもが感じたことや考えたことを大人に伝えると
すれば、きっとその大人はそれに自然に応じられているということなのだろ
う。遊びのなかで子どもが必要としているのは、勝手に干渉してくるのでは
なく、感情的にいつも「呼ばれる準備ができている」、つまり、子どもがそ
の時ちょうど必要としている分だけ居合わせる用意のあるような大人の存在
なのである。

　いずれにせよ、多くの学校や幼稚園で働く教育者たちは、そのような姿勢
についてあまり深くは考えないかもしれない。場合によっては、教育的介入
をしなくてよいということを、むしろ一度は喜びさえするのかもしれない。
しかし、彼らはきっと、ただそばにいるということが本当に正しいのかと自
問することだろう。この問いは十分に反芻されなければならない。介入しな
いからといって、今度は遊びの経過中に大人が過度に冷ややかな態度になり、
子どもに日常生活で普通には出会わないような体験をさせてしまう可能性も
あるからだ。箱庭という小さな世界の中だからこそ、子どもは大人であるこ
とを許されるのであり、自分が欲するかぎり、欲するように、欲する分だけ、
どんなことでも試したり練習したりすることができる。外の世界との空間的・
時間的な境界が、内的に自由である可能性を、自分の空間と時間を意のまま
にする可能性を子どもたちに与えてくれるのだ。子どもは犯罪者にも犠牲者
にも、殺人者にも破壊者にもなれる。もちろん遊びだとわかったうえで、何
人たりとも寄せ付けない、この小さな世界の支配者になることができるので
ある。現実とイメージとの中間領域で、その子にとって本質的な体験や学び
の歩みが繰り広げられてゆくことになる。

　こうしたドナルド・ウィニコットの言う「移行領域」においては、たとえ
ばぬいぐるみは単なるぬいぐるみであるだけでなく、母親の代わりを務める
現実の保護的存在でもある。子どもはファンタジーの助けを借りて、客観的
な現実を変化させ、適応上の新たな一歩を進められるようにする。おもちゃ
の動物と一緒なら、母親がいなくても眠りに落ちることができるというよう
に。そうして、ほんのわずかの自律が達成されるのだ。箱庭遊びや箱庭制作
で行われているのも、これとよく似たものであるといえる。大きな世界で起

きた理解しがたいもの、危険をはらんだもの、あるいは、単に早く進みすぎているもの……これらはどれも、箱庭という小さな世界でゆっくり時間をかけて試してみることができる。大人側の影響がないこの世界では、その子こそ主人公にほかならない。見守り手がとるべき姿勢は、制作に没頭する芸術家をそばで見ていることであるともいえよう。子どもはまさに芸術創作に取り組んでいる。これを見守る大人は、その芸術について何も知らないし、もしかするとそんなに理解できてもいないのかもしれないが、たとえ多くのものが繰り返し却下されたのだとしても、芸術家の決断と手続きには必ずや目的があるのだとひたすら信じる。どんな出来事も過程の一部であるという前提のもと、それをなんとか把握しようと努めるのである。

　遊びにおいては、子どもがその主人であり、大人はあくまで補佐として近くに控える。このやり方は、子どもを人為的に重要な位置に導くことになりはしないだろうか。アルノ・シュテルンが述べているように（Stern 1998）、大人が「仕える」という姿勢をとることによって、子どもが甘やかされてしまったり、万能感を感じたりする危険はないのだろうか。この問いは、非常に重要なものである。そのように何の評価も下さず、自由放任で、それどころか子どもに仕えるような姿勢は、治療場面の外では確かに有害かもしれない。ある特殊な枠組みの内側に留まる時にのみ、正当性が認められるのである。箱庭の内側の空間は、外側の具体的現実とは異なる、あくまでも試験的な現実、「かのように」の世界である。だからこそ、子どもは遊びの中で全能であるかのように振る舞うことを許される。そして、そうした万能感の危険性には、砂がひとりでに、自然原理に従った物理的境界を設定している。人は確かに砂で物を築くことができるが、あまりに高く築いた塔はそのうち自ずと崩れ落ちてしまう。砂は、子どもがそこに選び取り、形作った世界を一定の間だけ生ぜしめておく可能性を提供するにすぎない。砂は、その子自身の人格を形作るものである。そこで起こることの目的は、子どもが自分という感覚にたどり着くための道を見出すことにほかならない。ここで述べている子どもに仕えるという姿勢は誤解を招きやすく、時にはかえって非治療的にも働きかねない。それは決して、たとえば「僕に山を作ってよ！」とい

うような子どもの要請に従うなど、具体的な表面上の行動を指しているわけではない。仮にセラピストがこのようなものに屈してしまえば、自由で守られた空間はもろともに崩れ去ってしまう。そうすれば大人はもはや同行者ではなく、いわば遊び仲間のようなものに成り下がり、まったく別の性質を持った力動を呼び込むことになるだろう。

　箱庭作品を仔細に観察すると、どんなに小さな飾りにも意味のないものはひとつとして存在しない、というさらなる前提が見て取れるはずだ。あるプロセスが十分に理解できなかったとしても、現時点では未知の内容を精一杯表現したものとして真剣に受け取らなければならない。ただし、遊びには意味や目的があるはずだという期待がプレッシャーを生む可能性もある。大人が行動に一貫性があることをどこかで望んでいるような場合には注意が必要である。

　子どもがプレイルームに駆け込むようにやってきて、何を作ろうかはっきり決めていることがある。「今日は動物園を作るんだ」というように。またある時には、椅子に座って脚をぶらつかせながら、「何を作ればいいかわからない」と言う。そうかと思えば、長いこと上から下までアイテム棚を見回して、ちょうど良いものがないのだろう、「何か新しいものないの？」と言ってみたりする。このような問いは、もしかすると、ある段階にはひと区切りがついたものの、次の歩みはまだ始まっていないのだということをこの子が伝えようとしているのかもしれない。何か新しいものを、新しいアイテムという形で期待するというのは、遊びの中では理にかなったことであるだろう。「新しいものはないけれど、今まで気づいていなかったものが見つかるかもしれないよ。」子どもの問いに対して、もしこのように答えるとすれば、見守り手は、心的エネルギーを子どもの期待感へと差し向けたことになる。その子は、何かに、つまり何らかの内的な形姿に驚かされるのを心待ちにしている。内的な形姿とは、外側に形をとりうるが、そのことによって具体的な外的対象に完全に吸収されてしまうようなことがないものだ。だから、もしも本当にいつでも新しいおもちゃが自由に使えるのだとしたら、箱庭はあっという間にその象徴的次元を失ってしまうことだろう。結局のところ、遊

ぶということは、子ども本人が、自らの考えや衝動に繰り返し驚かされることを意味するといえる。そして、その子自身と同じように、見守り手も驚きを抱いたとすれば、それは何か新しいものが実際に生じたということをうかがわせるものである。神経科学が証明しているように、「驚き」は変化にとっての前提条件として機能する。

　ごく小さな子どもにも、いかに彼らが自分の必要としているものをすでに明確に知っているかを見て取ることができる。次に示す例は、アメリカで行われた子どもの心理療法の事例であり、私の同僚が快く教えてくれたものである。

　　クライエントは、まだ言葉を発したことのない3歳の男児である。聴力には問題なく、認知能力も年齢相応であった。最初の箱庭セッションで、彼はプラスティック容器を2つ手に取り、片方からもう片方へ砂を注ぎ始めた。それから何セッションにもわたって同じことが繰り返され、はじめのうちはセラピストの存在に特別注意を払う様子もなかった。セラピストが彼に話しかけることもあれば黙っていることもあったが、いずれの場合にも、今まさにこの子がしていること以外には何も期待していないという合図を送り続けた。少年は、自分の振る舞いが別の人間によって知覚され、鏡のように返され、たまに言葉で再現されるのを知った。何セッションかして、少年はセラピストに目をやりはじめ、その後の経過で、アイコンタクトを徐々に長く交わすようになっていった。ひとつの器からもうひとつの器に砂を流し入れるという中心テーマはその後も続いていった。3ヶ月が経過した頃、少年は言葉を話し始め、二度とそれが逆戻りすることはなかった。

　この子の遊びに見られた振る舞いがもつ意味は、きわめて理解しやすいものであり、まさにコミュニケーションというものを端的に示す、印象的なイメージであるといえる。ひとりの人間からもうひとりの人へと向かうためには、まずはその動きが手で物質的に試されなければならない。この子には、

２人の人間の間を行き交うコミュニケーションの流れというものがそもそも可能であるのかを、最初に繰り返し確かめる必要があった。発達の遅れの原因がどんなものであったにせよ、彼は箱庭の手を借りて、話す機能を知るようになり、セッション中に前言語的な水準で稽古を重ねていった。ここでは、対症療法的な戦略を採ることもなかったし、症状の心理学的な原因を積極的に追求しようとすることもなかった。この箱庭セッションにおいて、セラピストのなしたことはただひとつ、自由で守られた空間を提供し、そこに自らの人格を据えて、関係性を作るものとして自由に使ってもらえるようにしておいたということだけである。

　少年は落ち着いて、そして自分のペースで、一方から他方へ何かを移すということについて確信することができた。はじめは一方のプラスティック容器から他方の容器へと砂が移され、次にひとりから他者へと眼差しが移され、最後にはついに言葉が移された。少年の中でこの体験が固められるにつれて、話すことへの準備が整っていったのである。

保護者面接

　親や周りの支援者が子どもに対して持つ役割を理解するためには、そもそも箱庭制作が子どもたちの中に何を引き起こすのかを思い描く必要がある。

　箱庭制作の最中、子どもは特別な配慮を贈られることで、いわばエネルギーの補助のようなものを受け取る。これによって、その子自身に対する、つまりその子自身の感情知覚に対する感度が活性化される。子どもは、自分自身をより意味のあるものとして感じることができるよう徐々に導かれていく。こうした過程が遮られることなく生じるためには、その子どもが治療の只中にあるということを、周りにいる人々がよく理解している必要がある。その子は今まさに、感情的で危険を伴った新しい行動様式に向かって思い切って進んでいる最中であり、その場がそれにふさわしい土壌であるかどうかを日々検証しているところなのだ。

　かなり幼い頃から否定的な体験を数多くくぐり抜けざるをえなかった子ど

もたちは、感情知覚に関する防衛機制を発達させることで、さらなる傷つきから身を守ろうとする。こころは、経験上傷つきにつながると思われる知覚を前もって篩にかける。長期にわたって継続的にトラウマを受けてきた子どもは、そっけなく、ぼんやりして、多くは大人びた顔つきをしているものだ。心的防衛機制がいつも確かに働いて、彼らがもともと持っている子どもらしい感性を奥深くに閉じ込めておくよう気をつけている。箱庭においては、開放の提案をそもそも受け入れるのかどうかが、たちどころに見て取れる。その可能性がない場合には、子どもは箱庭にほとんど興味を示さなかったり、明らかな嫌悪感を示したりするだろう。逆に、子どもが砂かフィギュアに、あるいはその両方に夢中になるならば、それは受容のプロセスがすでに動き始めているということである。そして、箱庭制作中の子どもは、新しいもの全てに敏感になっており、その意味ではなおさら傷つきやすい状態にあることに気をつけなければならない。

　また、子どもたちに箱庭制作を提案するのは、差し迫った危機状況が収まってからにすべきではあるが、その一方で、トラウマ治療の最早期から施行することもできる。そこでは、十分な時間をとっておくだけでなく、同一の支援者が継続的にセッションを行えることが保証されていなければならない。後に紹介する2008年の四川大地震の事例に見られるように、ボランティアが一度に2、3週間しか留まれなかったために、支援者の変更を計画の段階で考慮に入れる必要があった。箱庭表現法は、言語的なコミュニケーションではなく、強くて深い関係のあり方を基礎に機能しているものである。それゆえ、子どもには、規定数のセッションが設けられていること、なおかつ同一の支援者がそこに携わるということを絶対に約束しなければならない。いつもの支援者の都合がつかない以上は、新しい人物に箱庭を引き継ぐよりも、何週間でも何ヶ月でも待つほうがよい。この問題については、後で再び戻ることになるだろう。

　箱庭表現法を幼稚園で実施する場合には、保護者との定期的な面接を予定しておく必要がある。一体なぜそのような面接が重要なのだろうか。心理療法について話しているわけではないため、ここでも最低限の説明に留めるこ

とにするが、ひとつ言えるのは、子どもも大人も手本から学ぶものであるということだ。もし、保護者が子どもの話に注意深く耳を傾けられるようになることを望むなら、まずは、保護者自身が自分の話に耳を傾けてもらう体験をすることが重要である。自分用の時間と場所を与えられ、その中で自分の困りごとや失敗、不安や心配事について、いかなる評価も恐れず表現することができるという体験である。具体的な状況について助言を与えるのは適していない。というのも、問題になっているのは独立した振る舞いではなく、その保護者の子どもへの根本姿勢であるからだ。そうした無意識的な考え方の大部分においては、その人自身の幼少期の経験が大きく影響している。保護者たちの大半は、自らがしつけられる際に経験したことを、意識的には真逆の方向を目指そうとした時でさえも、正確に繰り返すものである。有益な助言というものは、相手の知覚を実際に変化させるものであることを絶えず肝に銘じてはじめて成立するものである。

　　6歳になる息子を自分自身の怒りの暴発から守る方法を求めて、ある母親が来談した。彼女によれば、自分の愛情が十分ではないために、宿題が捗っていない時などに、息子を叱り飛ばしたり、怒鳴りつけたりしてしまうのだという。女性は聡明で教養も高く、思いがけずに怒ってしまう原因が自らの幼少期の生育暦と関連しているということを自覚していた。それにもかかわらず、子どもがどれだけ傷つくか頭ではわかっていても、感情をうまく制御することができずにいたのだ。子どもはチック症状を示しており、不安感と睡眠障害にも苦しんでいた。セラピストは母親に、子どもを怒鳴りつけている時、彼は一体どんな表情をしているのか尋ねた。母親は何も答えられなかった。知らなかったのである。彼女はこうして、怒りがこみ上げている時に、自分が息子の顔を全く見ていないのだということを認識することになった。彼女の文字通り盲目的な憤怒は、いわば身体言語の次元での関係性を断ち切っていたのである。そこで、次に怒りに捕われた時には、息子のほうをよく見るということだけを思い出すよう約束が交わされた。この課題の意味は、仮に怒

りが爆発したとしても、知覚の回路を開いておくということであった。恐怖と絶望に満ちた息子の顔を初めて目にした母親は、心底驚き、怒りの発作は瞬く間に消え去った。この女性は、自らの感情と区別して息子の感情を知覚することを学んだのである。

　争いごとの多くは、相手の身振りや身体言語が正しく読めていないがためにエスカレートしていくものである。電話での言い争いに終わりがないのはよく知られたことだ。どんなに相手の気持ちを傷つけてしまっても、それを目にすることができないし、その場合でも相手の声だけではフィードバックに十分でないからである。

　子どもたちが幼稚園でどんな振る舞いを見せているかを伝えることが、保護者にとって助けになることもある。親たちは普段、自分の心理状態が見ることを許すものだけを子どもの中に見ているのだという前提から始めなければならない。もし子どもが悩みを抱えていても、それが親の悩む能力を越えていたとしたら、親はこの苦しみをとても真に受けようとしないだろう。彼らはそれを否定し、つまり実際に気づくこともなく、それゆえ当然子どもに手を差し伸べることはできない。また、子どもの創造力やファンタジーの能力が親を上回っていると、場合によってはかえってこの才能を伸ばすことが難しくなることもある。非凡なもの、意外なものは、親には荷が重く、不安にさせるものなのだ。しかし幸運にも、才能というものはしばしば、環境を軽々と凌駕していくものである。

　子どもが必要としているものは、極めてシンプルである。自分の人格に対する大人からの信頼、安心感を与えてくれる構造、そして見習うべき手本である。今日の神経生理学においても、民衆の知恵が昔からすでに知っていたことがようやく証明されてきた。それは、子どもは言葉ではなく、行動から学ぶということだ。身体言語から習慣に至るまで、子どもたちは一緒に暮らしている大人の人格を模倣する。どんなに秘密にしていて、子どもの目には触れていないはずなのだとしても。子どもたちは確かな本能で、家族の中で一番健康度の高い大人を――これが大家族の利点なのだが――その都度必ず

第6章◈箱庭表現法　111

見つけ出す。まるで、それが自分の感情の発達と生存能力の獲得のために必要であることがどこかでわかっているかのように。家族の輪が小さければ小さいほど、様々なモデルから学ぶ可能性は狭められていくことになる。親子の間の慢性的な争いが堆積しがちなのは、まさに小さな家族においてである。このような場合、子どもが常にひとつの観点のみにさらされてしまうことを防ぐのは難しい。

　だからこそ、教育上の偏りがないかどうか見つけ出し、理解するために保護者面接を実施する。過度に厳しくしたり、甘やかしたり、ほったらかしたり、過度な期待から重圧を与えたりしていないか。ただし心理学者にも、保護者の説明からわかることはほんのわずかに過ぎない。というのも、多くの場合、そこでは実際に家で起こっていることと真逆のことが無意識に語られるからだ。ぼんやりとした罪悪感から逃れようと、親たちはしばしば、自分の努力について力説し、子どもに対する振る舞いを自分が良く見えるように、何の疑いもなく話すのだ。本当の状況は、心理学者が間接的に推測しなければならないことがほとんどである。直接質問しても、多くの場合は意味をなさない。

　しかしどうすれば、誤解した挙句に正反対の助言をしてしまうというような危険を冒すことなく、保護者と話をすることができるのだろうか。

　これもやはり、知覚の問題と関係する。いつか必要になる健康な自己認識は、次の特別な知覚の方法によってうまく働くようになる。カウンセラーには、保護者面接の中で、その子がこの保護者についてどのように感じているかを知覚するチャンスがあるといえる。カウンセラーが保護者に対して主観的に抱く正確な感情知覚は、子どもがどんな形で苦しんでいるのかについての直接的な説明になっているのだ。例えば、とても感じがよく、親切な保護者がいたとする。いかにも子どもに対して何でもする準備があり、カウンセラーにも盲目的な信頼を寄せている様子である。しかし、面接をすればするほど、カウンセラーの中に、過大な要求を押し付けられているという感情が引き起こされてくる。うまくそのような特殊な感覚を持つことができたなら、それはとても価値のある情報を得たということにほかならない。このカウンセラーは、この親に対して子どもが感じているのであろうことを、身をもっ

て体験しているのだ。この保護者は、子どもにも肯定的な期待と理想化した考え方を過度に押し付けているのだろう。もしも、保護者面接をその話題に差し向け、過大要求の問題がその人の人生にどのような点で影響を与えているかを示すことができれば、カウンセラーは直接話さずして、この子どもにすでにかなりの程度手が届いたことになる。また別の事例で、両親と面接をしている場合に、聞き手が常に2つの意見に引き裂かれるように感じたり、あるいは一方をもう片方から擁護しなければという思いに突き動かされたりする「手触り」がすることがある。カウンセラーがここで両親に対して感じたようなことを、子どもはきっと家で感じているに違いない。また、子どもの学校での出来が悪いと、親が強い不安感を掻き立てるあまりに、カウンセラーがうまく言葉を使えなくなってしまったり、領収書を書き間違ってしまったりするようなこともある。カウンセラーのこうした反応も、関係性の問題を直接的に示しているという意味で、非常に価値のあるものであるといえよう。

　このような場合、カウンセラーは、子どもが感じているであろうように、その保護者についてうまく描写するための適切な言葉を探すように試みる。それによって、保護者の知覚の幅を広げようとしているのである。自ら気づいてこそ、人は変わることができる。他者の苦しみに気づかずにいれば、互いに精神的な傷を負わせ合うことになってしまうのだ。このような方法は心理療法に由来するものではあるが、経験豊かな教育者たちは皆、これをまったく本能的に用いているため、特に目新しいことではないはずだ。

　保護者面接におけるもうひとつ重要な介入は、その人自身の幼年期の記憶について尋ねることである。ここでたちどころに、親が本当に子どもの立場に立つことができたと自覚するようなこともよく起こる。カウンセラーが親の中にいるかつての子どもに語りかけ、それを真剣に受け止めることによって、感情はさらなる成熟の一歩を進めることができる。「私も同じような子どもだった！」とか、「まったく正反対だった」というような言葉もよく聞かれる。記憶がやはり何らかの「手触り」を持って感じ直されることで、理解への新たな道が開かれるのである。

箱庭療法においては、ある決まりごとが最大限守られる必要がある。それは、プレイの内容、そして子どもがセッション中に言語的に、あるいは非言語的に表現したすべてのものは、保護者に対しても秘密にされなければならないということだ。すでに述べた通り、子どもはこの特別の空間で、自分の最も傷つきやすい部分を開示しているのであり、保護者がそもそもそれに気づくかどうかも、尊重してくれるかどうかも何一つ保証はない。むしろ、それができていたのだとしたら、おそらくその子はセラピーに訪れていなかっただろう。箱庭作品に由来するすべての情報は、少なくともその子が表現した形のままでは、決して外の世界に漏らしてはならないのだ。

　もし仮に、セラピストが母親に、あなたの子どもは今日も戦争ごっこをしていましたよとか、小さい動物ばかり飼育していますとか、今日は何をしたらいいかまったく思いつかない様子でしたとか話したとしたら、それは子どもの信頼を著しく損なうことだろう。このプロセスは、あくまで守られた空間において行われたものであり、絶対に外に出ないよう、閉じ込めておかなければならない。また同様に、大人がプレイ内容から推測したり、子どもが大人に打ち明けたりした情報も、とても注意して扱う必要がある。このような開示の「場」は、特別の、人工的に作られたものであり、それゆえ通常のコミュニケーションの方法とはまったく異なるのだということを肝に銘じておく必要がある。子どもがこの閉じた空間で大人に何かを打ち明け、それを外では秘密にしているのだとしたら、そこにはいつも重要な理由があるものだ。明かされたのは、子どもの周囲には気づかれていない問題なのであり、これを単に情報として取り扱い、保護者に直接伝えても、やはり真剣には受け取られないことだろう。箱庭制作は、そうした複雑なコミュニケーション状況を次第に解いてゆくものだ。この中で子どもは、そこで守られた自分の世界を自らの手で外に出していくことを学び、よりよいコミュニケーションを取る術をひとりでに身につけていくのだ。

　　ある8歳の男の子の事例である。彼は早産で生まれ、保育器で長い時間を過ごした。箱庭セッション後に母親が迎えに来た時、少年は母親に

向かってこのように言った。「今、抱っこして。」それまでこの子がそのような表現をしたことは一度もなかった。欠けているものを取り戻したいという幼少期以来の欲求があることは、彼の不安症状に間接的に示されていたばかりであった。

しかし、さらに複雑なケースもある。箱庭から得られる情報が、子どもに差し迫る危険を合図している場合、状況全体はさらに難しくなってくる。専門家でないセラピストがそのような文脈の箱庭に付き添う場合には、その箱庭を証拠物件として用いたり、大人を動かすためだけの目的に終わらせたりしてはならない。プレイの中に表現されているのは心的現実なのであり、本当に物質的な現実にも一致することがあるのにすぎない。大人が箱庭作品から見てとった子どもや親についての情報が、どんなに信じるに足ると思われるものであったとしても、それらは子どもの日々の暮らしから得る別の情報を手掛かりに、きわめて慎重な方法によってつねに検証される必要がある。他の子に対する振る舞い、箱庭セッション以外での遊びの内容、言葉による表現、身体症状などを見ていくのだ。一定の時間があれば、子どもが具体的な外的状況を表現しているのか、あるいは過去の心的トラウマをちょうど消化しようとしているところなのかを、セラピストが見定められることがほとんどである。大抵の場合、どんなに粗暴に見えることであっても、実際はそこまでひどくはないものである。本当に深い傷つきは、きわめて間接的に、まるでついでのようにさりげなく示唆されることが多いのだ。

6歳になる神経過敏の少年がいた。彼は箱庭にいかにも平和な世界を作り、様々な動物たちの家を建てた。どの家族も、それぞれの家を持っていた。それまでのプレイではまだ見たこともないような、平和や安全といった雰囲気で覆われているようだった。そこへ突如として、大旋風がやってくる——それは先端が下を向いたモミの木によって表現された。このハリケーンが小さな家々に猛威を振るい、すべてを破壊しつくすまでの間中、この子は大声で笑いながらふざけた態度を見せた。セ

第6章❖箱庭表現法　115

ラピストから見て、遊びが残虐さを増していくほど、この子にとっては
いっそう愉快なようであった。セラピストは、少年のわめき声と、家を
壊された動物たちへの憐れみとの間で引き裂かれるような心地がしてい
た。少年のメッセージにここまで劇的な形をとらせたのは、彼が自分自
身を攻撃者として表現したためにほかならない。現実の生活で、この子
はアルコール中毒の父親に苦しめられていた。父親はたびたび、乱暴で
騒々しい、不適切な行為にこの少年を引きずり込んでいた。真夜中に子
どもを起こし、自分の遊びに付き合わせることもよくあった。そうかと
思えば、何週間も姿を消してしまうこともあった。父親の関心を失わな
いためには、これを引き受けるよりほかに選択肢はなかったのである。
しかし箱庭遊びを通じて、この子は次の2つの側面に気づくチャンスを
得ることになる。家を失って怯える動物たちは、彼自身の居場所のなさ
を表現している。一方で、脈絡のない、サディスティックともいえる激
しい吐露は、おそらく彼が父親の姿から身につけ、明らかに引き継ぎつ
つあるものである。この箱庭を見て心を動かされたセラピストは、この
父親に対して、プレイの内容そのものには言及しないようにしながら、
彼が息子に何を強いているのかを率直に指摘することを決めた。少年が
父親について話すことができるようになったのは、それから数セッショ
ン後のことであった。彼は初めて、父親の大きな笑い声がいつも怖いこ
と、父親が帰ってくると隠れてしまいたくなることを訴えたのである。

象徴的なプレイ内容

　次に、心理療法の実践に見られる様々なプレイ内容を紹介したい。遊びを
いかに子どもの状態の表現として理解すればよいかについて、読者に何らか
の感覚を伝えられればと思う。
　ここでは、ひとつの箱庭作品の解釈を行うというよりはむしろ、プレイで
起こる出来事の内側にある心的過程がどのように表現されうるのか、またそ
れがその都度の子どもの精神状態とどのように関連しているのかを示すこと

を目的としている。プレイの経過を比喩的・象徴的水準から理解するには、何より経験が前提とされる。それは学びうるものではあるが、一方で特殊な才能も必要であろう。箱庭に携わるセラピストは、子どもの遊びと、その心理内的な力動を理解する自分の能力との関連を見て取るだろう（Gontard 2007を参照）。セラピストの側のこうした理解は、合理的な論理的・分析的水準でも、どちらかといえば直感的で感情的な水準でも進みうるものだが、これがプレイの経過や感情の入り具合に決定的影響を及ぼすことになる。子どもの遊びを、その精神状態との関連で大人がより明確に位置付けたり理解したりできるほど、子どもは自らの内的世界や葛藤の表現により深く入り込むようになる。逆に、セラピストが自分自身の考えにとらわれたり、気を逸らしたりしようものなら、遊びの内容も形式も、子どもがひとりだけで遊んでいるのと同じようなものへとたちどころに変化してしまう。

　良い見守り手とは、つねに多くを知りつつも、しかし何度でも驚くことができるだけ、先入観にとらわれない態度でいられる人であろう。

戦争シーン

　動物、乗組員、兵隊などが、単独、ないし集団の形で表象される。そこで戦いが始まる。戦争の両陣営を配置するのに多大な時間を要し、またきわめて正確に手が加えられることも多い。例えば、馬に乗ったインディアンと科学的な地図情報システムを装備した軍隊との争いなど、異なる時代の軍勢が扱われるような場合にも、やはり双方に均等に力が与えられる。特に箱庭セッションの初回時にそのような対決が行われる場合、両陣営の代表者2人が度重なる長い一騎打ちを切り抜け、勇敢に生き残るものの、最後には命を失うというものがよく見られる。

　ここでセラピストが余計な茶々を入れて、「もうみんな死んじゃったけど？」などと尋ねれば、大抵苛立ったような答えが返ってくる。「そりゃそうだよ、わかるでしょ。」この子は——お話の主人公を死なせなければならない作家のように——本当はある種のアンビヴァレンツを感じている。しかし、物語は固有のダイナミズムを持っており、この子はそれを知っているの

第6章 ❖ 箱庭表現法　117

だ。たとえばハッピーエンドに仕立てようとするなど、このダイナミズムに故意に影響を与えれば、それは真正性を失うことにも等しい。大切なのは、その子がセラピストを味方と感じるだけでなく、物語の本当の道筋を経験すること、どんなに耐え難いものであっても、それが物語の思った通りの素晴らしい結末なのだと考えることこそ重要であるとわかっていることだ。セラピストの存在があるからこそ、そうした葛藤的な問題を自ら定立する力を得られるに違いない。

　何セッションにもわたって度重なる戦争のシーンは、その時点ではまだ解決していない、対立する衝動、願望、欲望の間の葛藤を表現していることが多い。次から次へと、様々なバリエーションが作られていくことになるだろう。逆にプレイの内容や振る舞いに変化があれば、そこにはつねに子どもの外的な現実に原因があると推測することができよう。

　　マルコは7歳の少年である。一人っ子で、厳しいがやや不安定な両親のもとに育てられていた。1歳の時にたびたび病気にかかり、たくさんの手術を受けるために長いこと入院をしていなければならなかった。そのため、マルコは同年代の子どもたちよりも体が弱く、体育の授業に参加することは絶対に許されなかった。そのこともあって、彼は、自分の意志や考えを表現することを抑制していた。実際の年齢よりも幼く見え、まるで子鹿のように保護が必要な印象を与えることもあり、同年代の子どもたちに対して意見を押し通すようなことは全くできなかった。かつて、3歳年上の少年からキャンプ場で性的暴行を受けたこともあった。学校では、他の子どもに付きまといや脅迫行為を繰り返すような、かなり攻撃的な少年たちのグループに黙って従っていた。家でもやはり、仮にやりたくないことがあっても、きちんと言うことができなかった。彼は何にでも首を縦に振ったが、まるでバランスをとりでもするように、後で隠れて高価なものを破壊していた。宿題をするのが難しかったので、課題をしなければならないことがわからないように、ノートを隠したりページを破いたりすることもよくあった。両親が叱っても意に介さない

ばかりで、事態は少しも改善されなかった。こうして彼らは、息子に心理療法を受けさせることを決意したのである。

　マルコははじめ、非常に内気な様子だった。しかし、抑制の強い多くの子どもたちと同様、彼もまた砂箱とフィギュアに関心を見せた。ここでは、学校のように評価をつけられるようなことはないのだということを、彼は素早く悟ったのだった。こうして、マルコは、まるで部屋に自分ひとりしかいないかのように砂で遊び始めた。筆者は、自分の存在がむしろ妨害要素になっているとはっきり感じたため、できるだけ「目に触れない」ように、こちらから主導した語りかけは一切やめることにした。

　マルコは、月面風景を作ろうと強く心に決めた様子であった。それによって、どれだけその時、いやおそらくこれまでの人生でずっと、疎外感を感じていたかを伝えようとしているかに見えた。日常の現実からそんなにも離れた月の上でなら、自分を楽しませてくれることが何か起きるとでもいうように。そこでなら、彼のファンタジーは自由でいることができ、うるさい抑制的な連想に邪魔されることもないようだった。この月には、エイリアンと宇宙飛行士がいた。飛行士たちは地球からやってきて、戦争に巻き込まれたらしい。マルコは、場面に応じた効果音をつけてはいたが、全体的には混乱が生じていた。全員が全員と戦っているようで、意図も目的もまるではっきりしていなかったのだ。これに集中するのは筆者には荷が重く、思考が逸れてしまうのも一度や二度ではなかった。この子は、自分の世界から大人を締め出すことを学んだのだ。人は目の前にいるのに彼のことを忘れてしまう。彼が誰も必要としていないという印象を持ってしまうのである。

　月の上では、すべての生き物が死んでしまった。宇宙船も隕石が衝突して爆発してしまったが、それといって特別な感情を引き起こすようでもなかった。空っぽになった白い月の世界。闇雲な戦い。この子は自らの感情的な孤絶をもっと上手く演出するすべを持っていなかった。しかし、30分ほど経った頃、マルコはトイレに行きたそうにして、それが「大」に関係するものであると示唆した。彼の自律神経システムの何かが動き、

おそらく緊張が緩んだのだろう。

　次のセッションで、マルコは再び月面風景を作った。しかし今回は、それを数分で片付けて、「違うのを作る」と言った。これが一番最初の言語的なやりとりであった。この時に彼は初めて、隣にいる筆者の存在を認めたのだ。筆者には、彼の中で何かが変わったのだと思わざるをえなかった。マルコは、先史時代の光景を作り始めた。今度は、もう少し現実に近い次元（月の代わりに地球）に取り組むことができるようになったようである。それは非常に大きな一歩である。初めは空間的な隔たりであったものが、今は時間的な隔たりに変わった。この太古の景観には、たくさんの不気味な肉食の植物やたちの悪い貪欲な恐竜たちがおり、その都度の短い争いの末に、より大きなものが小さなものをとても満足した様子で喰い尽くした。こうした事象は、この作品のプロセスだけでなく、その後のセッションまで引き継がれていくことになる。次に何が起こるかはすぐに見当がついた。体の一部分であるはずの口が何よりも詳細に、少しサディスティックな描写で表現され、それはいつも直視しがたいものがあった。まるで、"大きなものが小さなものを喰い尽くす"という唯一の決まりに支配された冷淡な世界にいるようだった。この遊びはそもそもマルコにとって有益に働くのか、彼はなおも暴力のための暴力という体験に深く絡めとられているのではないかと、筆者の心には疑念が浮かんできた。しかし、そんなことを彼と話し合おうとしたところで、全くの不毛であっただろう。こうして遊びは続いていった。いくつものセッションが経過するうち、ついに新しいバリエーションが姿を見せた。今回は、他のものより賢く、少しおどけた小さな恐竜が登場した。この恐竜は、ティラノサウルスやブロントサウルス、ステゴサウルスのありとあらゆる攻撃を何度もくぐり抜ける。新しい振る舞いである。筆者は、それが続くことを祈った。しかし、セッションの終わりに、この好感の持てる小さい奴は、爬虫類最大のティラノサウルスの復讐にあい、姿を消してしまった——ただし、まだ致命傷は負っていなかった。この陽気な小さな恐竜は、明らかにマルコの潜在能力を示している。感情、

ユーモア、才能、コミュニケーション能力、純粋さ。これらはこれまで、彼自身の心的な衝動や外部から訪れる暴力的な侵害の犠牲になってきたのだろう。今やこれらの性質がプレイの中に姿を現した。マルコは自らそれを実際に目にし、セラピストもその目撃者となった。マルコはプレイに対する筆者の反応をつぶさに観察していた。彼は、その小さな恐竜に、彼だけでなく筆者も親しみを抱いていたことを知っており、だからこそ2人とも、彼が恐竜を少なくとも死なせてしまうことはないということを、互いに信頼することができたのである。この一件があったことで、次のセッションでのプレイは完全に違うものになった。

　今度は、全く違う種類の戦いが始まった。真珠を守るドラゴンと数人の兵隊との戦いである。ドラゴンは、恐竜の神話的なバリエーションであり、確かに未だ原初的な力の衝動ではあるが、それを全く新しい寓意的な次元で表現したものである。ドラゴンは、物語や伝説に現れるものであり、文化的に作り上げられた像でもある。外的な現実において、マルコは自分の弱さを補償しようと、常に強い者に付き従い、恐竜の世界を引き受けることを選んできた。しかし今やこの箱庭では、兵士たちによって、攻撃力は制御可能な形で表現されている。ドラゴンは彼らに倒され、真珠を引き渡さなければならない。これが単なる生存のための戦いなのではなく、何か価値あるものを獲得するためのものでもあることは明らかである。真珠は内なる完全性を、また、むしろ女性原理に属するような美的な価値を象徴している。

　次のセッションで、マルコは非常に根気強く、また精密に、4つの大きな軍隊を砂箱のそれぞれの隅に配置した。対称性、明快さ、秩序がその場を支配していた。各軍に先導者がおり、それぞれに色と旗が割り振られていた。彼らは戦略を練っているところであった。その後、各軍が互いに長い時間をかけた公正な一騎打ちで戦い合い、勝ったり負けたりを繰り返しながら、最終的にはひとつの軍が勝利をおさめることになった。

　この箱庭の後、両親から、マルコが初めて同級生との間の問題について話したという報告があった。ここ数週間の間に、彼は前よりも心を開

き、快活になっていた。宿題もこれまでの半分の時間でこなせるようになった。彼の心的な能力が、構造化・規律化され始めたのである。それによって自我が思いのままになり、内的な葛藤だけでなく、外的世界の葛藤にも立ち向かうことができるようになった。次の回で、マルコは次のように言った。「今日は人間を置きたいな。兵隊じゃなくて。」さらに歩みが進んだようである。入り口には大きなドア、透き通った色彩豊かなガラスのモザイク石の埋め込まれた窓、そして屋根は大きな水晶で作られた。その城には人が住んでいた。このイメージは、マルコの人格を表すものと見なされよう。彼は自分が強くなったと感じており、内的な安定を勝ち取り、適切な自尊心を手にしている。彼が内的世界と外的世界との間に調和をもたらしていることは、開かれた窓が示唆している。彼はこれに非常に入念に力を注ぎ、特別誇りに思っている様子であった。

　マルコはさらに良くなっていった。両親もそれに鼓舞され、彼の言葉に注意深く耳を傾け、彼を信頼し、叱るのを思いとどまるようになった。セッション中、マルコが今遊んでいるもの以外のことについて何か話したことは一度もなかった。

　マルコの事例は、実際には2週間おき、15回のセッションにわたって行われた個人療法の一例であるが、このようなプロセスは、心理療法家としての訓練を受けていない大人が見守る箱庭表現法においても生じうることが推測されるのではないだろうか。

　この子は、単に言語的なコミュニケーションをなしで済ませたというわけではなかったのだろう。もし話をしてしまったら、大人の付き添いがありながらも、ほとんど完全に自律的に生じた彼の自己治癒のプロセスから、おそらく注意が逸れてしまったであろうから。

乗り物

　箱庭の中では、ありとあらゆる種類の乗り物が道を急ぐ。それはバスや飛行機、ロープウェイ、あるいは船であったりするだろう。それらはしばしば

障害物にぶつかったり、何かから逃れようとでもするかのように辺りを暴走したりする。または砂の中に整列させられ、場合によっては、あまりにたくさんのものが密集して並べられるために、全く身動きのとれない状態になることもある。中国・広州の孤児院では、子どもたちが箱庭の中に交通渋滞を発生させる例が目立った。自動車は、自律的な移動のための手段と考えられるものだが、同時に精神的なエネルギーを象徴することもよくある。このような子どもたちの多くは、自分の感情や意見、考えを伸ばしてもよいという励ましを外からほとんどもらえていないと推測することができる。関心を持って箱庭を見守られる体験をすると、それだけですでに子どもにとっては十分な励ましとなり、それによってせき止められていた運行が再び流れ始めるようになる。箱庭が積み重ねられるごとに、乗り物が次から次に新しい道や街道を開き、地形を形作っていくのだ。

宝探し

　子どもたちが年代ごとの様々なバリエーションで興ずるのが、宝探し遊びである。動物や人、自動車などが、繰り返し地中に埋められ、また掘り起こされる。

　　失読症は認められていないものの、学校では初級からうまくついていけずにいる子どもがいた。彼の遊びの中では、「車を食べる」という高い砂山の中に、繰り返し車が呑み込まれていった。セッション終了まであとわずかというところで、この少年は、嬉々として、ひとつまたひとつと車を掘り出していった。まるで、その度に車たちがもう一度生まれてきたとでもいうように。学校での成績だけでなく、社会的環境でも躓いてしまうために、彼の自律性への欲求は、日々挫折させられていたのだろう。車を掘り出す作業を通じて、彼は自分の能力や技能に対する信頼を再び取り戻すことになった。

　もしも逆に、終了時間になっても埋められたままであったとすれば、この

子はその時点ではまだ、そのことに十分に向き合えていないということだったのだろう。しかし、この子には、何かが砂の中に埋もれたままになっているということを、誰かが見て知っているということが重要であった。これは時に、本当の人格、子どもの真の自己であることがある。病的な環境の中で、それ以上損なわれることがないように、埋もれていなければならなかったのだ。

破壊

　住居、宮殿、街、庭園が破壊されるときには、次のような問いが成り立つ。実際のこの子の生活の中で一体何が壊れているのだろうか。あるいは、別の面で、何かが壊される必要があるのだろうか。攻撃されているのは、安らぎに満ちた秩序なのか。それとも、それは破壊によってしか変えることのできないような硬直した世界なのか。多くの場合、破壊という行為は、自分自身が体験している状況を再現していることが多い。今まさに大人から暴力を受けているのかもしれないし、または高すぎる要求に挫折を繰り返しているのかもしれない。いずれの場合にせよ、箱庭に現れるのはいつも——子どもの内的世界を示す——本当の出来事にほかならない。この遊びが、大人を仰天させることもある。それはどこまでいっても、その子が自分の環境で経験している、あるいは経験したことのある、具体的な身体的あるいは心理的な暴力と関連しているからである。おそらくそれは、もっと後になってから話されることであり、その前に非言語的な表現で、いわば試しにこう尋ねているのだろう。「誰か心配してくれる人はいるの？」と。

　しかし、破壊の表現とはつねにその人の自発性の表現であり、こころの表出を麻痺させるような抑うつもトラウマ的な硬直状態も起きていないということのサインでもある。

　では、破壊行為が次のような規模で行われた場合はどうだろうか。例えば、大量の砂が砂箱の外に撒き散らされたり、わざとアイテムが壊されたりし、それにもかかわらず、それらが何かを表現しているわけではないのだとしたら、一体どうすればよいのか。

　地震の被災地でのプロジェクトの際、被災者を表現するためにフィギュア

の腕や足がもぎ取られるということがあった。その場合は、あくまで象徴的な表現とみなされるため、咎められることはなかった。また、もうひとつこれに近かったのは、孤児院での小さな女の子のケースである。彼女は、バービー人形の頭をもいで地面に投げつけ、その日はそれ以上遊ぼうとしなかった。

　時には、箱庭そのものが装置として子どもにとって過大な要求となってしまう場合もある。そのような時には、自我の水準をより明確に保ち、無意識的内容を直接刺激することのないような別の介入方法を取らなければならないだろう。例えば、楽器や手作業を学ぶようなことであれば、治療的効果が実証されているだけでなく、同時に治療中に新たなトラウマを生じさせる危険もないとされている。

料理と食べ物

　食べ物を調理したり、動物や子どもに食べさせたりするというのは、女の子も男の子も夢中になる遊びである。

　　5歳の女の子の事例である。彼女は、見捨てられ不安から来る癇癪に苦しめられていた。当時は、この子の母親が父親と離婚しようとしていたが、父親の方がそれを望んでいないという膠着状況にあった。最初の箱庭セッションで、彼女は初めに動物だけを置き、この動物は何を食べたいと思うか、セラピストに尋ねた。それぞれの動物が自分に必要な餌にありつけるかどうかに、少女は大きな価値を置いていた。野うさぎには草を、魚には海藻を、犬には肉を、といったように。その後複数のセッションにわたって、どの動物にどの食べ物が必要なのか忘れてしまうたびに、この問いが繰り返された。そして繰り返し、それぞれが必要とする十分な量の餌が動物たちの前に置かれた。このプレイの進展の様子は、動物の系統発生の流れに見てとることができる。魚に始まり、野生の哺乳類が登場し、次に猫や犬が並べられ、最後に様々な家畜たちが食べ物を得るための農場ができていった。最後のセッションでは、自分用の溢れんばかりの食糧庫を持った農民も登場した。こうしたほとんど儀

式的ともいえる行為を通して、この少女の幼い子どもとしての欲求は栄養を与えられ、満たされることになった。癇癪は徐々に消失した。両親に対し、自分が何を必要としているか、何に不安を抱いているかを明確に伝えることができるようになったからである。

脅威

　人間や動物の家族が、それぞれの家で平和に暮らしている。夜になると、子どもたちは眠りにつき、動物の家族は家々に戻る。真夜中、冥界の動物たちを伴った1匹の大蛇が、この世界に忍び寄る。このプレイは、カルメンという8歳の少女のものである。彼女は、非常に可愛らしく、頭の良い子であったが、二次性夜尿症と攻撃性の過剰抑制の問題を抱えていた。両親の仲は非常に悪く、アルコール依存症の父親に対し、母親はいつも気弱で、自分の意見も子どもの欲求も通すことができなかった。カルメンは同級生にからかわれ、自分のことを醜くてのろまだと思い込んでいた。箱庭セッションに話を戻すと、どうやら治療室は彼女にとって十分な保護の役割を果たしていないようであった。彼女は私に背を向けて遊んでおり、目も合わせずにあまりに小さな声で話すので、プレイの間中、遊びの内容が全く理解できなかった。しかし、こちらからの質問に対し、ようやくこのように説明してくれたのである。たくさんの小さな子どもと動物のいる健全な世界は、蛇の脅威から何度も助けられている。誰かがいつもすんでのところで目を覚まして、蛇を見つけ、他の者に警告するのだ。その度に蛇はその場を去らねばならない。

　不気味な侵略者と穏やかな小さな子どもたちの世界との対決は、一方でカルメン自身が確かに小さな子どもの世界にとどまりたいと望みつつも、他方ではすでに、生活や人間関係においては、「蛇的な」性質もまた必要なのだということを予感しつつあることを意味しているといえる。蛇や冥界の動物たちは、彼女の不安と関係するだけでなく、次に迫る発達段階をも隠し持っている。例えば同級生から尊敬の念を得たり、父親の放埓に逆らったりするためには、ずる賢さや冷淡さを取り入れる

ことが必要になるだろう。来るべき自らの欲求を押し通すために、彼女はいわば「悪」の部分を統合しなければならないのである。

美

　子どもたちがどれだけ際立った美的感覚を持っているか、われわれはつい過小評価しがちである。学校や幼稚園に勤める教育者たちは、経験上そのことによく気づいていることと思うが、それでも、ごく幼い子どもが見せる非常に繊細な感覚には舌を巻くことだろう。彼らは、色や手触りのわずかな違いも正確に区別することができる。表現療法に携わるセラピストや音楽教師たちに話を聞くと、どんなに小さな子どもにも、最高品質の画材（絵の具や紙など）や楽器を与えたほうがいいというところで、押し並べて意見が一致するのである。

　子どもたちは、困難な状況にある時にこそ、何か美しいものを作りたいという欲求を持っている。それを満たすために、ガラス玉や花、貝殻や小石を用いて、円形や四角い放射状の模様、あるいはその両方の形に対称形に並べていく。子どもが大人に、きれいだと思うかどうか尋ねるとすれば、その子はそこに自分の感情と感覚の世界への保証を求めているのだといえよう。自分はきちんとやっているか。きちんと感じているか。それに対し、こちらの側がどう感じているかと問い返してあげるのは、多くの場合、この場面に敬意を持って反応したことになる。もちろんこの時、機械的に問い返さないということが大前提であるが。そうした反応にはまた、その子が次に大人の気にいるようなものを作ろうとし、それによってその子自身の感覚から遠ざかってしまうという事態を何としても避けるという意味合いもある。そして場合によっては、その子ども自身が砂の中にできた美しいものに驚いており、自信のなさからではなく、誰か他の人と一緒に体験を共有したいと思って聞いている可能性もあるだろう。

　混乱した暴力的な環境に暮らす子どもたちは、見てすぐそれとわかる――おそらく元型に根を張った――欲求を持っている。いわば荒廃への補償として、美しいもの、整えられたものをどうしても取り戻したいという強い渇望を。

第7章

南アフリカでの実践

　ヨハネスブルク近郊の不法定住者居住地区、マンジーヴィル（Munsieville）のでこぼこ道を行くと、上空を横切るロープにたくさんの靴がぶら下がっているのが目に入る。テニスシューズや長靴、子ども靴と大きさもまちまちで、両足の揃っていないものも多い。現実離れした光景だ。あのよく手入れされた靴たちはどうしてあんなところにぶら下がっていないといけないんだろう。このスラム街で、靴も履かずに、わざわざあんなに上のほうに引っ掛けているのは、一体どんな人なんだろう……。運転手の説明を聞いて、われわれの楽しげな推測はすっかり鳴りを潜めてしまった。道の上を横切る靴をかけたロープは、薬物組織一つひとつを区切る境界を示しているという。それは組織の規則に従わない者への警告である。この先一歩でも踏み入れば、靴など要らない体にしてやるぞと。

　2007年8月、マンジーヴィルの小学校で箱庭表現法が実施された。対象は、6歳から10歳の子どもたちである。校舎が建つのは、何キロメートル四方にも広がるスラム街のはずれ。週に2度、民間の救援組織から食べ物の配給が行われる。教室の多くはコンテナでできており、むろん冷暖房装置などない。そこで60人の子どもたちが押し合いへし合いしながら授業を受けている。家で十分な睡眠を取れていないのだろう、机に頭を突っ伏す生徒がそこかしこに見られる。一方、教師たちも過労で悲鳴を上げている。子どもたちの大半が行動障害を呈し、また多くが未治療の身体的疾患を持っているなど、それぞれに特別な配慮をしなければならないのだ。子どもたちが苦しんでいる主な問題は、ネグレクト、栄養不良、家庭内や隣人による暴力、性的暴行、周囲の大人のアルコール中毒、薬物乱用などである。また、マンジーヴィルの子どもたちには孤児も多い。家族の最後のひとりまで死んでしまったのに、それを隠している子どももいる。これから自分の身に起きることを、まだよく知ら

ないのだ。そして、弟や妹の面倒を見るのは、年長の子どもたちの仕事である。

　その何ヶ月かで特に気になる子どもを、学校側で選び出してもらった。突然学力が低下したり、心を閉ざしてしまったりするのは、急性のトラウマ体験が背景にある場合が非常に多い。実施にあたり、大半の子どもたちについては、教師の話からおおよその年齢と問題行動だけがかろうじて窺い知れるだけという状態だった。まれにその子の兄弟姉妹や近所の子どもたちが同じ学校にいた場合には、一定の情報を相互比較したり、追跡調査したりすることができた。身体への暴力の痕跡が明らかであっても、そういう時にはなおさら、子どもたちは怯えてしまってほとんど語ろうとしない。ソーシャルワーカーを手配して家庭訪問を行うことも理論上は可能であるが、実際にはそのことがむしろ大きな危険につながる事例も後を絶たない。訪問が実現する直前になって子どもが急に姿を消してしまったり、家庭を訪れた際にソーシャルワーカーが脅迫を受けて、二度と行けなくなってしまったり。後者の場合、訪問者は当の家庭のみならず、近隣住民からも脅しを受けるという。その地域を統括する犯罪組織に対する恐れが大人たちの行動を左右しているのだ。

　現地の人は、スラム街の子どもたちが持つ恐怖心を、「サンゴマ（Sangoma）」という語で呼ぶ。正確には、「サンゴマを奪われる」などという使い方をするようだ。一般的に言って、「サンゴマ」は元来、部族共同体における呪術師のことを示すものである。ところが1990年代以降、この地区の都市部の生活圏、とりわけスラム街で、悪質なサンゴマが驚くほど増加したという。彼らが、若い女性と性的交渉をすればエイズを治すことができるという説をまことしやかに喧伝したために、小さな少女をめぐる残酷な取引が盛んに行われるようになった。この犯罪に関与した者たちは、強姦された少女たちも同じようにエイズに感染するということなど気にも止めなかった。これほどまでに衝撃的な行動の要因を説明する手立てはなかなか見つからない。貧困だけが原因なのではないだろう。かつての部族共同体の頃から彼らは貧しかったが、それでも、子どもが病的な人間たちのエゴイズムの犠牲になるような呪術的なやり口を発展させることはなかった。民族の子孫は彼らの未来であり、健康な社会的集団では、子どもたちは大人の側から特別の保護を受け

るのが常である。仮に親のない子どもであっても、別の大人がその代わりをつとめる。子どもたちに何か危害を与えるということは、そのような人間社会では当然非難されるべきなのだ。また、そのように文化を前提とする道徳的な抑止力が存在するのみならず、人類や大半の哺乳類にはそもそも固有の抑止力が働いており、動物行動学者はこれを本能的なものであると記述している。しかし、バラックが軒を連ねる貧困状態にあっては、もはやいずれの抑止力も効力を発揮しないらしい。子どもたちは、別の民族集団に属する大人にとっては保護されるべき子孫などではなく、簡単に言いなりになる存在に過ぎない。利用するも殺すもたやすいことだ。倒錯行為の増加は、伝統的な部族共同体の崩壊がもたらした長期的な影響であり、その発端には植民地支配という大きな契機があった。

　1994年にアパルトヘイトが終わると、近隣のさらに貧しく政治的に荒廃した国々から、多くの移民が南アフリカに流入してきた。新しい国家が誕生して最初の1年は、開放と寛容の年だった。狙撃されることなく国境を渡ることができるのを誰もが喜んだし、さしあたって移民制限の必要はないかに見えた。しかし間もなくして、都市の中心部や小さな街々が、不法入国してきた失業者でいっぱいになってしまった。街を囲うように、ブリキやボール紙でできた小屋が乱立し、やがてスラム街にまで成長した。中では想像もつかないほどの非行と犯罪がはびこり、もはや警察車両が踏み入ることさえなくなってしまう。それでも、南へ、豊かで自由な南アフリカへと向かう何百万もの人の流れは止まることを知らなかった。これがいわゆる「シャックタウン」（「シャック」とは掘っ建て小屋を指す）である。たとえば、ヨハネスブルグ近郊のソウルシティでは、15民族2万人もの人々が、ほんのわずかな井戸水を分けあわねばならなかったという。そこで育った子どもたちは、むろん大変緊迫した状況に置かれることになる。彼らを保護する大人社会など存在しない。寄る辺のない人々がただ闇雲に寄せ集まっただけの集落で、そんなものができようはずもないのである。こうした共同生活の中では、心理人類学の用語で言う「擬似種形成（Pseudo-Speziation）」という状態が出現する。これは、個人ないし集団が他者に相対する際に、相手が別の人種ではなく、

別の「種」に所属するものであるかのように振舞うことを意味する。攻撃する側の集団の主観的な知覚の中では、擬似種形成の方式によって、対立する他者が「正しく」ない人間であると感じるようになり、罪の意識の自己正当化や本能的な恐れから、対立者を取り除こうとする。そのように感じることによって、実際には同じ種の動物である仲間同士が互いに食い潰してしまうことを防ぐのである。戦争のプロパガンダを見れば、どれもこの手立てを講じているのがわかる。どんな戦争でも、敵対者は非人間的なもの——つまりもはや仲間ではないもの——と表現されるのだ。

2008年5月、同じ荒廃地区出身の異民族の若者たちが、ナイフと棒切れで互いを襲撃するという事件が起きたが、この残虐性もそれに関連したものと思われる[4]。しかし、さらなる問題は、それぞれの民族の未来であるはずの若者たちが、現実には誰ひとりとして自らの勇気や知性を問うことなく、未来から目を背けているということである。たまたま手にしていたものを「他者」——本当は他者に投影されたみすぼらしい鏡像、つまり自分自身——を痛めつける武器に変えてしまう行為は、意識下にある自殺企図を暗示している。ことによるとその企ては、少なくとも、自らの堕落した姿を英雄的に輝かしいものに見せようという無意識的な目的では、互いに一致していたのかもしれない。

さて、いよいよ事例に入ろう。次節からは、子どもたちの各年齢集団から箱庭作品をひとつずつ選び、紹介していくことにする[5]。

以下に引用する事例の経過は、個人的な心理療法の実践からわかっていることとはほとんど関わりを持たないし、それどころか真っ向から対立しているものも多い。子どもに心理学的な治療をおこなう際、個人的な心理療法の場合には、保護者を治療の場に入れずに進めるのは全く不可能なことである。

---

[4] 箱庭の実践にも数ヶ月の中断が入ることになった。その場を取り仕切っていたのは、芸術療法と箱庭療法を専門とする心理療法家であり、非行少年たちを対象とした箱庭表現法を始めて10年になるイマ・トムであったが、この闘争の最中、彼女も脅迫を受けたのである。片方の集団を援助するたびに、もう片方から非難を受けることになったという。

[5] バイト、クロニー、テュミ、レフィルヴェとジェレミーの事例は、イマ・トムの記述に基づいたものである。

心理療法の一般的な手法では、まず親の語りや既往歴から始まり、それを通して見立てを立てる。箱庭療法も、これらの見立てを立証したり修正したりするのに手を貸しているといえよう。これに対して、われわれが箱庭表現法で追求する目的は、何より子どもが自分自身の材料を用いて自らの問題に取り組むよう導くということである。以下に取り上げる事例での箱庭遊びの意義は、それに加えて、問題に対する心理学的な取り組みに先立って、そこに作られる具体的な像によって子どもの日々の生活状況を示すという役割を担っている。それゆえ援助する大人は、砂箱の中に作られた子どものファンタジーの産物から、その子の現実を示しているものを選り出さなければならないという困難に、繰り返し向き合うことになるのである。

　箱庭の作業を意義あるものにするためには、決して診断的な要素だけを目的としてはならない。また、子どもと大人の間のコミュニケーションの改善ばかりにその眼目を置くのも誤りである。それらはいずれも肯定的で好ましいものだが、あくまでも作業全体における付随現象にすぎない。以下の事例を見れば、それよりはるかに重要で、深いところで作用している箱庭の目的の射程にすぐさま気づくことになるだろう。箱庭は、子どもたちに内的・主観的な知覚を促すだけでなく、とりわけすでに意識に上っているもの、つまり自らの生活状況などについて、外的・客観的な知覚を得させるものでもある。困難な生活状況に対するこうした積極的な取り組みが、防衛的・受動的・抑圧的な態度がこれまで遮断していたエネルギーの備蓄を活性化するのだ。

遠く、ずっと遠く

　他の子どもたちとは対照的に、バイトは初めから、砂箱では遊びたくないと宣言していた。当時、グループセッションは屋外で実施しており、一人ひとりが自由に使える個々の砂箱の代わりに、細長い大き目の桶に砂を敷き詰めたものしかなく、子どもたちはその中に各々割り当てられた領域で遊ぶような形になっていた。

また、その現場では子どもの数よりもセラピストが圧倒的に少なかったために、子どもたち一人ひとりに担当をつけることができない状態であった。つまり、最初に挙げる事例が、前章までに述べた箱庭遊びの実施のための解説にまったく従っていないことになり、読者はさぞ訝しく思われるにちがいない。しかし、表向き規則から外れている事例を見ることはかえって、箱庭表現法において本当に肝心なものは何なのかを見つめるまなざしを研ぎ澄ませる助けになるかもしれない。

　バイトは、机におもちゃが並べられている間、誰にも気づかれずひとりで人形を持っていき、グループから離れて黙って遊んでいたが、突然、砂を均すためのローラーに歩み寄った。このプロジェクトを率いていたイマ・トムは、しばらくして、彼が隅っこに置かれたゴミ箱の間で、熱心に遊んでいるのを見つけた。彼女は長い間、彼を見守っていたが、彼はその存在をずっと意識していた。そして、彼女のほうを向くでもなく、

写真5

やおら説明を始めた。これが自分の両親である、と（**写真5**）。

　長い沈黙の後で、彼女は「じゃあ、君はどこにいるの？」と尋ねた。バイトの答えはこうだった。「遠く、ずっと遠くだよ。」すると後から後から言葉が出てきて、この少年がもう1ヶ月近く「シャック」にひとりで暮らしていること、食糧はたまに近所の人がくれるものだけであることが語られた。不安や恥ずかしさから、彼はそのことを誰にも打ち明けられずにいた。しかし、彼は遊びの中で自分の状況を具体的に語り、それに続くようにして言葉でも事態を描写できるようになったのである。

　両親との関係が彼には不可欠だったが、彼らが死んでしまったのか、それとも何日かすれば戻ってきて元通りになるのかまったくわからず、思い出の中に両親の姿を見つけて過ごすしかなかった。そういうこともあって、グループから距離を置かざるをえなかったのだ。

　彼の演出にとっては、「隅っこ」を遊び場にすることが必要であった。そこではたった2つのゴミ箱だけが彼をそっと見守っていた。バイトは、自らの生活状況を砂箱の中のアイテムによって表現するのではなく、まずともかく人間の形で具体的に演じなければならなかった。そしてとりわけ彼にとって重要だったことは、セラピストに自分を見つけてもらえたことだった。それによって彼はまさに、両親を象徴的な次元で見つけるということを課題にできたのである。

　バイトは初めから、自分が遊ぶために必要としているものは何か、両親とのかつての関係が肯定的で確かなものだったと想像させるものは何かを、正確にわかっていた。しっかりとした感情の土台の上に、彼は自らの中にある両親の像を新しく作り上げたのである。またバイトには、両親の不在について因果論的にではなく現象学的に説明する方法を見つける力があった。両親は存在する、だから間違いなくどこかにいる、ただ遠く、ずっと遠くにいるだけなのだ、と。セラピストは、その遊びには彼にとって二重の意味があるということを見て取ることができた。まずは具体的な次元において、誰かが彼の面倒を見始めているということである。バイトは近々、児童養護施設に引き取られることになった。心

理学的な次元では、肯定的な親機能が彼の中で活性化しているということである。その日はじめて、バイトの感性生活の中で、両親が彼により近づいたのだ——本当はどこかで彼らもそれを望んでいたのかもしれないが。そして、世話をするというセラピストの機能を通して、彼は孤立状態から何がしか人間社会に戻ってきたのである。

　こうした経過が成立するためには、何よりも守られた環境で自由に遊べること、そして、全体の意味連関を理解できる大人が見守っていることが大前提となるであろう。

警察を呼びにいく／ワニと遊ぶ

　次に挙げる2つの箱庭の経過は、11歳のクロニーと9歳のテュミによるものであるが、少なくとも出発点において、かなりの共通項があるように思われる。2人とも箱庭に自分の家を表現し、クロニーは父親を、テュミは義理の父親を建物の入口に立たせた。いずれも、母親を棒で威嚇しているものだった。そしてこの時起きた出来事を、2人の子どもはとてもよく似た言葉で描写した。しかしながら、実はその表現方法には大きな意味的相違があった。以下に両者を対置していくが、ひとつめの作品の段階ですでに、それぞれが異なる経過を辿るであろうことが現れているのがお分かりいただけることと思う。

　　クロニーは、ほとんど躊躇することなく素早く作品（**写真6**）を作り、次のように説明した。
　　「父さんが母さんを殴ってる。僕は走って警察を呼びに行くんだ。」その発言には驚かされたが、彼の明快な説明のおかげで、作品の示すところは一目瞭然であり、心をひきつけるものもあった。箱庭上部の塀で囲われた部分が家になっている。扉の前に人形がひとつ立っており、もうひとつの人形に棒を振り上げて威嚇している。そして、3人目の人形が塀の開口部から砂箱の左下の隅——制作中、クロニーが立っていたあた

写真6

り──にある別の家に向かって走り出ている。これは彼の家庭環境を表現したものである。彼は助けを必要としている。作品や描写の構成や、自分が警察に向かって走っているとクロニー自身が表現していることなどから鑑みて、彼が内面に強さを持っていることが推測される。クロニーには反応する力がある。彼はまた、警察に人がいたとしても、実際に助けてくれるかどうかについては、必ずしも彼の街では自明なことではないとも話してくれた。そうした意味では、この「警察」が持っている性格は、主として象徴的なものであるということになろう。もしかするとクロニーは、箱庭づくりに参加できることに希望を抱き、セラピストに保護してもらうことを期待したのかもしれない。もし彼の中にそのようなことが起きていたとしたら、その望みは満たされることになっただろう。その後、ソーシャルワーカーが彼の家族に家庭訪問を行い、両親は支援を受け入れた。クロニーにとって箱庭づくりの作業は、自分に重くのしかかっているものについて、言葉を使わず、時間もかけずに、説得力をもって語ることができるまたとないチャンスだった。またセラピストの立場からすると、この事例の場合には、その後箱庭づくりを続ける中で何かが発展していくのを待つよりも、外的な現実に取り組むこと

のほうがより急務であると感じられた。問題を見つけることは必ずしも容易なことではない。今回のような決断は、セラピスト単独で進められるものでは決してなく、子どもを取り巻く環境や特定の住民集団の習慣を知っている人の協力があって初めて実行に移すことが可能である。

　続いて紹介するのは、先に述べた2例のうち、9歳のテュミのほうの経過である。テュミは、ひとつ目の作品について次のように説明した。「義理の父さんが酒に酔って、母さんを段ってるところ。殺してやると言ってる。母さんは助けを求めて家を飛び出した。僕は動物と遊んでる。」

　家庭内暴力のシーンであるという点ではクロニーと同様だが、こちらははるかにドラマティックな内容であると言える。さらに、テュミが題材にしているのが義父であって、実の父親ではないという点にも相違がある。彼の中で、母親が本当に殺されてしまうのではないかという不安がかなり大きくなっていたに違いない。作品全体が伝えている印象が、クロニーのものとはまったく異質であるように思われる。それは、彼らの年齢差だけで説明がつくものではないだろう（**写真7**）。

　　上部に2つの家がある。右側の家の前に、棒を振り上げた人が立っており、隣にその人に背を向けた人物がいる。これが、酒乱の義父とテュミの母親である。左上の隅には、動物たちがいる。そこがテュミの遊んでいる場所である。中央には隣の家があるが、見る限り、この出来事には何の役割も果たしていないようだ。

　　全体的な砂の造形、特に砂がきちんと均されていない様子からは、無秩序や緊張といった印象を呼び起こされる。家々は巣穴のようであり、一つひとつの区域が互いに壁で接している。テュミによれば、自分自身は動物たちと一緒に左端の隅にこもっているというが、これは空間象徴的には退行を示す場所と見ることができる。ここには、ファンタジーの世界にとどまっていたいというテュミの傾向が表れているといえよう。彼を取り巻く環境からの感情的な退却である。この子はそこで、成長す

写真7

る手立てを見出せずにいる。この場面に一切居合わせたくなかったために、テュミは作品上に自分自身を登場させなかった。そこには彼の極まった無力感が暗示されている。動物と遊ぶということは、象徴を創り出す能力と関連しているのだろう。しかし、この創造力が姿を現わすのはあくまで壁の後ろ側、彼の周縁領域である。少年はつねに義父側の力の犠牲になってしまう。

　イマ・トムは、この作品に不安を抱いた。彼女は家庭訪問をし、テュミが作品に表現したことの真偽を確かめた。するとテュミの母親は確かに義父の暴力を受けており、繰り返し殺すと脅されていた。警察が保護しようとしたが、母親がそれを拒否していた。恐ろしいことに、テュミの懸念は現実のものとなる。テュミが箱庭を作って3日後のこと、この母親は酩酊した夫に殴られ、本当に死んでしまうことになった。父親は収監され、テュミを含む6人の子どもが取り残された。テュミははじめ叔母に引き取られたが、そこでの暮らしも幸せなものではなかった。叔

写真8

母には収入がなく、子どもたちを養子にする気などまったくなかった。母親を埋葬した日、テュミは次の作品を作った（**写真8**）。

　テュミの説明によれば、上部中央にある、盛り土に十字架を建てた場所が母親の墓である。隣に、溝と壁を隔てて叔母の家がある。今度は彼自身も、ひとりの友人とともに中央を流れる川のそばに姿を見せている。真下にはワニが置かれている。テュミは、自分はワニと遊んでいるところだと述べた。

　母親の墓を表現するということは、心理学的には大きな成果であると言える。テュミは悲嘆を抑圧するのではなく、それを消化し始めている。最も気がかりで嫌なものを自ら表現できたということは、（逆説的に）彼の不安が消え去りつつあるということである。今回、彼は自らの姿を表現しただけでなく、それを中央に位置付けた。さらに今は、すぐ近くに友人の存在がある。また彼は、壁によって墓と叔母から隔てられている。

友人の像は、彼の人格を感情的に強化するものとして見ることができるだろうし——おそらく母親が突然亡くなったことで、同じ年頃の子に多くの同情を寄せられたのだろう——、またワニは、すべての象徴がそうであるように、ある複雑な連関を指し示している。一方で、ワニはトラウマ的な体験があったことの証である。前の作品でテュミが遊んでいた相手は、象やライオンなどの哺乳類であったが、今彼が関わっているのは、冷血動物、爬虫類であるワニであり、発生史的には退行しているように見える。それは、一方では、彼が今や、ある意味では「ワニのように」攻撃的で冷酷なものになりうるという危険を表現しているし、他方では、テュミが生き延びていくためには、ある程度「ワニのようであること」がどうしても必要であるということを示している。しかしワニの像はさらに、アフリカでは誰もが知っているもうひとつの性質を持っている。危険が迫った時、ワニは自分の子を口に咥えて運ぶというものだ。親ワニが水面を滑るように進む間、小さな子どもたちは、その半開きになった歯の間でじっとしている。つまりこの文化圏では、ワニは母親の保護を示すものでもあるのだ。また、周知の通り、いわゆる「爬虫類脳」は、人間がトラウマ処理をする際に大きな役割を演じるものである。ワニが持っている意味は、少年の人格の中に生き延びる力が根付いていること、つまり最も不利な環境下でも、自分を取り巻く現実からその都度必要なものを自ら取り出してくる力があるということに関連している。そして、それは実際に彼の強さを示していたのではないだろうか。それから数週間後、テュミは、叔母が自分たちの面倒をよく見てくれないと言葉に出すことができた。そうして彼は孤児院に送られ、養子縁組で別の家庭に引き取られることになった。その後も定期的に箱庭作りをし、学校での勉強も順調に進んだ。翌年には、行動上の目立った点はもはや見られなくなったという。

言葉にできない

イマ・トムのもとに、担任の教師からレフィルヴェという9歳の女の子が送られてきた[6]。これまでつねに優秀な生徒で、宿題を欠かすこともなかったこの少女が、ある日を境にして、一切授業に出なくなってしまったというのだ。わけを尋ねても、レフィルヴェの答えからわかったのは、もうやる気がないということのみであった。誰とも何も語りたがらなかった。彼女から何ひとつ聞き出すことはできず、その頑なな沈黙は悲痛でさえあった。イマ・トムは彼女に、箱庭遊びに参加するよう誘いかけた。きっと、同じように集中して取り組んでいる他の子たちに励まされたのだろう、レフィルヴェは黙って作業に打ち込んだ。集団の中にいることで、彼女は守られているという感覚を、また自分だけが注視されているわけではないけれども真剣に受け取られているという感覚を持ったに違いない。レフィルヴェはいち早く作品を作り終えると、しくしくと泣きだした。作った箱庭について、彼女は次のように説明した。「お母さんは友達に会いに遠くへ行っちゃった。これが私のおうち」(写真9)。中央の区切られた空間には、レフィルヴェが義父に強姦されている様子が表現されている。最中に誰も中に入ってこないように、ドアのところで義理の兄が監視している。

この作品から事態が判明し、イマ・トムは――レフィルヴェの同意のもと――母親のところに話しに出かけ、起きていることを伝えた。ショックを受けた母親は、すぐに娘の救助に同意した。夫は起訴され、逮捕となった。母親が今回のような反応をすることは、むしろ異例のことである。レフィルヴェがその後の箱庭制作の中でトラウマ的な体験を克服していくことができたのは、そのような母親の行動があってのことである。

---

[6] 本事例の初出は、*Sandspiel-Therapie*, 21, November 2006。

写真9

　もし事件が否認されて、虐待が続いていたとしたら、その後の箱庭作品はだいぶ違うものになっただろう。暴力や虐待が長く続いている場合には、治療的な表現の場を提供しようとしても、子どもたちの方から拒否されることも多い。心的防衛のメカニズムが激しく働くのだ。
　これに対して、トラウマ体験が一度きりで済めば、まだ手の打ちようがあると言える。それには特に次の2つの基本的な条件を満たしている必要がある。その子どもが生後何年かの間に大人と肯定的な関係を築いてきたと考えられるような、強固な感情的土台を持っていること、そして、トラウマ体験が周囲からしかるべく認められ、二度と繰り返されないということである。

　最初の箱庭から1週間後の2回目のセッションでも、レフィルヴェは自分の身に起きた出来事を再現し、やはり涙を流した。しかし今回の作品では、中央の強姦の場面に少し変化が見られる（**写真10**）。

第7章◆南アフリカでの実践　143

少女の内的生活の中で、この場面は今なお中心的な位置を占めている。左角で、母親は再び知人を訪ねており、やはりそこには居合わせていない。しかし自分に近い左手前側に、レフィルヴェはある場面を置いた。そこでは彼女自身が小さな子どもとして表現され、赤い服を着た母親が差し掛けている傘に守られている。

　これは保護される可能性を表現したものである。大人たちが適切な行動をとったので、今やレフィルヴェはその可能性に気づいているのだ。母親は今度も物理的には居合わせていないが、確かに彼女を保護している。幼年期に、こうした心理的成熟の重要な一歩が正常に踏み出されていたのである。ここでは、レフィルヴェがきっともう通過してきたのであろう発達段階に再度立ち戻ることが必要だったようである。心理学的に言えば、彼女はもう一度小さい子どもとなり、外的／内的に保護してくれる母親機能がきちんと存在しているかどうかを確かめなければならなかった。その働きを彼女が感じることができたのは、おそらく箱庭に

写真10

写真11

よるところが大きかっただろう。箱庭制作がこの子に、事態について語り、大人に暴力を阻止するよう手伝ってもらう可能性を与えたのである。

　3つ目の箱庭に、レフィルヴェはとても長い時間をかけて取り組んだ（**写真11**）。午後いっぱいかけて、彼女は左側に作られたトンネルのようなものに悪人を埋めていった。右側では母親が友人とお茶を飲んでいる。そして下側に、レフィルヴェはもうひとつの領域を作った。そこには、象たちの姿がある。この動物は、アフリカではしばしば女性と関連付けられ、いわゆる女性的な力を体現したものとされる。悪人を埋めるというのは、この少女の年齢では確かに適切な処理の仕方と言えるだろう。少なくとも思春期までの間は、妨げなく残りの子ども時代を経験できるように、すべて土に埋めて忘れ去らなければならない。

　場合によっては、どうしても後々になって、体験をもう一度別の形で処理する必要が出てくることもある。さしあたり成長が妨げられない程

第7章❖南アフリカでの実践　　145

度までは、レフィルヴェの心的統合は回復したと言える。この3回目の
セッションの後、この少女がだいぶ快方へ向かっていったのは明らかで
ある。

　4つ目の箱庭を終えて、彼女は次のように述べた（**写真12**）。「だいぶ
元気になったの。私が働いてるのはここ。」——作品の右奥は、何かの
商店になっている。「それで、ここが私が遊んでいるところ。」——手前
側に、彼女が友達と遊んでいる姿がある。左側には、彼女の遊び部屋が
作られた。「この左上のところに、お母さんとおばさんとおばあちゃん
がいて、みんなでお茶を飲んでるの。」

　レフィルヴェは、生活は続いていくということを様々な仕方で表現し
ている。悪人はもはや姿を見せず、話題にすら出てこない。丸いテーブ
ルを囲んでお茶を飲む女性たちによって表現されたように、その後数年
間をかけて自らの女性的なエネルギーを強めることが彼女には重要なの
であろう。その後、男性的な世界に出てからもやり抜いていけるように
なるために。

写真12

次の事例に話を移す前に、箱庭制作に用いられているおもちゃについて少し言及しておきたい。すでにお気付きのことと思うが、アフリカの実践での箱庭用のミニチュアは、通常用いている人形や各種のアイテムとは少し異なっている。木片や余り物の金属、瓶の蓋、何かの植物、貝殻、ガラス玉などしか使っていないのである。人形も、バナナの葉で作られたものか、ブリキ片を組み合わせたものでしかない。これらが作品たちに格別の美的魅力を纏わせていると言える。完全に仕上がったミニチュアを目の前に並べ、それを使って作品を作ろうとする時よりも、こうした簡素な材料を用いるほうが明らかに、子どもたちは自らの創造力を羽ばたかせる場所を手に入れる。イマ・トムの報告によると、彼女は当初、全く当たり前のこととして、子どもたちが暮らす環境から取ってきた材料のみを用いて子どもたちとの制作活動をしていたという。ところが、彼女がドイツ出張の際に、そこで通常使われていたプラスティック製のおもちゃを持ち帰って子どもたちに与えたところ、――先のミニチュアに関する節でもすでに示唆したことだが――予想もしていなかった出来事が起きた。子どもたちにとって、箱庭づくりが単なる砂遊びへと変わってしまったのだ。

　　　「この子たちには、すでに形のできたおもちゃを象徴的価値を持つものと捉えることはできそうもない。これでは彼らの無意識の表現としての作品は成立せず、皆で激しく遊びだしてしまう。まるでカオスだ。子どもたちが人形を取り合って争い、かなりのものが壊れてしまった。」[*7]

　イマ・トムは、この子どもたちは形のできたおもちゃで育ってきていないのだと理解した。
　「彼らの両親はおもちゃに使うお金など絶対に持っていない。生き抜くために必要なものを考える時、おもちゃは最も後回しになるものである。ツワナ、ホサ、ポンドの文化の伝統では、おもちゃといえば粘土や骨、草ででき

[*7] *Sandspiel-Therapie*, 21, November 2006, SS. 55-56.

た動物の人形である。」イマは、当初の方法に回帰し、次の基準を満たした
物を用いることにした。丈夫であること、子どもたちの日々の環境に由来し
ていること、資材的・貨幣的な価値のあるものでないこと、の3点である。
こうした簡素な人形は、普通ならおもちゃを子どもじみたものだと感じる若
者たちにも非常に有効なものになる。

サンゴマ

　本節以降、さらにおぞましい状況に足を踏み入れていくことになる。これ
は南アフリカだけでなく、アフリカ大陸の他の多くの国々にも関連したもの
だ。アフリカの部族社会には、伝統的な治療師（「薬草医」）が昔から、そし
て今なお存在している。彼らは超越的な世界や先祖霊とのつながりを持ち続
け、病を治療する。人里離れた場所で医療に代わる第1の手段としての役割
を演じ、街に住む裕福な人々も彼らを訪れるという。治療師は、患者の症状
を聞くと、続いて歌や祈祷、太鼓によってトランス状態に入り、その中で病
の原因を明らかにする。治療は、植物や鉱物、動物の一部からできた治療薬
の処方と、例えばないがしろにされていた先祖を祀るなどの、患者に必要な
儀式的行為を組み合わせて行われる。多くの社会でかつては当たり前のよう
に行われてきたことだが、患者が家族と、また先祖と長く話し合うといった
風習は、現代の生活様式の中で次々に失われていった。

　村社会に受け入れられ、多くの地域で大きな尊敬を集めていたこうした治
療師たちとは全くの別物、魔力を操る「黒いサンゴマ」を混同してはならな
い。彼らが約束するのは、性的な能力や他者への勝利、または昔なら戦争の、
現代なら事業や政治上の敵が病気になったり不幸になったりすることなどで
ある。こうしたサンゴマは、決して村社会には受け入れられなかった。人目
につかないところで活動し、たびたび縄張りを変えて暮らしてきた。彼らは
人間の不安から力を受け取っていた。

　スラム街の人々は定職につかず、自分への信頼も生活の見込みも崩れ去っ
ている。心理学的には非常に衰弱した状態にあると言える。通常、憂うつ

や不安、道徳的な荒廃から人を守ってくれたはずの儀式や社会との結びつきは、徐々に失われつつある。それは迷信や魔術的援助に駆り立てる格好の温床である——まさにサンゴマにとっては理想的だ。現代のサンゴマは都会のブリキ小屋にいて、かつて田舎に生息していた頃と同じように恐れられているが、そこにはある致命的な違いがある。現代では、サンゴマと距離を保ったり、影響が来ないように制限したりすることがもはや不可能なのである。今日、黒いサンゴマは何の障害もなく人々に近づくことができるようになった。そのようなことはかつて、どんなに貧しい村でも考えられなかったことである。犯罪的なサンゴマのやり口は、もはや人類学上のどんな概念をも超え出ている。最も異常なケースは、サイコパスの領域に足を踏み入れているともいえる。そこでは、植物や動物の一部から魔法薬を作るだけでなく、何より人間の臓器を、大抵は子どもの犠牲者を生きたまま切り刻んで取り出した臓器を用いることで、その効果が最大限に高まると主張するのである。しかし、それが刑法上追求されることはめったにない。警察も、多くは司法当局も含めて、彼らの魔力を恐れているからだ。サンゴマは金貸しをし、薬物を売り、また彼らに借金のある親たちが借金のかたに引き渡した子どもを弟子にする。サンゴマになるのに性別は関係ない。そうした危険なサンゴマが、子どもの一連の箱庭作品を通じて特定・告発され、逮捕に至ったというケースもあった。その子は、自分がサンゴマにつけられていると感じており、それを箱庭で表現したのである。この詳細は次の節にて紹介する。

　中世の迷信に聞こえるようなことが、ここに住む何千もの人々にとっては現実的に起こっているのである。宗教史家のオグブ・カルー博士がかつて個人的に話してくれたことだが、大成功を収めている実業家や政治家たちは、スーツやネクタイの下にサンゴマにもらった「薬」を護符の形で身につけているという。この「薬」の成分が植物由来の作用物質だけではないことを知りながら、見て見ぬふりをして。

　たしかに有史以来、犯罪まがいの実践はどの社会にも存在してきたが、そうしたものは必ず共同体から締め出され、制限を受けてきた。伝統的な社会集団で、子どもが個人の利益のために殺されることを許すようなものはひと

つもないはずだ。コロンブス以前のラテンアメリカでは、子どもたちが儀式の生贄にされるということが少なからぬ文化で行われていたが、それらは共同体の繁栄に向けた象徴的な機能を持っていた。「生贄（Opfer）」という言葉は、ラテン語では「聖なるものを成就させる」という意味の"sacrum facere"から"sacrificium"と言うが、これは、儀式的に定められた交換物を超越的世界との引換えに差し出すという生贄の目的を表している。むろん、子どもが日々怯えて暮らさなければならないような特異なサイコパス的行為がかくも広く流布したとすれば、それは集合的な倒錯と言えるだろう。大人たちの心が汚染してしまえば、それに浸潤されるのを拒むのは実に困難であろう。そうした悪い連鎖の結果、この残酷な行為が不可避のものとして、それどころか普通のこととして広まっていくことになるのである。

　次の箱庭作品は、マンジーヴィル出身の12歳の少女、リナによるものである。リナは、4回のセッション中、はじめの2回しか参加することがかなわなかった。残りの2回への参加を、母親が許さなかったのである。
　ここで取り上げるのは、リナの2つめの作品である（**写真13**）。リナ

写真13

はゆっくりと、しかし正確に作業を行った。作品は、様々な区域に仕切られている。右下部の大きな空間を占めているのは、居酒屋の情景である。ほとんどは売春と麻薬取引の場となっており、朝から晩まで大音量で音楽がかかっているのが現状だ。右上部には、彼女自身の家族の住む家がある。左上は教会であり、前には庭がある。こうした描写は、この少女の現実の生活環境と一致している。実際に彼女の住む小屋の近くにはこのような居酒屋がある——事実、彼女の生活はかなりの危険にさらされているのだ。そして左下の隅には、サンゴマが腰をかけている。セッション終了まで非常に長い時間をかけて、リナはその反対側の隅で、自らの家を表した囲いの陰にほとんど隠れるようにして作業をしていた。それはあたかも、非常に重要ではあるが、形作ることが困難な場所であるかのような印象を与える。彼女は苦労して、辛抱強く一歩一歩積み重ねるように、この隅に置く人形を何度も置き換えた。どうやら自分自身を表現したかったのであろうこのイメージを、セッションの最後には多少なりとも具現化できたことで、彼女はどこかほっとしたようだった。作品説明の際には、この上の隅の場所についての言及は一言もなかったので、こちらから尋ねてみたところ、その後ろ側には学校があるのだという。ここには葛藤状況が表れている。学校は他と隔絶した隅っこのわずかな空間に追いやられているが、それにもかかわらず、リナはこの学校を作るのに著しく長い時間をかけたのである。学校はサンゴマの場所の対極にあり、教会を除けば、それはリナが家族からとは全く別の情報を得ることができるおそらく唯一の場所であるようだ。

　最終報告書の中で、この少女にとって学校に来ることがいかに大切であるかということが——作品の内容には触れず——担任の教師に伝えられた。リナの学校の成績は決してよくはなく、外向きには学習意欲をわずかしか示していない。しかしこの箱庭作品には、リナを取り巻く大人たちの非合理と破壊性の只中で、学校というものが彼女にとっていかに生きていくのにどうしても必要な頼みの綱であるかが表現されているのである。

第7章◆南アフリカでの実践　151

ビデオカメラ

　13歳の少年ジェレミーは、4人の兄弟とともに祖母と暮らしていた。両親はすでに亡くなっていた。アフリカの子どもたちは、英語名とアフリカ名の両方を持っているものだが、混血児の場合には英語名しかなく、他の子どもたちにからかわれる原因になることも多い。アフリカ名は多くの場合、誕生の際の出来事に因んでつけられている。ジェレミーのアフリカ名は「雨」を意味する言葉であり、それは彼の生まれた日が激しい雨模様だったことによる。ジェレミーは利発で勤勉な子どもだった。そんな彼が箱庭グループに参加することになったのは、心に抱えていたある大きな心配事が理由であった。祖母の話によると、彼は最近隣に住むようになった男のことを心配しているのだという。この男は子どもたちを憎んでいるばかりか殴りかかってくるのだと、ジェレミーは主張していた。

　最初の箱庭で、少年はその状況を表現した（**写真14**）。中央を占めているのは、彼自身の家である——これは、しっかりとかくまわれているという信頼感を暗示したものといえよう。作品の右半分には、例の悪い

写真14

男が同時に2度姿を現しており、それがこの男の不穏な印象をより高めている。男は、右下の隅にある自分の家の中で眠っている。ジェレミーによれば、彼が鼾をかいているのがよく聞こえるのだという。

　右中央では、男が2人の人——ジェレミーと友人——を棒で脅している。昼も夜も、この男はジェレミーを脅かす存在として、生活の隅々にまで入り込んでいるのだ。作品の左側には、ジェレミーの祖母と叔母がおり、また水のポンプも置かれている。そして左上の隅で一際目を引くのが、ジェレミーが特に価値を置いた小さなアイテムである。このネジで、ビデオカメラを表現しようとしたという。

　これに続く作品について、ジェレミーは次のように説明した。中央に学校がある。外側の右端には、彼自身の家があり、屋根には再び「すべてを正確に見通す」ビデオカメラが取り付けられている（**写真15**）。右側には彼の飼っている動物がおり、柵を隔てて左側は遊び場になっている。「僕たちが学校の校庭で遊んでいる間、男が柵の後ろから僕らを見

写真15

第7章❖南アフリカでの実践　153

写真16

ているんだ。カメラはそれを全部撮っている。」

　イマ・トムは、数十年来の現地での状況を知っていることもあり、ジェレミーの祖母にそのことを話したところ、祖母の返事もやはり、新しく越してきた隣人はサンゴマであろうとのことだった。イマ・トムはジェレミーに、どこにいてもできる限りその男を避けるよう忠告した。そして祖母の同意を得て学校に知らせ、警察に通報した。

　3つ目の作品に示されている通り、少なくともジェレミーの体験の中では、緊迫感がさらに差し迫ったものになっている。彼の家と脅かす男の家は、今度は柵で仕切られているだけで互いに接しており、もはや以前のような守りがない状態にある（写真16）。左側の家の中には、彼の祖母と友人がいる。隣接する家では、ボールで遊んでいたジェレミーに男が襲いかかっている。ジェレミーによれば、男が彼を殴ろうとしていたが、そこへ年上の友人がやってきて、彼を助け出してくれたのだという。

　この出来事が本当にあったことの再現なのか、それともこの少年が高まった不安を特にこのように表現する必要があったということなのか、

イマ・トムは確信が持てなかった。もし後者なのだとしても、この状況はかなり危険度の高いものであると判断された。特に、少年が箱庭でこだわっていたビデオカメラは実際的な性質を持つものであり、それを使って彼は何かを証明しなければならないのだろうと思われた。彼女は再度警察を訪れ、少年の保護を求めた。この間、別の家族からも警察に通報が入っており、これを機についに家宅捜索が行われた。男はその場で拘束されることになる。ベッドの下からは屍体の一部が発見された。庭を掘り返すと、地中に人間の手が埋められているのも見つかった。その人差し指はまるで次なる犠牲者を誘っているかのようであった。

　4つ目の作品（**写真17**）について、ジェレミーは次のように語った。「警察が男を連れてったよ。まだ心配だけどね。ここの公園で僕は友達と遊んでる。あの悪い男はもう家にはいない。」最も外側の右隅のあたりには、ちょうどサンゴマが警察に連れて行かれる場面が描かれている。ここでは、2つの領域が大きな鉄の鎖で仕切られている。右側には動物がいる。身をもって本能的な体験をしたことで、なおも残る不安が少年の骨の髄まで染み込んでいるかのようである。この重い鎖で区切ることで、彼は自分が子どもでいられる遊びの世界を守ろうとしている。ジェレミーはそこで友人と楽しい時間を過ごすことができる。また、例のビデオカメラは、こ

写真17

第7章❖南アフリカでの実践　155

の間にさらに大きくなり、より重要な意味を持つようになっているが、これが引き続きすべてを記録してくれていることも間違いない。

　本当にもう危険はないのだと信じられるようになると、ジェレミーの不安感は次第に小さくなっていった。彼の3つ目の作品のおかげで、さらなる犯罪を計画していた殺人鬼が、めでたく彼の家族の生活環境から引き離され、逮捕されるに至った。いずれにせよ、これらは子どもが背負うにはあまりにも大きなものであったろう。いつかジェレミーがこのことを誇らしく回想し、事件が心の中で完全に消化されるまでにはまだ時間がかかるだろう。作品が示していたように、彼は何よりも、差し迫った脅威を恐れる必要のない、ただの子どもであることを許されなければならない。

鎖につながれる

　次に示すのは、ある7歳の少年が最初に作った作品である。この短い記述は、大人の側から介入しなくとも、どれだけ多くの資源が子どもの中に埋め込まれているか、どれだけ豊かな心理的作業を子どもが自分でやってのけるかということに、再度気づかせてくれるものだといえる。

　　タビは、墓のような住処を立てると、子どもが3人で住んでいると語った（写真18）。セラピストが他に人はいないのか尋ねると、誰もいないと言う。一緒に住んでいるのは兄弟なのかという問いかけには、1回だけ肯いてみせた。兄と弟とともに、子どもたちだけで暮らしているというのである。しかし、最後の最後になってようやく、彼は次のように打ち明けた。酒に酔った兄に、いつも殴られているのだと。そのために幼い弟のことも心配していた。作品中では、大きな兄の人形が首元に重たい鎖をかけている。その鎖は酒を飲んでいる印なのだと、タビは説明した。兄は強く見えるが、実際は奴隷でもある（写真19）。

　　タビにとって箱庭作りは、彼の置かれた状況に対して他者の注意を引

くことを可能にしただけではなく、兄から迫り来る危険を自分自身にも気付かせるような驚くべき試みであった。

写真18

写真19

確かな場所[8]

　今度はさらに厄介な状況を見ていくことになる。というのも、次の少女の事例では、生活史の早い時期から暴力がすでに大きな役割を演じているからだ。そして、箱庭の時点では、この子が暴力から守られていたかどうかは不明であった。そのような場合、作品はより複雑なものになる。作品が混乱していたり、見る者に不快な身体反応が生じたりする場合には、まさにその人が難しい病理を目の前にしているということの証であることが多い。病理というのは、必ずしも無条件にその子どもに結びつくものではなく、大概はその生活環境にある。

　6歳のマブレは、かなり臆病そうな印象の子だった。教師のメモにはこうあった。最近、年配の男性から性的暴行を受けたばかりだと。誰が報告したものなのかについては触れられていない。ソーシャルワーカーが家庭訪問を計画したが、実現しなかった。母親の義父——少女の祖父——が彼女に、命が大事なら家から離れているようにと告げていたのだ。
　マブレはとても可愛らしい子だったが、寡黙であった。1回目のセッションの間、彼女はできるだけ姿を隠そうと、つねに他の子どもたちの間や、おもちゃの並べてある机の下に隠れていた。砂箱はずっと手つかずのままだった。時間の半分が過ぎた頃、彼女は積み木と植物と貝殻を集めだした。そしてスローモーションのようにゆっくりと、積み木を一つひとつ重ね、植物と一対の貝殻を載せたが、どの動作にも途方もなく苦労している様子が見えた。最後に、彼女は完成した作品を見せてくれた（写真20）。何か説明したいことはあるかとの問いかけに、マブレはほとんど聞き取れないような声で、砂の上に散らばった木片を「家」だと言った。人形が誰か特定の人物を表現しているのかどうかもわからなかった。「これはお母さん。」質問されて始めて、彼女はこう口を開いた。

---

[8]　マブレの事例は、男性セラピストのアリ・マビッツェラが担当した。

写真20

次に聞いた時には、「これは私」と答えた。「お姉ちゃん、お母さん、私……。」しかし、誰がどこにいるのかは不明であった。問い返すたびに、同じ人形が別の人間になってしまう。彼女自身も、作品中のいくつもの場所に現れた。男性の名前はひとつも出なかった。作品全体が、まるで嵐でも荒れ狂ったかのような感覚を引き起こすと同時に、壁紙の模様のように静的な印象も与えた。他から隔てられた場所はひとつも存在しなかった。「家」たちに屋根はなく、何の覆いもついていない。時系列も存在しない。

　2回目のセッションでも、マプレは初回と同じように振舞った。それどころか、一時は誰にも気づかれぬまま教室から姿を消してしまった。そして再び非常にゆっくりとしたペースで箱庭に取り組んだが、今度はどこか自信に満ちた印象を与えるものだった（**写真21**）。

　作品の右半分には、2つの壁が箱の縁と向かい合って立っている。何か建物の準備段階のようなものらしい。ちょうどそこに、マプレは自分

第7章❖南アフリカでの実践　159

自身を表す人形を配置した。今回は人形にきちんと名をつけたのだ。中央にある支配的な雰囲気をもった大きな人形は祖母、その右側に立つのが母親である。後ろにある白いベンチには祖父が腰をかけており、さらに後ろに、黒い木でできた人形がある。これが叔父である。叔父という形で、男性の親戚あるいは近所の男性のほとんど全てが表されていた。そしてこれらの近くに、もうひとつの人形が砂の中に埋め込まれている。それはどうやら、目下のところ言及できないものであるらしい。少女は、自分自身を表す人形を、他の人形とは隔たったところに置いている。トラウマ治療の経験からわかっていることは、危機に対して安全だと感じられるような、確かな外的／内的場所を見つけるのが重要であるということだ。この子が近くに身を寄せている2つの壁は、そうした確かな場所への欲求を暗示しているといえよう。祖母は、この少女にとって、中心的な重要性を持っているようだ。この祖母は現実でも、マプレが保護を受けられるように試みていた。しかしこの時点で、われわれはまだ知

写真21

る由もなかった。3ヶ月後に、この祖母が祖父にナイフで刺されることになるのを。祖母は、マプレも暮らす家に彼がもう一度戻ってくるのを阻止しようとしたのである。

　3つ目の箱庭作品には、はっきりと囲まれた空間が示されている。この2つに仕切られた場所が、彼女の暮らす家である。マプレは次のように語った。「父さんはいないの。死んじゃったから。蜂に刺されたの。父さんがいなくて寂しい。」左上には、父親を殺したという虫がいる。マプレ自身は砂箱の上部にいるが、今回はそう遠くない場所に叔母がいる。家の右側の空っぽの部分には台所があるのだと彼女は説明した。左側には、父親と母親がベッドに横たわっている。父親が実際に亡くなっているのか、あるいは単に消えてしまっただけなのかはわからない。父親を失った子どもの多くは、おそらく置いて行かれたことに対する恥ずかしさと怒りの感情から、前者であることのほうを好む。少なくとも、マプレが今、父親がいないことをどれほど寂しく思っているかを説明で

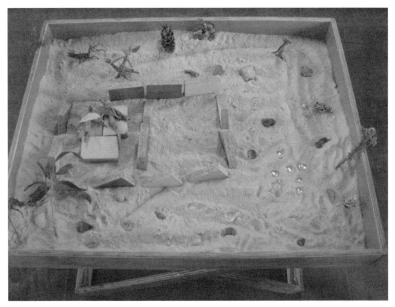

写真22

きたということは、いかに彼女がセラピストにすでに多くの信頼を寄せているかを示している（**写真22**）。

　確かにこの箱庭作品には、現時点でもまだ理解できないことが数多く表現されている。たとえば、右端にあるブリキでできた人形には、名前が付けられていない。しかし、「これは何？　それでこれは？」などといったような問いが気に障るような素振りを子どもが見せる場合は、そうした態度に必ず配慮しなければならない。表現されていたとしても、まだ把握したり言葉に出したりすることができない要素もあるということだ。箱庭表現法を施行する際には、心理療法を行うことが問題なのではないことを肝に銘じる必要がある。

　大人は、子どもが自分の意思で表現しているもの以上に心を開くよう励ますような指図をしてはならない。われわれが理解できているかどうかとは無関係に、ただ子どもが自ら表現したもののみに限る。自発的な表現がなされてはじめて心理的な消化の段階に至ったことがわかるのだとする考えが、常に前提とされているのである。少なくともここでは、3つ目の作品中に初めて境界で仕切られた空間が生じ、生活史が語られ、感情に名が付けられたということだけは確かだろう。最初の作品から受けた混乱した印象や、混沌や過剰という感覚はもはや消え去っている。

　4つ目の作品は、さらに重要な進歩を示している（**写真23**）。右下の角にある、藁でできた木のようなものはツリーハウスで、隠れ家になっているのだとマプレは説明した。左側には再び仕切られた領域が作られており、彼女はそれを「虫の家」と呼んだ。彼女は虫が好きで、よく一緒に遊ぶのだという。この話は、スラムで育ったわけではないセラピストにとっては奇異に感じられるものだったが、他の子が人形遊びをするように、実際の虫と遊んでいるのだろうと納得した。いずれにせよ、マプレが今では自分を守る場所を自らの手で作り出す段階にきているのだという事実は重要である。外的条件が極めて不都合なものであるにもか

写真23

かわらず、たった4セッションを経過しただけでも、内的な混沌状態を克服し、驚くほど心の作業を進めている。そして、こうした新しい成果を確かなものにできたのは、マプレが次の数週間も、同じセラピストの担当を週に1度受けることができたことによるところが大きい。

　彼女は箱庭制作を続けた。ちょうどこの頃、彼女の祖母がかつての夫に深い傷を負わされる事件が起きている。それを受けてマプレが製作した箱庭には、互いに境界を隔てた3つの空間が作られた。ここには、彼女がいまや様々のものを内的に切り分ける能力を持っていること、また、暴力事件が新たに起きたにもかかわらず、最初の混沌には戻っていないことが示唆されている。むしろ、この事件は次のように消化されている。一番右端の人目につかない場所に、左上の隅にいる男性からできるかぎり遠くに逃げようとしている小さな子どもがいる。子どもの近くには見舞い客がいて、病床にある祖母に祈りを捧げている。ここでもやはり、彼女の自我はまだ守りが薄い（小さな子ども）ものの、祖母像と結びつく

内的資源を持っているということが明らかである。祖母は確かに病床にあり、重傷を負っているが、別の親切な大人が周りにいる。

　残念なことに、この作品に始まるいくつかの作品の記録は、イマ・トムの家が盗難に遭った際に、箱庭用の装備とともになくなってしまった。マプレは小学校卒業後、遠方の街にある叔母の家に引き取られた。2年後の本人との連絡で、その後も叔母の家におり、うまくいっているということがわかっている。

ソウルシティ

　2007年8月、さらにソウルシティの12名の青少年に対して、箱庭表現法プロジェクトが実施された。

　ソウルシティに暮らす若者の多くは、幼少期を別の場所で過ごしている。より貧しい地域で祖父母と共に育ち、15、6歳になって、期待に胸を膨らませて仕事を探しに街へやってくるのだ。少年が多くの富を携えて戻ってくるのを、村じゅうの人々が夢見て待っているという場合も多い。ヨハネスブルグは、今なお、金鉱やダイアモンド採掘者の夢の街だと信じられている。そのような少年たちにとって、ソウルシティはしばしば最初で最後の停泊地となる。彼らは故郷に何も持って帰れないことを恥じており、帰りを待っている人々を失望させるくらいなら落ちぶれるほうを選ぶのだ。

　誰も周りを信用しないブリキ小屋の集合地域では、部分的介入が助けになることもあれば、かえって傷つけてしまうこともある。時には、政治家の選挙戦で、彼らに電力を行き渡らせようという前向きな主張がなされたこともあった。しかし子ども達にとっては、新たな不快感の火種が増えただけであったようである。箱庭で繰り返し表現されたことだが、電力がきたおかげで、スピーカーから大音量の音楽が一晩中鳴り響くことになってしまったのだ。

　少年たちは学校に通ってはいるものの、それが仕事探しの助けにはならないことをすでに知っている。彼らに蔓延する最も大きな問題には、薬物の乱用が挙げられる。アルコールは高価なので、より中毒性の高い混ぜ物が発明

されている。自動車のバッテリーで醸造したビールまである。余らせていた
バッテリーの液体が、特別な刺激を与えるというのだ。この飲み物が、1リ
ットルにつき1ランド（南アフリカの貨幣単位）で買える。これを定期的に飲ん
でいると、たった1年で若者が老人のような見た目になってしまうという。
また、冬に小屋で暖をとる手段はもっぱら火であり、人々は、コンカスと呼
ばれる穴だらけの古いパラフィン容器で火を燃え立たせる。燃料に用いられ
るのは、主として自動車のタイヤである。酩酊して火を起こしているのを忘
れてしまい、有毒ガスで窒息死するというのが、ここでは日常茶飯事である。
子どもたちは金曜日を最悪の日として恐れている。仕事をしている男たちが、
その週の給料を得るや、飲酒につぎ込むのである。結果として、暴行や性的
虐待の事件が発生する。

　箱庭セッションへの参加を申し込んだ少年たちに対して、ソーシャルワー
カーが選抜を行った。選ばれたのは、明らかに問題を抱えているが、すでに
抜きん出て強い意志を持っていた少年少女である。彼らの中には、定期的な
薬物使用をしているものはおらず、1名は、薬物依存からすでに抜けた者だ
った。コンピューターのコースを抜群の成績で修了したり、演劇集団で積極
的に活動していたりする者もいたが、多くは自分より小さな子どもの面倒を
見ることに明け暮れていた。彼らに告げられたのは、箱庭作りが自分の問題
を自覚し、より確かにそこに立ち向かうための助けになるであろうというこ
とだ。少年少女たちは、まだ一度も箱庭を見たことがなかった。セッション
の進行についての短い説明を聞くと、彼らは何の躊躇いもなく作業に取り掛
かった。17、8歳の若者たちが、まるで自明のことであるかのように、砂箱、
人形、石、樹皮、コルク栓といったたわいもないものに関わり合う様は、大
変魅力的なものだった。部屋は沈黙に包まれていた。天井の低い狭い小屋の
中に人がひしめき合っており、暑いうえに薄暗かった。セラピストたちも、
どこに立てばいいのか、どこで記録を書けばいいのかさえわからないような
状態だった。ひとつだけある小さな窓から、小さな子どもたちが中を覗き込
み、笑い声をあげていた。自分たちより大きな若者が遊んでいるように見え
るのが、好奇心を誘ったのだろう。わざと邪魔をするためにやってきたのだ。

第7章◆南アフリカでの実践　165

しかし、砂箱を前にした若者たちは、そんなことにはまるでお構いなしに、それぞれが自分自身に取り組み、思い思いに時間を使っているようだった。

彼らには、未来もなければ、真剣に将来を考えてくれる人も、自分たちが今日いなくなろうと明日落ちぶれようと気にかけてくれる人もいなかった。しかしここでは、ただその日を生きることだけを考えるような宿命から一旦抜けだして、完全に砂の中の作業に没頭し、自分だけの世界を新たに創造していくかのようだった。葛藤を表現した後に、それについて言語化できた者もいれば、幼少時の記憶を思い出した者もいた。しばしば苦痛を伴うことにもなる重要な第一歩は、彼らがより確かに自分の状況を目の当たりにするということである。

祖父のこと

次に紹介するのは、箱庭作りにおいて、さしあたり実際の生活上の問題には触れられずに、人生で経験してきたなかでとりわけ良かったものばかりが繰り返し抽出されることがあるという例である。

　　現在16歳になるアナは、14歳の頃、兄とともにソウルシティにやってきた。母親がすでに数年前からここで生活していたのだ。この兄妹は、田舎の祖父母のもとで育ったが、祖父の死をきっかけに、街へ出てこざるをえなくなった。母親は淫売で生計を立てていた。こちらに来て以来、アナは具合が優れなかった。慢性的な腎臓疾患によるものらしく、しばしば体調を崩していたのである。受動的な印象のある子で、黄味がかった肌色の目立つ幼さの残る容貌に、赤色の口紅が痛ましいような対照をなしていた。アナの話によれば、本当はもっと病院に行かなければならないのだが、薬の処方が高くついてしまうのだという。その話を聞くかぎり、アナがきちんと薬をもらって規定量を飲んでいるか気にしてくれる人は誰もいないという印象であった。

　　また、アナがグループの他の若者たちに対して過度に親切な態度をと

写真24

る様子も目に付いた。誰かが強引に割り込もうとすると、すぐに場所を譲ってしまうのだ。

　アナは箱庭作りに没頭した。一番最初だけ、隣にいた少女と見つめ合っていた時間があった。その子はどうやら彼女の友人で、彼女よりも緊張して取り乱していたということが後でわかった。アナの作品（**写真24**）の左上には、居酒屋が作られた――そこには、酔っ払い、淫売を行っている人々がいる。居酒屋の前には、彼女の兄が座り、頭を抱えている。彼は居酒屋に行ったことを後悔しているのだと、アナは説明した。彼女は、作品中のこの部分をあっという間に作り上げると、続いて右側の作業に取り掛かったが、始めるやいなや、見る見るうちに夢見心地のような状態に入っていった。動きが遅くなり、慎重で正確な手つきで作業をしていた。右側にある長方形の領域を飾るためにちょうど良い石と花を選び出すことは、彼女にとって明らかに意義のあることであるように見えた。アナは、細かい点を何度も変更し、何かをつけたしては、長いことそれ

を眺めていた。まるで何かを丁寧に世話しているかのようだった。

　作品中に、彼女自身が人間の形を取って置かれることこそなかったが、むしろその存在は献身的で慎重な振る舞いの中に明らかに息づいていた。その動きはまるで儀式のようで、長い時間をかけてもう一度何かを思い出そうとしているかのようだった。セッションの終わりにアナが説明してくれた際には、ちょうどこの右の長方形の場所にだけ言及がなかった。この場所にどうやら大変重要なものがあるのだろうとの推測に応えるように、彼女は静かにこう述べた。そこには祖父が埋葬されているのだと。そして、少し間を置いて、郷里の村での暮らしが心から恋しいと付け足した。アフリカでは、家族の墓のあるところにふるさとがあると言われている。2年前まで近くに暮らしていた祖父の墓は、ソウルシティから何百キロも離れたところにある。もしかすると彼女は回想の中で子ども時代に触れたのかもしれない。そしておそらく、祖父母が彼女の中に残した肯定的なもの全てに。アナは、セッション中ずっと物思いに耽り、自分自身の内部に没入していた。セッション終了後に、セラピストが壊すのを躊躇ってしまうような箱庭が時たまある。今回の墓も

写真25

そのひとつで、やはり容易には片付けがたいものであった（写真25）。

　こうした経過が、アナの中に新しい生命力を賦活したらしい。1週間後に作られた次の作品には、そのことが確かに示されている。居酒屋のあった場所に、今回は彼女自身の家が建っている。この家は2つに分かれた空間から成っており、このひとつは自分の部屋なのだと彼女は強調した（写真26）。実際には、ソウルシティのブリキ小屋には部屋はひとつしかない。ここには、心理的な分化が起きているということだけでなく、彼女には自分自身を他から区別する必要があるということが示されているといえる。ひとつではなくて2つの部屋が作られることによって、人は論理的にひとつの空間から別の空間に移動することができるようになる。

　比喩的に言えば、ある心的状況から別の心的状況へと移れるようになるということだ。いわば、選択肢が存在するということである。家の外の右側に、アナは友達と一緒に座って本を読んでいる。アナはこのとき初めて学校のことに言及した。彼女は本を読むのが好きだった。どんな

写真26

第7章❖南アフリカでの実践　169

本が好きなのかと尋ねたところ、衛生学や女性の身体のケアに関する本を読むのだという。アナは、自分が必要としているものを知っていた。生前祖父が守ろうとしてくれたのと同じように、彼女は自らの身体を守っていくだろう。しかし同時に、彼女は、危険を免れることがいかに難しいことであるかも予感していた。この病んだ環境のなか、あの片隅に潜んで、来る日も来る日も少女を待ち伏せている危険を。

　ひとつ目の作品から2つ目の作品への根本的な変化は、アナが持ち合わせている内的資源の存在を明らかにしているといえる。本書第4章で野菜畑の箱庭を作ったジョージ同様、彼女もまた、すぐに物質的援助を行えば、あとはそれ以上の介入をしなくても最大限の利益を作り出すことができるようになる若者のひとりであろう。

イニシエーション

　サミュエルの明るい肌色と編み込まれた髪、北ソト族の言語は、彼がペディ族の若者であることを示していた。彼は21歳で、リンポポ州という南アフリカで最も貧しい地域の出身であった。今日でも、リンポポ州では47%の人が職のない状態にある。マロテング、あるいはペディは、17世紀後半にスティールポート川の南側に定住するようになり、その後の何世代にもわたって、文化的・言語的に強い同質性が保たれてきた。19世紀初頭のボーア人（訳注：南アフリカへのオランダ系移民）の侵略が、数十年に及ぶ戦争の始まりを告げ、幾度にわたる交渉も虚しく終わった。1876年になりようやく、ペディ族がゼクックネ王のもと、ボーア人を制圧することに成功する。それに続いて起きたのが、大規模な植民地化の展開である。1年後には、ボーア人の敗北を好機と見た大英帝国の軍隊がこの地を占領し、ペディ族を征服しようとした。この誇り高い民族を打ち負かすには、さらに2年を要した。それでも、リンポポ州では今なお、彼らの伝統的な生活様式が保存されて残っている。

われわれは、サミュエルが高校を卒業して1年以上経った今も、さらに勉強を続けたがっていることを知った。しかし彼にはそのための資金がなく、仕事も見つかっていない状態だった。これから人生がどうなっていくのか、彼には見当がつかなかった。就学に必要な金銭は郷里の村でかき集められたものであり、成功者になって帰らねばならないという重圧が彼を苦しめていた。

　荒廃したソウルシティの只中にあって、サミュエルはどこか場違いな印象を与える青年だった。彼が砂に取り組む様子は、ほどなくしてその場にいる者の注意を引きつけた。大多数の若者は、まず一度試験的に何かを置いてから、それを再び取り去るか、あるいは新たに別の場所で試してみるということをするものだが、サミュエルにはそういうところがなかった。まるで手許にある設計図を遂行する建築家のように、彼ははじめから何かの目標に向かって作業していた。次に何が来るのか、彼の中では明白だった。半ば湿った砂が彼の手によって正確な形をとっていった。その構造は、古代文化のミニチュア作品であるかのような印象を与えるものだった。

　ひとつ目の作品で、サミュエルは「王家の一族」と呼ぶ共同社会を表現した。右の外側には、「それに属さない」人たちがいる。だから彼らは悲しそうなのだと、彼は説明した（写真27）。

　この作品では、花瓶か子宮のような形で囲われているという点が目を引く。それは原初的な庇護感を示す形の表現であり、直線ではなく円環の世界である。おそらく彼は、この「排除されて悲しむ」

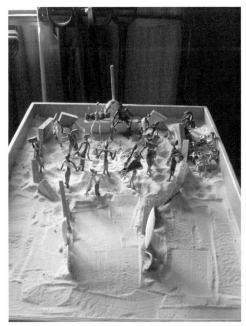

写真27

写真28

人々によって、自分の民族から遠く離れ、見込みのない状況にある自分自身を描いたのだろう。

　2番目の作品では、垣で丸く囲われた建築が作られた。これは、アフリカの伝統的な家の建て方である。基礎部分は、コンクリートを流し込むように、完全な円を描いている。彼は40分もの時間をかけて、ひとりでこれに取り組むと、セッションを行っている小屋を出て、おもむろに姿を消してしまった。しばらくして、彼は古い箒の一部を満足げに抱えて戻り、これを箱庭の建物の屋根にしつらえた。こうして、ちょうどよい藁葺きの屋根のついた伝統的な家が完成した。これは結婚式なのだと、サミュエルは説明した。彼の部族によるお祝いの場面のようで、花婿と花嫁、そして贈り物を持った人々がいる（写真28）。

　彼が表現したのは、非日常的な、盛大な儀礼である。婚礼は、男性と女性が結合し、新しい世代を作りだす重要な瞬間である。象徴的に見れば、成長過程が頂点に至って終焉を迎え、同時に新しい再生が始まるという、補償的な生命エネルギーの結合の時であるとも言える。人生の通常の順序からすれば、結婚はサミュエルにとって現実の水準で起こる次の大きな出来事であ

るはずだ。それにもかかわらず、彼の実存は、外的な障害のために袋小路に追い込まれている。体力は有り余っており、発明的な天賦の才は誰にも気づかれていない。しかし、これら2つの箱庭作品を終えた頃には、彼の目から少なくとも抑うつ的な翳は消え去っていた。このカビ臭いブリキ小屋で、サミュエルは――夢でも見るように――百年来の伝統を持つ自らの部族に出会い、すべての祝祭の中で最も喜ばしい結婚の時を体験した。彼の作品を見て、別の少年たちは、羨むどころかただだだ驚嘆した。サミュエルの作った造形や人物の中に、彼らもまた何かを見たかのようだった。その伝統的な建築に、彼ら自身の幼年期を呼び覚まされたのだ。ある意味で、サミュエルは個人的な問題を表現しただけでなく、他の者たちに向けて語りかけたようでもあった。しかし、そこには何か了解しえないものが残り、セラピストたちは深く考え込んでしまうことになった。2つの作品の両方に王家の一族が表現されたことがどのような意味を持っていたのか、われわれは想いを巡らした。そして第3の作品の後、セラピストは彼に聞いてみることにした。ひょっとして、先祖に高貴な人がいるのではないかと。サミュエルはそれに頷き、作品からそれがわかったのかとセラピストに尋ねた。セラピストは、王家の一族が作品に現れることは通常ないことだからと答えた。

サミュエルは再び、建築士のような集中力で作品に臨んだ。正確な手つきによって、砂が今度は長方形の構造に形作られた。それは石でできているようだった。ここには墓が2つあるのだと、サミュエルは説明した。作品は「王の死」と名付けられた。それは王と、その侍従の墓であるようだ。墓の前では、それぞれの未亡人が泣いており、その後ろに、他の弔問客が位に応じて整列している。一方には王家の一族が、もう一方には侍従の家族が並んでいる（**写真29**）。

サミュエルは続けて、王が死ぬと、その侍従も死ぬのがしきたりなのだと説明した。

王は、共同体の秩序を代表する存在である。王の死には、無秩序、混沌、転覆による危機の恐れがある。悪が蔓延しかねない時期なのだ。

サミュエルは、社会的に機能した共同体から、拠り所を失くした存在がひ

第7章◆南アフリカでの実践　173

写真29

と塊になって暮らす地へと行き着いた。そのような場所では、王は――象徴的に――死んでいる。サミュエルは、自分の状況がはっきりと意識に上るよう、この箱庭に手を貸したのかもしれない。彼の住むソウルシティに、秩序だった原理や構造はどこにも存在しないと。別の面では――それに対して楽観的な見方をすれば――、王の死は再生の好機でもある。サミュエルは明らかに、内的な召命を感じていた。王家の出自を持つ自分こそが、新しい世界秩序を取り戻し、それを――少なくとも彼の人生の中に――創造しなければならないと。このセッションの後、サミュエルは、彼の部族の生活習慣や古いしきたりについて話してくれた。

　彼がこの作品の後で何を作るのか、セラピストは張り詰めるような思いで見守っていた。状況に希望を見いだすことができるのか、あるいは再び絶望の淵へと引き戻されてしまうのか。サミュエルの4つ目にして最後の作品は、「イニシエーション」と名付けられた（写真30）。

　彼は14歳の時、部族慣例のイニシエーションを身をもって体験したという。少年たちは、それを通じてペディ族の伝統的な務めに対する心構えをす

写真30

る。彼は飢えや寒さ、孤独に耐えること、ひとりで狩りをすることを学んだ。そうして儀礼的に男性の仲間入りをしたのである。イニシエーションを終えた彼は、現実世界の歩みにおいても、高等学校を優秀な成績で卒業し、成功を収める。しかし今や、仕事への希望もなければ、勉強を続けるお金の余裕もなく、気づけば酔っ払いや乱暴な大人たちに囲まれている——そんな精神への過大な要求まで、イニシエーションは前もって用意してはいなかった。

　少なくともわれわれは、わざわざ身に付けなかったとしても、状況への適応を可能にするだけの天賦の才が、潜在的な行動パターンが初めから心の中に存在することを知っている。イニシエーションは、そのような元型的な模範を代表したものである。この箱庭を未来志向的・目的論的な視点で見れば、現在の状況に何の見込みもなく、人生が逼迫しているからこそ、この作品自体がある種のイニシエーションの形をとって見えてくる。それはサミュエルにとって、かつて出会ったことがないような絶望に直面したとしても、大抵の困難は克服しうるはずであるということを思い出す機会となった。最初の作品とは対照的に、今回は悲しい疎外状況が表現されることはなく、その場にいる全員が戦争準備に集結している。最後の作品には、エネルギーの振動

があるのである。

　しかし、サミュエルにとってはあまりに荷の重い場所であるソウルシティにあって、彼が自分の力を開花させることができるのかどうかという問題は残ったままであった。

　箱庭のプロジェクトから2ヶ月後、サミュエルがリンポポ州に戻ったという知らせがあった。彼の将来にとって、これが良い決断だったのかどうかはわからない。いずれにせよ確かなことは、箱庭作りをしたことが、サミュエル自身がすでに失ったと思っていたものが彼の中に目覚めたということだ。彼の根源と意志が呼び戻されたのである。

現地の様子

第7章❖南アフリカでの実践　177

第8章
中国での実践

　2002年に中国・広州で行われた国際箱庭療法学会でのこと。私の講演が終わると、見知らぬ女子学生が私に歩み寄ってきた。彼女は期待に満ちた様子で、久しぶりに再会したとでも言わんばかりだった。私の腕を取って顔を近づけると、強い調子でこう訴えた。「ぜひ今のお話を皆に聞かせたいです。たくさん、本当にたくさん患者がいるのです……。」あふれ出る涙を抑えるのも難しいようだった。その話に耳を傾けながら、私は彼女の心のバランスに不安を覚えた。中国の人のほとんどは、見知らぬ人間の前で感情を大きく吐露することを恥と考えるはずであるからだ。しかしこれは同時に、今の中国の人々の間でいかに人文学の分野への関心が高まっているか、また彼らがいかに熱心に心理学的知識を得ようとしているかを認識させるものでもあった。

　昼休みが終わり、大会の次のプログラムではディスカッションが予定されていた。時間通りに始まるという。私が中国で話をするのは初めてのことではない。ディスカッションというニュアンスが中国語のパンフレットで何と表記されているのだろうと少し考え、「質疑応答」なのだろうと推測した。

　「心理療法で治療的な要素になるものは何でしょうか？」ある女子学生が最初の質問を挙げた。ディスカッションを巻き起こそうという試みは――おそらく私自身がこの学生の年齢であった70年代から――これまでほとんど実現したことはなかった。ここでは私に名人芸のようなものが期待されているということ、そうした何らかの技術を伝えるために呼ばれているのだということはわかっていた。しかし、心理療法というものは、客観的な科学とはかけ離れたものであり、どちらかといえば、解釈学的な分野のひとつであるはずだ。

　しばらくして、われわれの意見は次の点で一致した。心理療法の治療的要素は、セラピストと患者との関係性にかかわっており、一般的には、患者の

生活史の語りを一望し、それをいったん「取り壊す」なかで、可能性のある
ほかの結びつきを示すことであると。心理療法とは、いわば患者の中にある
内的な資源を活性化するものである。つまり、治療に向かう決定的な要素は、
結局のところ患者自身の中に存在しているのだ。

　学生たちの率直で、好意的な様子を見るにつけ、いかに私自身の人生経験
と彼らのものが異なるかを考えざるをえなかった。40年前、われわれ中央
ヨーロッパの大学生が、封鎖された大学で間近に迫った革命について討論し
ていた頃、中国ではすでに何百万人もの人々に革命の嵐が席巻していた。当
時のことを思い出すと、灰青色の服を着た群衆が、赤い旗に埋め尽くされた
空の下で、同じ赤色の無数の本を振っている光景が目に浮かぶ。それは、こ
の学生たちの祖父母の世代に当たるのだろう。彼らの親世代は、いわゆる文
化大革命の時にはまだ子どもで、集団的に家族と遠く引き離され、両親から
離れて成長した。そうしたことが彼らの感情生活にどのような結果をもたら
しただろうか。その後、彼らは子どもたちにどんな家族生活を伝えることが
できただろうか。この子どもたちが、今、私の目の前に座っているのだ。中
国の文化大革命が続いたのは、1966年から1976年までのたった10年だけ
だという反論もあろう。けれども、この10年の間には、歴史的に積み上げ
られた、ありとあらゆる文化的な表現——書籍、何千年も前の書物や絵画、
儀式的な対象、仏像や寺院、僧院など——簡単な家々の調度品から美術コレ
クションに至るまでが、ことごとく破壊されている。そのようなことは、歴
史上これまで一度もなかったことである。村の中央に立つ古い木でさえも、
反革命的なものと分類され、紅衛兵——毛沢東のもとに召集された、特に未
成年の若者たち——によって切り倒されたという[9]。

　次にある女子学生が挙げた質問が、私を再び会議室に呼び戻す。「患者が
泣いている時、セラピストはどうしたらよいですか？」それはまるで、さっ
き脇道に逸れてしまった思考の延長であるかのようだった。まさにそれが問
題なのである。この女子学生が何らかの規律や正しい行動のようなものを求

---

[9]　中国南部の文化大革命博物館より。

めているのは、おそらく彼らにとって、自然にこぼれるような反応というものが、多くの場合、われわれヨーロッパ人が思うほど当然のものではないからだ。

　私は何とか説明を試みた。学んだ規則や取扱説明書に沿って動こうとするのではなく、むしろ治療的な基本姿勢を身につけることを目指すべきであると。しかし話すそばから、この言葉が部屋に虚しく響きわたるのを感じた。彼らは額に皺を寄せ、「基本姿勢」という言葉を頭の中で何度も反芻しようとしているようだった。何千年も昔から象形文字に刻まれてきたような彼らの右脳的な知覚には、そのような抽象的な概念には何のイメージも浮かばないのだろう。そこで私は、具体例を挙げようと、北京出身の若いセラピストの話をすることにした。彼は長年、「強い男」であろうと努めてきたという。人生は厳しい闘いだからと、父親が彼につねづね教え込んできたのだ。この父親は、文化大革命の時代にあって、11歳からひとりで暮らしていかねばならなかった。父親の両親が、英語教師という知的職業についていたために、投獄されてしまったためである。そのセラピストは、アメリカの様々な種類の行動療法に熟達していただけでなく、ボディビルダーのような肉体を作り上げていた。それにもかかわらず、彼はありとあらゆる心身症的な痛みと不安感に苦しめられていた。分析的な心理療法の訓練を受ける中で、自らの傷つきを引き受けていかねばならないということが、彼にはとても難しかった。それでも、深層心理学的な心理療法に助けられて、彼の症状は次第に減少していくことになった。経過中、彼は徐々に、革命当時の環境に由来する父親の不安に共感することができるようになっていったのだ。それ以来、患者が泣いたらどうすべきかなどという問いは、彼にとっては片がついたも同然であった。それからの彼は、自分自身を頼りにすることができるようになった。また別の精神的な苦悩に直面することになったとしても、自分がもうある程度適切な反応をすることができるという自信が持てたのだ。以上のようなエピソードを話したのである。

　しかし、問題の根はなお根深い。ありきたりなようではあるが、東洋と西洋の人生観の違いというテーマに関わることについて、もう少し掘り下げざ

第8章　中国での実践　181

るをえない。

　それから7年の間、私は定期的に中国を訪れたが、その間次第に、心理学の学生たちが、あえて真っ先に自らの傷つきを認め、それを言葉で表現する姿を目にするようになっていった。そもそも、中国語に「傷つき」に当たる言葉が存在しないことは偶然ではないのだろう。そこには、中国の伝統においては、トラウマ的な体験が西洋とは別様に消化されるのではないかという重要な問題がある。またさらに、西洋の者にとってはかなり異質な考え方に接近してみなければならないだろう。西洋人が「傷つき」と呼ぶものは、中国の「面目を失う」という考え方とわずかに近いところがある。「面目」とは、他者の間で見せる、その人の尊厳を意味する。それを失うことは、心理的には死に等しい。いわゆる文化大革命の時代には、数え切れないほどの人が自ら命を絶った。公衆の面前で辱めを受けたからである。場合によっては、個人が苦しんでいるのであろう私的な感情や問題は、さほど重要とみなされないことさえある。中国では、例えば喪失を体験した時に、人から通常以上の助けを求めるようなことを無条件の前提としない。何千年というもの、人生上の難しい出来事を心的に処理する作業は、種々の儀式が請け負ってきた。それこそが、人々を発病から守ってきた集合的・個人的な行動様式なのだ。したがって、辛い出来事を処理する面倒をみるのは第一に共同体であったし、またそれは単に具体的・実践的水準においてだけではない。集合的な心のようなものが個々人の運命を共に背負っているのである。本来、人はそうした共同体から取りこぼされることはない。その唯一の例外にして、二度と取り返しのつかない事態が、「面目を失う」ということなのだ。面目とは、単なる仮面とは大きく違う。その下、あるいは後ろに隠された顔こそ、――われわれの理解では――人間の倫理的・社会的・宗教的アイデンティティであり、その人の中核にほかならない。

　では今度は、中国における心理セラピストの像に思いを巡らせてみよう。セラピストは、現代的な新しい存在であり、めまぐるしく変化する文化的文脈にまさに順応しようとする最中にあるところだが、中国の伝統的な考え方に照らせば、その仕事は生活の知恵を代表するものと見られているらしい。

セラピストはまずもって達人とみなされ、それゆえ権威ある者とされる。われわれ西洋人の理解では、心理療法の過程において、抑圧されていたに違いない感情が迸り出たり、分析家が親の代わりに攻撃されたりすることは十分に起こりうるが、伝統的な中国の精神にとって、そのようなことは考えられない事態なのである。そもそも親の批判すらありえないのだから、ましてや師を批判するなど到底ありえないことなのだ。現代の学生たちがどんなに西洋的な心理学を学んでも、人間関係の中ではなおも深く根ざした伝統的な考え方が働いており、それが強く働くほどに、彼らはなおさらそのことに無意識的にならざるをえないのである。

　ここで、面接中にクライエントが泣いた時にセラピストはどうすべきか、という問いに戻ろう。これまで述べたことから考えれば、面接中に泣き出すということは、中国の人が遭遇しうる最悪の事態がすでに起きた結果と考えられる。セラピストのような権威の前で面目を失ったのだ、ということだ。それゆえ、クライエントが泣いた時にセラピストが何をすべきかという問いは、実際には次のようなものになる。このような場合、セラピストがそもそも何かすることなどできるのか、と。

　この問いは、その後しばらくの年月が過ぎたころ、別の土地にて答えを見出すことになる。

　2009年11月、南京。私は再び、箱庭療法を学ぶ別の学生たちを指導していた。南京は、中国の古都である。1937年、南京の住民の大半が日本の占領軍によって虐殺されるという事件が起きる。ちょうど学生たちの祖父母に当たる世代である。ほんの2、3世代前のトラウマがまだ記憶に新しい家族もいるのではないだろうかと、私は考えた。またそれが今の世代にどのような心理的効果を及ぼしているのだろうか、と。

　この学生たちに、性的虐待を受けた孤児による箱庭作品を見せると、彼らの間に長い沈黙が続いた。そして、ついに、ある若い青年が口を開いた。「私たちセラピストも、クライエントと一緒に泣いてよいでしょうか」と。

漢字と心

次に挙げるいくつかの例は、中国の言語と漢字表現がいかに密接な関係を持っているかをわかりやすく示している。そして、漢字と文化、感情知覚との相互関係にも光をあてることができるはずである。中国に初めて旅する者は誰しも、あるシンボルに気がつくことだろう。初めは飛行機のシートベルト、それから警察車両の側面に。これは「安全」を意味する印である。ある時はシートベルトの安全性を、またある時は公共の安全を表しているのだ。

この字は、「家の中にいる女性」を示している。つまり、安全とは、「女性が家にいる時」を意味する。このことからは、文字が世界を単に具体的に示すだけでなく、解釈もしているのだということがわかるだろう。先にも述べた通り、危機を示す漢字は、創造性を示す漢字の前段階のものである。

「家の中にいる女性」

そして特にわかりやすい例は、われわれが古代ギリシア語から援用している*Psyche*に相当する漢字であろう。「思」は、「心」と「理性」を示す2つの部分から成り立っている。つまり、「思」とは、心と理性の相互作用を意味するのだ。これに則れば、トラウマ性障害を含む心理学的概念を非常に正確に、わかりやすく表現することができる。*Psyche*が害を及ぼす強烈な体験の衝撃を受ければ、心と理性の両方が損傷を受ける危険がある。場合によっては不可逆的なものにもなりうるそのような損傷から自らを守るために、「心」は反射的に仮死状態に陥り、そこにしがみつくしかない。一方、「理性」のほうは、感情に影響されることなく冷静に、生き残った部分を救うべく全力を尽くすことができる。いや、「心」すなわち感情の中心から影響を受けないからこそ、むしろずっとうまく機能することができるともいえる。恐れや不安、悲しみの感情が消えてしまっているからだ。この状態が続くと、当

「心」と「理性」

初の危機がとっくに過ぎ去ったとしても、「心」と「理性」の間の溝が大きく深まることになる。人格の発達が一面的になり、一旦分断されてしまった「心－理性構造」が分断されたままになってしまう。かくして、*Psyche* は病気にかかるのである。*Psyche* が本来持っている自らを癒していく能力が働くためには、「心」すなわち感情や情動が不可欠であるゆえ、その機能が損なわれた状態が続くことになる。それには、外からの助けが必要になる。より正確には、「心－理性構造」に相当するものを貸してくれるような、別の無傷の *Psyche* が必要になる。自分自身の機能全体をもう一度思い出すという目標に向かって共鳴しうるような *Psyche* を。

　箱庭療法は、瞬く間に中国各地に浸透することに成功した。理論が非常に抽象的に受け取られるきらいもあるようだが、中国の訓練生には、作品の理解にかけて並外れた才能があるように思われる。おそらく、彼らの卓越した記憶力と、幼少期から学んできた、複雑なイメージに素早く照準を合わせる力の助けがあってのことだろう。中国の子どもたちは、かなり幼い時から漢字を学んでいるからである。

　しかしその一方で、彼らには、シンボルの概念を漢字と混同し、強固に結びついた意味連関を当てはめようとする傾向がある。たとえば、中国では誰もが、赤は幸運と富を意味するもの、数字の4は死、龍は精神性を象徴するもの、と理解しているものだ。

　龍のイメージはまさに、神話的象徴を解釈するには、文化的文脈に合わせていかに多様な理解をしなければならないかを示す好例といえる。中国では、龍は天に住み、吉兆とされているが、ヨーロッパでは、龍は洞窟に潜んでおり、英雄によって打ち負かされるべき存在である。龍を殺そうなどという考えは、中国の神話では到底理解しがたいのだ。箱庭作品あるいはそれぞれのシンボルは、決して別々に注目してはならないものであり、つねにそれが作られた状況との密接なつながりから見ていくことが重要である。地理的・文化的な違いだけでなく、セラピストとの関係性も同様に大きな意味を持つ。ビデオカメラで部屋の様子を記録したのだとしても、箱庭のプロセスはその事実の決定的な影響を受ける。同じことは物理学でも当てはまる。実験結果はどの

ように実験を観察したかの影響を大きく受けるのだ。

　箱庭における本当の意味での進歩は、2人の人間の信頼関係の土台の上にしか成り立たない。そしてそれは、十分に守られた私的な空間でのみ芽生えうるものなのだ。

幼稚園における箱庭表現法

　2000年以降、中国のいくつかの幼稚園や小学校で箱庭表現法プロジェクトを実施している。中国の子どもたちは通常、2歳になると、月曜日から金曜日までを幼稚園で過ごすことになる。清潔感のある巨大な寄宿舎には、ピンクや水色に塗られた数えきれないほどのベビーベッドが整然と並んでいるが、西洋の訪問客にとっては、施設の経営陣が期待しているのであろう感嘆の念はまるで喚起されない。多くの子どもが、分離不安に苦しんでいる。親子の間で、日常生活が事実上まったく共有されていないため、親たちが週末に子どもをどう扱ったらよいかわからないということも多い。そうでなくとも、一人っ子というものは、自分がどう感じているか、幸せな生活を送るために何が必要か、何に苦しんでいるかを両親にうまく伝えられないのが常であるといえる。きょうだい間の連帯があれば、大人が子どもの世界に感情移入する一助にもなりうるが、そのような最少の家族単位にはそれが欠けているのだ。大人の世界は、子どもたちにとってはただでさえよくわからないことが多いものだが、21世紀中国におけるそれは、職業生活における熾烈な競争に特徴づけられているといえる。急速な社会的成長が目指され、個人が購入できる消費財の量がその目安となっている。それはすなわち、家庭生活まで手が回らなくなることを意味する。もちろん、そのような現象は他国でも似たところはあるが、中国ではそれに加えて、国の歴史に関わる付加的な状況がある。私はかつて、寝ることを怖がっている子どもがいたらどうするか、彼らに尋ねてみたことがある。するとその答えは押し並べて驚くべきものだった。「言うことを聞けと言うんですよ」と。心理学の世界では、子どもには物語や儀式、歌、お話、そして守護天使のような保護的な存在が必要

であるということは周知の事実である。中国の子どもたちが、箱庭制作で天使を多く用いるのは、そのような願望を間接的に示しているのかもしれない。

隠された兄

　6歳の男児ワン[10]は、攻撃的な行動で幼稚園の子どもたちを困らせていた。いつでも所構わず、小さな子に噛みついたり、突き飛ばしたりしていた。両親との最初の面談からは、この子の振る舞いを理解する助けになるような手掛かりは何も得られなかった。母親は働きに出ており、見たところ内気で、とにかく息子を恥じているようだった。中国では、現代もなお子育ては母親の責任とされており、このことは仕事を持つ母親にとって大きな問題となっている。現代の中国の子どもたちが特に思春期に呈する多くの問題行動を、彼女らの子育て能力の無さに起因させようとする節があるのだ。ワンの父親は国家公務員であり、来談にはかなりの抵抗を示した。彼の意見は、とにかく子どもを罰しておけばよい、というものだった。両親がセラピストに期待していたのは、行動が変容するような方策をワンに覚え込ませることだった。

　遊びを中心とした新しいセラピーを試してみると告げると、彼らは初め怪訝な様子ではあったものの、何かしらやってくれるならと同意は示した。こうしてワンは、それからの8週間、4人の子どもたちのグループで箱庭制作を行う機会を得ることになった。この間に、彼の攻撃行動は減少し、ついには忘れてしまったかのように完全に消失した。8週間後、ワンはとても陽気になり、協力的な社会行動まで見せるようになった。

　一体何が起きたのだろうか。問題行動が年齢相応の振る舞いに変わるだけの強い作用をもたらしたものとは何だったのだろう。子どもがこうした特定の援助を受けるだけで、どのような変化が生じることになるのか、以下に考

---

*10　この事例の基礎資料は、ガオ・ラン博士が筆者に提供してくれたものである。

えてみることにしよう。

　治療的援助を受け入れるということは、親たちにとって、自分の肩にかかっている責任や、羞恥心、過大要求から、一旦解放されるということを意味する。自分たちにはいかんともしがたい問題を肩代わりしてもらうことができるのだ。そのことが、自由な空間を切り開く。多くの場合、親の側に子どもへの忍耐力が増していく。子どもは、大人から関心が向くようになったことに気づくはずである。こうして、症状、この場合は攻撃的な振る舞いが持っていた隠れた建設的な目標が、ひとまず達成されることになる。つまり、子どもと親にとってのより広い空間を作り出す、ということである。

　開始からひと月後、4つの箱庭作品を経た時点で、ワンはすでに大きな成長を見せていた。ここでプロジェクト責任者と箱庭担当のセラピストが、母親ともう一度面談を行うことになった。今度は、母親もプロセスに現れているものに信頼を置いている様子だった。この数年間、ワンが何かに悩んだことはないかとセラピストが尋ねると、母親は泣き出した。そして、初回では話さなかった次の出来事について語った。ワンは1歳半の時に田舎にある祖父母の家に預けられたのだという。母親が再び妊娠したためである。しかし、2人目の子どもというものは、国家公務員であるワンの父親にとって、深刻な影響をもたらすものであった。ほとんど1年分の給料に相当する高額の罰金を支払わなければならないだけでなく、職をも失うことになるからだ。こうして、ワンは慌ただしく祖父母の家に送られることになった。家から2日はかかる遠い土地であるうえ、祖父母のことをワンはほとんど知らなかった。半年後に両親が訪ねると、彼が悲しみのあまり、何週間も食べ物を拒んでいたことが判明した。祖父母はいまだワンの信頼を得ていなかった。それから2、3ヶ月後、両親はようやく国家当局とのやりとりに目処をつけた。罰金を支払い、赤ん坊も無事生まれ、ワンは再び家に帰ることを許された。両親は、厄介ごとはすべて過ぎ去ったと考えていた。赤ん坊に対するワンの嫉妬は想定外のことであった。ワンはことあるごとに生まれたばか

りの弟を泣かそうとした。兄の立場からすれば、自分がそんなにも長く家から離れなければならなかったのは、ほかならぬ弟のせいだった。両親は、幼稚園に入れれば状況がもう少し良くなるのではないかと期待したが、事態はより悪い方向に向かうばかりであった。ワンはまた自分が厄介払いされたと感じ、怒りと失望を自分よりも小さい子どもたちに向けるようになったのではないだろうか。セラピストはこのことをすべて母親に伝えた。彼女は、息子の現在の振る舞いと過去の出来事に関連があることを理解し、とても感謝していた。そして何より、誰も自分を非難しないことにほっとした様子であった。総じて、ワンが成長を見せたことで、母親はより息子の感情に近づくことができるようになり、もうそれを否定的に捉えるのではなく、理解することを学んだのだ。

　そうした両親の側の認識の変化が、ワンのポジティブな成長に寄与したのは確かである。しかし、もう一度箱庭作品に目を向けてみると、ワンひとりで習得したレベルでも、問題への取り組みが進んでいたことがわかる。ワンは毎週、作品をひとつずつ作ったが、それについて言葉で

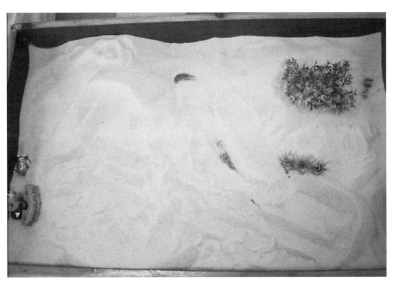

写真31

第8章❖中国での実践　189

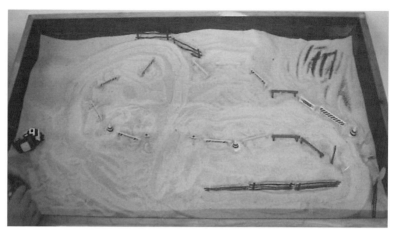

写真32

は何も語らなかった。しかし、この一連のセッションが彼にとってどれだけ重要なものであったかは、誰の目にも明らかであろう。

　初回の時点で、ワンの心がいかにかき乱されていたかは、作品中央の乾いた砂に手の跡が残っていることからもわかる（写真31）。作品全体が数字の「2」に支配されている。2列の植物、2つの青い点、2つの花、2つの人形……。この人物のうちのひとりは、エイリアンのようだ。つながりを築くはずの橋は落ち、文字通り「左に追いやられている（訳注：ドイツ語の"links liegen（左に置いておく）"は、「（何かを）無視する」の意味）」。橋も、人形も、今にも作品の枠からこぼれ落ちそうである。こうした様子から、ワンは、いかに「二者性」を生きるかという問いをめぐって問題を呈しているともいえるだろう。

　2つ目の作品（写真32）では、まだ不恰好ではあるものの、秩序のようなものが作り出されようとしている。柵によって内側と外側が作られ、2台の車が柵の間を走行している。2台は繰り返し衝突し合いながら、最終的には初回時の橋のアイテムのように作品の左に追いやられた。この場合には、「二者性」が攻撃性という形で起こっている。建設的な協働などは全く見られない。

写真33

　３つ目の作品（**写真33**）では、俯瞰的な表現によって、二手に広がる道の始点が強調されている。まるで見る者を、道に足を踏み入れるように誘うかのようだ。以前は壊れた橋や衝突した車の置かれていた左側には、湿った砂が配置された。右側にある赤い花は、最初の作品の４倍くらいに増えている。車はもうない。比喩的に見れば、新たな調整、新た

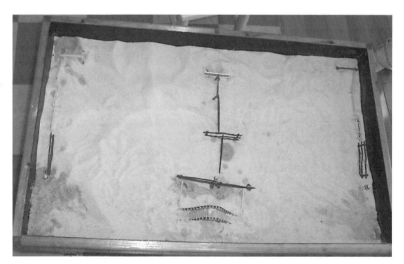

写真34

第8章❖中国での実践　191

な振る舞いのために、大地が整えられているのだといえよう。何より、ファンタジーと創造性とが自己表現をするための空間が作られたのだ。2つの道のテーマは、次の作品でも繰り返され、さらに変化していくことになる。

　終わりから2番目の作品は、2つの大きな領域に分けられている（写真34）。初回以来の橋のアイテムが再び登場するが、今回は中心に置かれ、重要な機能を任されている。橋が2つの対称的な領域間をつないでいるのである。ワンの生育歴を考えれば、橋のシンボルに、弟への葛藤の解決を見て取るのは自然なことだろう。ついにワンは弟を受け入れ、「あなた」という表象として、人格の中に統合することができたのである。一般的に言っても、二者性の問題は、他者との対立にまつわるものとして理解されることだろう。

　この作品では、砂箱の3つの角が水で湿らされている。まるで何かの種子が撒かれているかのようである。そして、実際にそうだったのだろう。最後の作品では、4つの角のそれぞれから別の種類の植物が芽吹いている（写真35）。どれも生き生きしており、作品全体の支えとなって

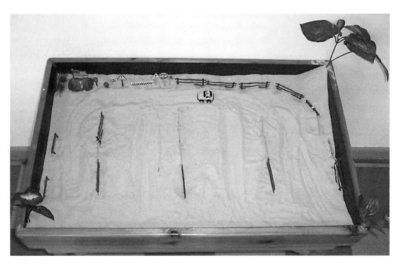

写真35

いる。この子は今や、有機的な成長の秩序に信頼を寄せることができるようになったのだ。上手に構成された4つの空間——おそらく家族4人を示しているのだろう——が作り出され、彼の新たな自律性を示唆していると思われる黄色い車が、その間を自由に走り回っている。

　この頃を境にワンは活発になり、それ以上成長上の問題を示すこともなかったという。

広州の孤児院

　孤児院という言葉は正確ではない。というのも、ここに収容されている子どもの大半に、本当は親がいるからだ。親に捨てられたのである。孤児院にいる1000人の子どものうち、女の子はどれくらいかという私の不用意な質問に、院長はすぐには答えなかった。シンプルな内装の親しみやすい院長室で、彼はまず別のことを語り始めた。数年前から政府の財政的援助が受けられるようになって経営状態が改善したこと、前年より保育者の数が増加したこと、従業員への心理学的な訓練が不可欠であること……。そうした話を終えて、再び先ほどの難しい問題に戻ることになった。大変恥ずかしいのだがと前置きをして、院長は次のように語った。中国では、今なお何十万人もの人々が何の躊躇もなく幼い女の子を捨ててしまうのだと。この孤児院も例外ではない。他にある300の孤児院と同様、ここでも子どもの8割が女児であるということだ。残り2割の男児は、およそ3分の2が身体に障害を持っている。子どもたちは、生後間もなく、寺院や病院の入り口に捨てられる。胸元に名前や誕生日の書いたメモが添えられていることもあるという。

　西洋ではつい最近まで、中国の孤児院は荒廃の象徴のようなものと考えられていた。十分な賃金を支払われていない養護者が、14時間労働の中で4、50人の赤ん坊の世話をしなければならず、そうなれば子どもが放って置かれるのも無理はない。そのイメージからすれば、新しい建物、手入れの行き届いた庭、幅広く募集された管理者、多言語に対応した国際的なホームページ等々は格段の進歩といえる。しかし、それが物質的なレベルのみの進歩で

あった場合には、新たな危険を伴うことになる。どんなにたくさんのおもちゃやカラーテレビがあっても、何の訓練も受けていない保育者が接しているのでは、子どもたちの本当の欲求を満たすことはできないはずだ。

これまですでに、6箇所の孤児院に加え、多くの幼稚園、小学校に箱庭が導入されている。本書に示す指針が、すべてのケースにそのまま当てはまるわけではないかもしれない。それでも、箱庭療法を通して伝えられる基本概念は、中国のように急速に変化する社会において、きわめて重要な補償作用を持つものであると思われる。それは端的に次のようにまとめることができる。「遊びは、子どもの心の健康にとって非常に本質的な要素である」と。とはいえ、ある発達段階で止まっている子どもの成長を促進するために、操作的・教育的な遊びをさせる必要はない。大人との安定した関係性のもと、自由で、かつ守られた遊び場を自由に使うことができるなら、子どもは自らの手で自分自身を癒していけるはずである。子どもの示すそれぞれの問題行動は、原因によって生じているだけでなく、何らかの目的に向けて動いているものだ。それらはつねに、対人関係や心遣いを得ることを目指しているのであって、単なる物質的な利得を求めているわけでは決してない。この目的を理解せずに介入を試みたところで、望ましい変化が生じることはないだろう。

砂漠の長旅

11歳の少年ティアンは[*11]、類いまれな集中力で箱庭に取り組んでいた。彼は一度のセッションで4つもの作品を作り、場面が完成する度に「これでいいかな？」とセラピストに尋ねた。ティアンにとって、彼女の存在は明らかに重要な参照点を意味しているようだった。自分の目の前の砂に現れたもののすべてを共有してくれる誰かがそこにいたからこそ、それほどまで熱心に取り組んでいたのかもしれない。ティアンは、箱庭セッションで提供されるものを最大限利用し尽くそうとしているようにも見えた。膨大な未消化の

---

*11 本事例の記録は、女性セラピストのスーユアン・チェンが筆者に提供してくれた。

感情が、長年にわたって心の中に蓄積してきたのであろう。彼は今、この1回のセッションでそれを手放そうとしているのだ。急速に変化して行く場面は、攻撃性（野生動物、空爆、爆弾）と放棄（家にひとり残された赤ん坊）とに関連していた。ティアンはそれぞれの表現について何の説明もしなかったし、話の展開もわかりづらかった。4番目の作品で、飛行機が空中で荒々しく衝突させられた時、セラピストはティアンの怒りと欲求不満をはっきりと感じ取った。しかし間もなくして、プレイは穏やかなものになっていった。最後に残されたのはたった3つのアイテム、作品上部の2台のトラックと1台の掘削機だけだった。ティアンはこれについて次のように述べた。「掘削機が好きなんだ。すごくたくさん機能があるんだよ」と。掘削機は、もしかすると、自分の潜在能力を掘り出したいという思いを表しているのかもしれない。彼にとってセラピストの存在が実際どれだけ重要なものであったかは、質問だけでなく、アイテムが全て彼女に向けて置かれていたことにも現れていた。彼の内側にある全てが、この人間の命綱に向けられている。自分の発達上の遅れを取り戻させてくれるのではないかと。ティアンの学業成績は決して良いとは言えなかった。知能テストの結果がIQ65であったことから、「精神発達遅延」を持った子どもとして分類されていた。しかし、箱庭作りの際に見られた関係を築く能力は、感情面においては十分に年齢相応の成熟を遂げていることを示していた。それは、知能テストには現れなかった部分である。

　2回目のセッションでは、ひとつの作品を作ることに専心したようである。出来上がると、彼は次のように述べた。「これは砂漠。車たちは長旅をしてきて、ガソリンスタンドに着いたところ。誰かが木や花を植えたみたい。湖にはアヒルがいるんだ」（**写真36**）。

　今回は、このように話の筋が語られた。砂漠をゆく長い旅という語りは、おそらく孤児院に入所して以来経験してきた、彼の感性生活の渇きを示しているのだろう。ガソリンスタンドは、燃料、すなわちエネルギーを補給できる場所であるが、まだ容易には近づきがたい。進行を妨げる障害物があるのだ。それでも、ティアンは長旅（おそらくは両親と別れてからの数年間）を終わらせ、新しい領域に足を踏み入れようとしている。「誰かが植えた」5本の木——

写真36

　これはティアンの5番目の作品であった——は、目前に迫った彼の心理的成長を示唆している。このことは、変容の要素としてのアヒルの象徴的な意味によっても強調されている。アヒルは、地、水、風の3つの元素において自由に動き回ることができるからである。
　続いてのセッションでは、試行錯誤の末、「公園」という作品が出来上がった。その都度、生い茂る植物に覆われた丸と四角の領域が作られ、そこには8個の緑色のガラス玉がきらめいていた（写真37）。
　これは、彼が砂漠の只中で見つけたばかりのオアシスのように見える。2週間前には、自分のやっていることが正しいかどうか、おどおどと尋ねてばかりいた少年が、今度はしばらくの間しげしげと作品を眺めてから、次のように言った。「こんな場所が本当にあるかはわからない。でも、あったら好きになるだろうな。とてもきれいだもの。」この言葉で、ティアンは自分の作品について述べているだけでなく、箱庭全般の意義を見事に表現している

写真37

といえる。かつてウィニコットが記したような、現実的であると同時に想像的でもある中間的な領域と、その中で生じる新しい創造物とが、自然と文化の中で共に作用し合うのだ。しかし、ティアンはさらに最も大切なことを口にしている。美しいから好きである、と。美から愛が生じうるというのだ。人生で親の愛をほとんど経験したことのない子どもであっても、ティアンが示して見せたように、自分自身の中から愛を生み出すことができるのである。また、知能テストというものが子どもの成熟度を測るのに、必ずしも最適の方法ではないらしい、ということもわかるだろう。

　それから8ヶ月間、セラピストが国を離れなければならなくなったため、ティアンは別のセラピストと箱庭を続けることになった。ティアンは新しいセラピストと2回のセッションを試みたが、失望したように継続を断った。彼が自ら感じ取ったように、箱庭はティアンにとって、たったひとつの特別な治療関係の中でしかありえなかったのだ。それから数週間、彼は攻撃的で退行的な行動を示すことになった。元のセラピストは、不在の間、彼とのつながりを切らないよう、外国から接触を試み続けた。セラピーは早すぎる終わりを迎えたが、時が経つにつれ、ティアンは再び良い方向へと成長を続け

るようになった。すでに内的に到達していたものがあったからこそ、新たな
見捨てられ体験にも、ある程度まで耐えることができたのだろう。セラピス
トの喪失に対して彼が抱いた感情を周りが理解できたこと、また彼に別の活
動の機会が提供されたことも助けになったと思われる。少なくとも、箱庭の
プロセスにおいては、多くの場合、セラピストを他の人と置き換えることは
ほとんど不可能であり、その意味で他に類を見ないものであるということは
確かであろう。だからこそ、セラピストが「自分の」担当する子どもと最初
に箱庭を始める際には、そこで形成される深い関係性を前にしているのだと
いう大きな責任を十分に認識していなければならない。その過程でほとんど
言葉を交わし合うことがないからこそ、余計にそうなのかもしれない。

バービー人形

　6歳の少女チーフェイがいつからこの孤児院にいるのか、資料は見つから
なかった。

　　初めて箱庭の部屋へと向かう間、チーフェイは反抗的な表情を浮かべ
　ながら、担当のセラピストのずっと後ろをとぼとぼ歩いていた。通りが
　かりの先生が、今日はどこに行くのと親しげに話しかけても、少女は何
　も答えなかった。セラピストの質問にも、やはり答えはなかった。彼女
　の目に、セラピストの存在は映っていないかのようだった。それでも、
　箱庭のグループに参加する気はあるようで、黙って作品に取り組んだ（**写
　真38**）。
　　大きな緑色の葉の下に、少女は赤ん坊の人形を置いたが、その頭はも
　ぎ取られていた。そこにはアヒルの集団もおり、後ろに小さなアヒルの
　子が1羽取り残されている。金髪の女性の小さな人形が、他のすべてに
　背を向けて、ぼんやり空を見つめている。
　　セラピストはこのイメージに非常に困惑させられた。特に、取り残さ
　れたアヒルの子は、大きな危機感を感じさせるものであった。自然界な

写真38

　ら、もしアヒルの子どもが他から取り残されれば、きっと道に迷ってしまうことだろう。
　次に、少女はバービー人形を取り出し、1枚1枚服を脱がせた。容易に外せない時は、人形の体から剥ぎ取った。セラピストは見るに堪えなかった。それから少女は、人形の頭をもぎ取り、ついにはバラバラになったパーツを床に放り投げた。
　続く2回のセッションでも、セラピストは耐えがたい息苦しさを覚えた。見捨てられたアヒルの子と、頭をもぎ取られたバービー人形たちが再び登場した。
　4回目のセッションでは、少女はもはや箱庭の部屋に入ろうとはしなかった。箱庭を行っている建物と生活棟の間にある庭をセラピストと一緒に歩いていると、チーフェイは芝生の上に座って、そこに留まりたいと態度で示して見せた。彼女は怒ったように草をむしり始めた。セラピ

ストは隣に座って彼女のやりたいようにさせた。少女は泣き出した。セラピストが抱きしめようとしても振り払うばかりだった。30分ほどして彼女はどうにか落ち着きを取り戻し、他の子どもたちのいる箱庭の部屋に行くことを承諾した。部屋に入ると、少女は自分の砂箱に向かい、スローモーションのようにゆっくりと作品を作った（写真39）。セラピストは吐き気がこみ上げるのを感じた。この無数のアイテムは、ただ砂の中に投げ入れられたように見えるだろうが、実は細心の注意をもって一つひとつ計画的に置かれたものである。セラピストには、巨大なゴミ山の悪臭が今にも漂ってくるかに思われた。

　数え切れないほどの人、動物、乗り物、家具などが、打ち捨てられたように転がっている。作品のほぼ中央にある、蓋のない茶色いポットには、ぽっかりと空間があいている。同年代の多くの子どもが、開口部や容器を見るや根気よく砂を詰め込むものであるのを見てきた人からすれば、これはますます驚くべき事態だろう。たったひとつだけ、まっすぐ立てられた小人の人形があり、セラピストの座っているほうを眺めている。これが小さな希望である。さらに、秩序や構造化のようなものが唯

写真39

写真40

　一見て取れるとすれば、それは右側の方に密集して置かれている家具の山であろう。チーフェイがセッションに入りづらかった理由は2つ考えられる。ひとつめは、おそらく前回の作品で深刻なトラウマが浮き彫りになったために、感情が強くかき乱されていたということ。そしてもうひとつは、この子があと数週間でアメリカの里親の元へ引き取られることになっていたことである。そのような状況に置かれて、たった6歳の少女の心にどんな思いが浮かんでいるのだろう。ほとんど想像もつかないことである。いずれにせよ、彼女が大きな不安と怒りを抱えていることは確かだ。

　この少女がそもそもいつ、どうやってこの孤児院に来ることになったのかについて聞き知ることができなかったため、われわれには推測することしかできない。性的虐待が身近にあったのかもしれず、そうだとすれば、子どもの精神に異常をきたす危険も高い。

　次に示すのは、チーフェイが新しい両親の元に引き取られる前に作った、最後の作品である（**写真40**）。左側下方には、前回とよく似た混沌

状態が現れている。まだ多くの「投げ捨てられた」人形があるが、頭のないものはもうない。中央部には、いわゆる霊的な3体のシンボル、仏陀と2人の天使がまっすぐに立っている。それらと他の小さな人形たちとの間に交流があるかいなかは定かでない。そして、2艘の船が、大きく帆をあげて航行しているのが見て取れる。それは、われわれ残されるセラピストたちに、この少女の今後の人生の旅路がこれまでよりも幸運な星の元にあることを期待させるものといえよう。

自由で守られた空間の危機

　ドラ・カルフの述べた、関係性の中での「自由で守られた空間」という術語には、もう少し説明が必要だろう。何より、これが単に字義的に取られることを避けるためである。この術語は、「自由で守られた状態」と言い換えることもできる。そうすることで、これが単なる物理的な広がりをもったものだけでなく、セラピストと子どもとの間に繰り返し新たに作り出されなければならないものであることを強調できるのではないだろうか。これこそが、箱庭が治療的機能を発揮するための前提条件にほかならない。ここでいう条件とは、それが満たされることで、制作者が自らの心の状態や内的なイメージを見出し、それを外部の意見や期待、影響に囚われずに、あくまで主観的に表現することが可能になるようなものを念頭に置いている。「守られて」いるかどうかは、外的な妨害（たとえば、治療室に、予期せず見知らぬ人が入ってくるなど）と内的な妨害（たとえば、セラピストの主観的な—制作者からすれば他人の—感情によって注意が逸れてしまうなど）が関係している。子どもたちは、他者の心的エネルギーをはっきりと感じ取るが、その妨害や抑制の原因は必ずしも同定しえないものである。次に示す例外的な状況の事例には、この関連がわかりやすく現れているといえる。よく知られているように、機能しているシステムについて知るには、そのシステムの例外を見てもらうのが一番良い。

　2007年11月から2008年5月までの半年にわたり、12名の子どもたちの

グループに向けて、週に1度の箱庭表現法のセッションを実施した。見守り手は、大学で心理学を学んだ学生たちである。彼らの記録と作品の写真について、後にチームで検討を行ったが、そこでいくつかの問題や問いが出てきた。

　ここに紹介するのは2008年5月の出来事である。子どものグループに参加している全ての学生とのスーパーヴィジョンを1週間かけて行い、私もじきに孤児院を訪れることになっていた。学生が実際に子どもたちと関わっている様子を一度見ておくことが重要に思えた。現場で彼らがどのように力を尽くしているかを直接見ることで答えられる問いもあるだろうと考えたのだ。しかしながら、その時の私は、箱庭セッションに私がいること——とりわけ、アジア人ではないこと——が、子どもたちを妨害することになろうとは思ってもいなかった。その子たちの生活は主として孤児院と学校だけに限定されているのであり、おそらく一度も西洋人を見たことがなかったはずだ。それにもかかわらず、私はそうした妨害の可能性をどちらかといえば少なく見積もっていた。アフリカのグループでは、私がいても特に問題が起こらなかったためである。しかし、アフリカの場合はこの中国のグループのように何ヶ月もの間ずっと同じ形式で継続されていたわけではなかったのだから、本当は比較してはいけなかったはずだ。生活圏とセッションの場が常に同一であるということは、中国の子どもたちにとっては、きわめて排他的な信頼感の土台と強固に結びついていたのだ。

　さらに、私のいる機会にと、ある大学の学長が2名の学生を連れてセッションに参加することになっていた。そして当日。私は光の射し込む大きな部屋に座り、セッションの始まりを待っていた。部屋には12の砂箱が備えられ、壁沿いにある1メートルほどの高さの棚には、アイテムがテーマごとに区分けされ、手が届きやすいように並べられていた。長椅子の隣の席には、同僚のガオ・ラン教授と先に述べた大学の客人たちが座った。何か嫌な予感がした。問いかけの眼差しをガオに向けたと

第8章❖中国での実践　203

ころ、場合によっては彼らに退席を求めるということは共有できたよう
だった。そこへ、小さな子どもばかりのひとつめのグループがセラピス
トに連れられて入室し、それぞれの砂箱へと散っていった。子どもたち
は、私たち観察者の存在を気に留めていないかに振舞っていた。すると
その時、黒い目をした14歳の少女が戸口に現れた。彼女は、われわれ
に訝し気な眼差しを投げかけたかと思うと、部屋を走り抜けていった。
その時、彼女の手がアイテム棚の上段を掠めて行ったため、そこに置か
れていた人形たちがガタガタと揺れ始めた。バロック調の陶器製の人形
が大きな音を立て床に落ち、粉々に砕け散った。少女は自分の砂箱へと
たどり着いたが、それはいかにも気まずい状況だった。担当のセラピス
トが箒と塵取りを取りに行き、彼女の機嫌をとろうとするように破片を
掃き集めた。少女は視線を落とし、微笑を浮かべているようだった。彼
女は無言で伝えていた。「価値あるものが壊されたのだ」と。

　すでに砂を触り始めている子どももいれば、棚の前にしゃがみ込んで
まだおもちゃを選んでいる子もいた。そこに新たな問題が生じた。6歳
の少女が、自分の砂箱へ行くことを拒否したのだ。今日は遊びたくない
のだという。彼女の砂箱は、私たち見知らぬ訪問客から一番近い場所に
あった。砂箱が部屋の反対側に移されると、少女は満足したようだった。

　セッションが始まると、部屋は落ち着きを取り戻し、子どもたちも箱
庭に集中しているようだった。しかし間もなく、小さい子どもたちが長
いこと棚の近くに留まったまま、その場で地べたに座り込んで遊んでい
ることに気付いた。担当のセラピストたちは、見守ったり記録を書いた
りする相手がいないまま、ひとり砂箱の前に座っていた。子どもたちが、
いわば大人たちを見捨てたのだ。さらに、少なからぬ子どもたちが、砂
箱の縁に人形を執拗に並べているのも目を引いた。兵士、車、食べもの
など、置かれるものはそれぞれ違ったが、砂箱の縁が高くなるように手
を加えているのは間違いない。それが、この場所が守られなければなら
ないという印象を呼び起こすものであることも、誤解の余地はないだろ
う。しかし同時に、この努力は絶望的なまでに非力なものにも思われた。

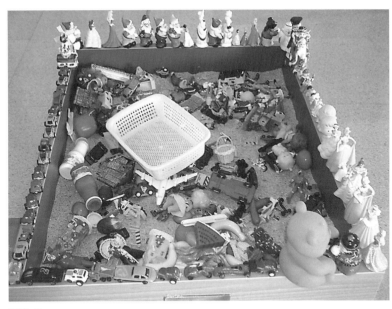

写真41

最悪なことに、それに時間とエネルギーを使い果たしてしまい、きちんと遊ぶための時間はほとんど残されなかった（写真41, 42）。

　さらに最も驚くべきことが、セッション終了後に初めて発覚した。今回の完成作品を検討し、前回のセッションで撮った写真と比較したところ、全ての子に退行が認められ、すでに克服されていたはずのテーマが、どの作品にも再び姿を現わしていたのである。たとえば、ある子どもは、過去数回のセッションに亘って連続した物語を語っていたが、今回は逆戻りしてしまったように、アイテムをほんの少しだけ置くと、すぐに全て取り除いてしまった。われわれの存在が妨害的に影響したのは明らかである。ただ、このセッションで退行を示さなかった子どもがたったひとりだけいた。他の子とは全く対照的に、この11歳の少年は、イメージでの表現を言語的に描写してみせるだけの飛躍的な成長を遂げたのだ。彼はなぜ、妨害をまさしく飛躍の踏み台として利用することができたのだろうか。彼はきっと密かに決意したのだ。「よそ者がいる間に見

写真42

せてやろうではないか」と。
　そして、学生たちとの議論からわかったこともある。このセッション中、どのように感じていたのか彼らに尋ねたところ、次のような答えが返ってきた。「不快だった」、「品定めされているようだった」、「砂箱に座る位置が近すぎないか、遠すぎないかなどが心配になった」、「硬くなっていたと思う」、「今まで一度もなかったのに、子どもにペンを奪い取られてしまった。どうすればよかったのだろう」など。
　子どもたちに直接的な妨害がもたらされただけでなく、観察者からの視線が見守り手に対する「二次的な」妨害要素になっていたのである。セラピストたちは私の存在を、管理的な干渉として体験した。つまり子どもたちは、自分の揺るぎないパートナーまでも失ってしまったことになる。これまでは遊びの中の出来事を一緒に全力で体験してくれた人が、今回は、見守るというよりも自分のことに神経を尖らしてばかりいる。

子どもたちは、見知らぬ侵入者の前に、いわば無防備に「晒されて」しまったのだ。このことが退行を導いたというのも想像に難くない。しかし、やはり唯一の例外が、本章ですでに作品を取りあげたティアンであった。彼を担当したセラピストは、ただひとり英語を流暢に話すことができた。彼女もまた、他の学生たちと同じように張り詰めた空気を感じてはいたが、気持ちは落ち着いていたという。彼女は、少年が初めの頃にしていた遊び方に戻っていることに気づいた。ティアンは長い時間をかけてアイテムを砂に埋め、またそれを掘り返すという行為を繰り返していた。セラピストはこれを見知らぬ訪問客の存在によるものと捉えることで、少年の行動を意味あるものと位置付けられる説明を見つけることができた。彼女が先の展開を信じることができたためにここでは妨害が生じずに済んだのだ。少年にとっての彼女の存在は変わらず共感的なものであり続け、それゆえ治療的に作用することになった。それまでのセッションと全く同じように、自由で守られた空間が好きに使えたのである。だからこそ、少年はこのセッションで飛躍的な進歩を遂げることができた。箱庭が自分に意味するものを、イメージだけでなく言語でも表現できたのだ。「こんな場所が本当にあるかはわからない。でも、あったら好きになるだろうな。とてもきれいだもの」と。

大震災──北川地区の子どもたち

　空港から成都の中心部に向かう車窓から外を見ると、高速道路の左手に広がっていたのは、どこまでも続く建設用クレーンの森であった。何キロも延々と、クレーンばかりが続いていく。一体どれだけのクレーンがこの世に存在するのかと、不思議に思うほどである。成都市周辺といえば、どの観光案内を見ても、特に景観の素晴らしい場所と書かれていたはずだ。隣には、成都大学の宗教史の教授である、チャン・リー博士が乗っていた。私は彼に、成都市内にも史跡はあるのかと尋ねてみた。返事はない。そこで、改めて簡潔に聞いてみることにした。「街中にも古い家屋が残っているところはありま

すか? 北京の胡同とか、上海の石庫門のような?」そのうち私はようやく、中国では否定が望ましくないということを思い出した。これまで、教えてもらった道が完全に誤っていたり、親切な良い返事を文字通りに受け取ってしまい、作法上口にされなかっただけの否定の意味を捉え損なったりしたことが何度あったことだろう。リー教授への問いは、明らかに適切なものではなかった。何とかこの状況を切り抜けようとしていると、彼から回答があった。「私たちは、歴史を失ってしまったのです」と。

　　香港で英語教師をしていたメアリーは、2008年5月の震災後、ボランティアとして綿陽市にやってきたという。ひどく神経質な印象を受ける。外国の記者は一切のインタビューを禁じられているが、私たちは記者ではないし、この悲劇の原因が誰にあるのかを突き止めるのを目的にしているわけでもない。私たちはあくまで心理学者であり、この悲劇が精神にもたらした結果に取り組むしかないのだ。

　　ここは、北川学園の仮校舎として使われている場所である。すでに9月も中旬に差しかかっていたが、メアリーは依然この地に留まっていた。2ヶ月が経過した頃、向こう2年間は滞在する覚悟を決めたのだという。震災から最初の数週間、子どもたちの望みはたったひとつだった。「来る日も来る日も、みんなが頼んでくるのです。故郷に帰りたいと。」

　　彼らのいう故郷とは、綿陽市からさらに200キロメートル離れた場所、ミン川上流の渓谷に位置する、北川地区を指している。先の震災で震源地となり、壊滅的な被害を受けた場所だ。この山間の地域には、中国における55の少数民族のひとつである、「チャン族」が定住していた。震災前年までに、チャン族の人口は30万人にも達していたという。寄宿舎付きの中学・高等学校である北川学園だけでも、実に1700名の子どもと60名の教師が命を落とした。生き残った子どもたちは、20時間近く、一昼夜をかけて、生き埋めになったクラスメイトと先生を探して、素手で地面を掘り続けたという。瓦礫の下から何時間も叫び続ける声を聞きながら、誰も救い出すことができないという体験は、大人でも到底頭か

ら離れがたいものであった。

　翌朝、子どもたちの集団が徒歩で出発し、夕方になって谷まで到着した。そこにも彼らと同じように壊滅的被害を受けた人々がいた。政府の軍が派遣され、テントや食糧が供給された。国際的な支援も間もなく届き、数ヶ月間で多くの人に生活必需品が行き渡った。しかし、本当の問題は、北川地区の子どもたちが、医学的な治療こそ受けたものの、何週間もの間、誰とも話せなかったことである。自分の見たものについて、誰にも語ることができずにいたのである。

　救助活動が終了すると、北川地区の谷全体が鉄条網で封鎖された。大きな鉄のゲートの前に警備員が立ち、もはや誰ひとり中に足を踏み入れることはできない。できるのは、かつて慎ましい小さな町が川の弓なりに寄り添うようにしていた場所を、ただ遠く山の斜面から見下ろすくらいのことだ。そこには、折り重なる倒壊した家屋に、橋の残骸、崩れた道路の破片しか見えない。地面はなおもところどころに大きく口を開け、巨大な岩塊が地面に転がっている。この下にいまだ何千人もの人々が埋まっており、中には、大多数の子どもたちの親が含まれている。だからこそ、彼らはどうしても故郷に戻りたいのである。

　北川学園で生き延びた1300名の生徒と教師たちは、長虹という家電メーカーが所有している大きな工場の敷地内に仮住まいをしていた。教室と教師の住居は、どれもプレハブ造りで、どうやら暖房設備もなければ水も出ないらしい。各教室に80人の子どもたちがひしめきあい、また巨大な宿舎に2段ベッドが詰め込まれているさまは、難民キャンプを髣髴とさせるものだった。向こう何年かは、これが彼らの居場所なのだ。教師たちにしても、大半が1名以上の身内を震災で亡くしており、十分な給料も支払われないまま週40時間の授業を続けていた。彼らの心に寄り添うことも急務であった。自分たち自身が哀しみを背負いながら、深刻なトラウマを受けた子どもたちと日々関わらなければならないのだから。苦痛があまりに大きいと、鈍磨や抑うつを引き起こす。抑うつになれば、他者の痛みにも鈍感になる。このことがさらなる傷つきを生む

第8章❖中国での実践　209

のである。ここで唯一の部外者であるメアリーは、被災地に赴く援助者誰もが体験する事柄をまさに体現しているといえる。つまり、ショック状態にある人に効果的なのは、災害を経験していない人に向かって話すことである、ということだ。

　5月19日、ガオ・ランとその夫のシェン教授が、6名の学生を連れて北川地区を訪れた。2人とも、広州にある師範大学の分析心理学研究所で教鞭をとる心理学者である。現場にはいまだ災害の大きな爪痕が残されており、伝染病の危険性も高かったが、同行した人数の3倍の学生がボランティアを志願していた。被災地に着いて1週間、チームは医学的・衛生的な問題にぶつかった。しかし、物資不足の最中ではあったが、彼らははじめからミニチュアのおもちゃとノートと色鉛筆を帯同していった。それがあれば、子どもでも大人でも、言葉を用いずに表現することができるだろうと。

　北川の人々は、悪夢や突然のフラッシュバックで浮かんでくるものを、イメージで表現するようになっていった。彼らの断片的な表現からまもなく明らかになったのは、彼らが罪悪感を抱いているということであった。生き残ったことへの罪悪感。もっと長く友達を探してやらなかったことへの罪悪感。英雄になれずに逃げ出してしまったという罪悪感。目の前で大地が裂け、誰かが巨大な浴槽の栓でも抜いたかのように湖水がすべて吸い込まれたあのときに。

　17歳の少年ウーは、いまだに水道水を飲むことができずにいた。地下水がまだ汚染されているように感じていたのである。どんな小さな物音にも飛び上がるような状態で、集中力も乏しくなっていた。彼はちょうど受験生であった。被災した生徒たちは、政府の援助のもと、夏に補講を受けられることになった。そうすれば、8月と9月の間に、学校と先生を失っていた5月に学びそびれた内容を取り戻すことができるはずであった。毎日10時間の授業があった。しかし、彼らは果たして勉強などできる状態にあっただろうか。ウーが必要としていたのは、単なる授業以上のものだった。彼も、1日でもいいから家に帰らせてくれるよ

う毎日教師にせがむ子どものひとりであった。

　そして、ついに震災から100日になる日が訪れた。中国では、故人の死後100日目に別れの儀式を行う慣わしがある。メアリーは、4人の子どもたちを連れて、北川地区に向けて出発した。彼らはバスに乗り、かつて学校の建物が建っていた、北川を見下ろす場所に降り立った。あたり一面の瓦礫の中に、校舎の壁の残りが骸骨のようにぽつりと立っている。思い切って近くに目を向ければ、授業机の鉄の破片や学生鞄、制服が見て取れる。どれもが薄く塵を被っている。メアリーたちは、花々を撒き散らし、お別れの手紙を供え、大きな木の壁に子どもたちの写真を並べて飾った。寄宿舎として使われていた建物は、ほとんど壁にひびがはいることもなく、無傷の状態で残っていた。もし地震が夜に発生していれば、全員無事だったのかもしれない。メアリーが止める間もなく、少年たちは柵をすり抜け、建物の中に消えてしまった。彼らを追って、メアリーは3階まで駆け上がった。衣服、鞄、筆記具が床中に散乱していた。少年のひとりが、ある角部屋に長いこと立ち尽くし、やがて窓のほうに近づいていった。地震が起きた時、彼は最後まで教室に残され、3階の窓から外に飛び降りたのだという。それから間もなく、校舎は倒壊した。腰まで土に埋まり、脚の骨は折れていた。2日たって、ようやく救急隊に救出され、それから6週間、足を吊られてテントで過ごすことになった。同じテントに何百人もの人がいたが、誰ひとり彼と話をすることはなかったそうだ。

　子どもたちとメアリーはさらに先に進み、「撮影禁止」の立て札のあるところまでやってきた。もう少し下れば北川の街に着くという場所だ。子どもたちは口々に、どこに何があったのかをメアリーに聞かせた。川の対岸には1匹の犬がいた。それは、この不気味なほど空っぽの街で出会った唯一の生き物だった。13歳のシュウが、大きく崖崩れした場所を指差した。彼の実家がその下にあるのだと言う。5月以来初めて、シュウは涙を流した。メアリーは子どもたちとともに祈りをささげ、死者に対する弔いの儀式をした。

綿陽市に戻ったその夜遅くのこと、メアリーは再度、宿舎の子どもたちを訪ねた。シュウは、全てが絶望的だと話した。「希望を持つにはどうしたらいいと思う？」メアリーは尋ねた。少年は彼女を見つめ、今まで見せたことのないような怒りを込めてこう言った。「ここは僕らのところとまるっきり違うよ。あっちにはテレビも摩天楼もスーパーもなかった。大きな火を焚いて、沙朗舞を踊ったんだよ。」

　メアリーははたと気づいた。この子どもたちは親を失ったことに苦しんでいるだけではない。固有の言語と伝統を持った山の民族として育った彼らが、この都会暮らしに突然移植されて、どれだけ疎外感を感じているかと。メアリーは子どもたちに、かつてのような共同体を将来再び手に入れられるかどうかは彼ら自身の手にかかっているのだと話した。彼らこそ、3000年の歴史を持つ民族の未来である。構成員の多くは、すでにこの世を去ってしまったのだから。もし今努力を重ね、大人になった時に何らか還元することができたなら、彼らはきっと以前にあった全てをもう一度築き上げることができるだろう。子どもたちはメアリーの話にじっと耳を傾けていた。メアリーの言葉が届いたのなら、子どもたちのファンタジーの中の「故郷」は、その日、過去から未来へと場所を移したことだろう。これは、トラウマの消化にとって非常に重要な一歩である。

　PTSDの症状のひとつは、傷を負った人の時間感覚の変化である。過去は、記憶の中で何らか良いものと結びつく傾向がある。つまり、トラウマ的な出来事が起きる前の時間と繋がっているのだ。トラウマを受けた人に「現在」のことを聞けば、きっとその恐ろしい体験のことを繰り返すばかりだろう。それが、永遠なる現在として根を張ってしまっているのである。ある意味では、トラウマを受けた時から時間が進まなくなっている状態と言える。トラウマ的な経験が一切過去のものになっていかないということだ。そこには、未来という概念は存在しない。心理療法は、まさにこうした新しい感情体験を持つことの困難に影響を与えるのである。

「心理学者なんて必要ありません。」綿陽市の北川学園臨時校舎の校長、リウ・ユーチャン氏は、防御的な身振りを交えて言った。ヘヨン・シェン教授が6月の終わりに心理療法的援助を申し出た時のことである。シェン教授と妻のガオ・ラン教授は、まさかそのような懐疑的な反応を示されるとは思ってもいなかった。しかし、心理療法家としては、この言葉をそのまま受け取るべきでないということもわかっていたので、何も答えずにそのまま座っていた。絶望感が部屋を覆い尽くした頃、校長は再び口を開いた。「私たちだけでやっていけると思います。質問紙も心理テストも結構です。ひどい体験をしたというだけで、健康的で強い子たちなんです。きっと勉強して、一生懸命働いて、人生を切り開いていくことでしょう。」

シェン教授は黙って考えていた。つい今しがた玄関で目にした光景を思い出していたのだ。あるボランティアの女性が、8歳の男の子に対し、震災で亡くなった母親に向けて手紙を書くよう指示しているところだった。中国の子どもは、言いつけをきちんと守るのが常であり、この子も何とか言いつけに従おうとした。しかし、ページの半分くらいまでを埋めたところで女性に紙を返し、今にも泣き出しそうな素振りを見せた。彼女は手紙を受け取ると、すぐに良くなるからと告げ、その場を立ち去ってしまった。開け放たれた校長室のドアからは、この子がまだ廊下に座っているのが見えた。まるで次の指示を待っているかのようだったが、女性は一向に戻ってこなかった。シェン教授は、少年を事務所に連れてきて、ガオ・ランがこの子の隣にしゃがんだ。2人は静かに話し始めた。校長とシェン教授は、それについて何も言わずに座っていた。

校庭から声が上がった。昼休みが来たのだ。何百人もの生徒が、バラックのような狭い教室から一気に解き放たれた。ユーチュアン校長は、窓の外に目をやりながら、妻と息子を震災で失ったのだとシェン教授に語り始めた。そして、どうすればいいかよくわからなくなる、と言い添えた。この学校に助けが要らないというのは本当ではなかった。生徒も教師も皆、どこまでも助けを必要としているが、何がいいのかわからな

いだけなのだ。校長はもう二度と、見知らぬ他人が質問紙を手に入りこんでくるのを許すまいと思っていた。身内が何人死んだのか、とか、夜中に何回目が醒めるか、といった問いを子どもたちに尋ねるような。

　ちょうどその時、少年がおもむろにシャツの袖をまくり、治療もせず放っておかれた大きな傷痕をガオ・ランに見せた。手当しようかと彼女が尋ねると、少年は少し躊躇ってから同意した。ガオ・ランがその後、少年を連れて宿舎に戻っている間に、校長はシェン教授に尋ねた。「何をしていただけるんですか？」と。

　2008年8月以降、シェン教授とガオ・ラン教授を中心とするチームは、プレハブのバラックの中央の列にある30平方メートルの部屋を自由に使うことを許された。部屋には、2つの砂箱と箱庭のアイテム、絵描き道具、粘土、それにいくつかの楽器が設置された。震災で二親とも亡くした200名の子どものほとんどが、一度はここに「立ち寄って」いた。子どもたちはその部屋で、音楽を聞いたり、本を読んだり、絵を描いたり、工作をしたりして過ごし、箱庭の連続セッションを希望することもできた。箱庭は大人も対象で、個人か集団かのいずれかのセッションが提供された。

　――4人の男性が、砂箱を囲んで床の上に座っていた。それぞれが、自ら選んだ小さなアイテムを横に置いている。ある中年の男性が、家のミニチュアを選び、手の中にしっかりと握り締めていた。彼はそれを砂箱の右角に置こうとしたが、少し躊躇っていた。そこへ別の男性が、彼のために、家が置かれるのであろう場所の砂を均しはじめた。皆が見つめる中、彼がしばらくの間砂を均し続けていると、隣の人も同じように砂を均して固めはじめた。最初の男性はずっと手の中に家を握っていた。そしてついにその家を置くのにふさわしい場所が出来上がると、彼は急に泣き出した。その瞬間、言葉を介さずとも彼の不幸が全員に共有された。――

　子どもたちの最初の作品の中に、ボランティアたちを驚かせたものがあった。それらがあまりに「美しい」ものに見えたからだ（**写真43**）。倒

壊した家々、死や喪失、塵、絶望という現実の中で、どうしてハートの道や花々、天使が現れうるというのか。このような作品は、長い製作過程の最初にしばしば見られるものである。まずは、震災によって失われたものを目の前に呼び出すことが重要であるらしい。美しいもの、彩り、愛、守ってくれるもの……。子どもの心は、周りを死に囲まれた中にあっても、本能どおりの生き方を創出し、本当に必要なものを生き生きと動かすことができるのである。その一方で、はじめから破壊を表現する子もいた。震災の様子が砂箱の中に改めて再現されたのだ。まずは、家々や動物、人々、川など、当時の集落の生活の様子が詳細に至るまで念入りに作り込まれる。「こんな感じだったんだよ」、と子どもたちは言う。そして、全てを破壊しはじめる。動物や人間の体の一部がもぎ取られ、それが砂の中に不気味に突き立てられる。最悪の光景が繰り返し表現されるのである。時には、一度破壊したものが新たに作り直され、そのままもう一度打ち壊されるということもある。この間、援助する大人は、

写真43

自分の感情を抱えて寄り添っていることしかできない。それだけでも十分難しいのだ。しかし、すでに述べた通り、外部から訪れたセラピストが自ら震災を体験していないということが、ここで有利に働いてくる。

　震災から数ヶ月の間、短い時間で多くのボランティアを養成する必要があり、やむをえずかなりの大人数で訓練を行うことになった。普段の訓練では、その人自身の箱庭体験が絶対に欠かせないところを、ここではそれを最小限まで減らさざるをえなかった。一人ひとりがミニチュアを選び、しばらくの間そのアイテムに意識を集中させる。そしてそこで心に浮かんだイメージや感情、考えを伝える。また、砂箱の砂を触り、この体験のイメージを探求する時間もあった。言うまでもなく、これでは全く十分ではない。しかしそれでも、訓練を受ける人々にとっては、このように極端に省略された形であっても、無意識のイメージと向き合う体験をすることで、まさに自分たちがまさに今抱えている不安や心配事、考えなどが表現され、対決せざるをえなくなるということが興味深く、印象的であったようである。週末のコースが終わる頃には、深層心理学的な作業の触りくらいは、全員が少しずつ経験するようになっている。そこではまだ、彼らの個人的な問題のうちのごくごく一部しか活性化されていなかったのだとしても。

　もちろん、基礎的な理論は伝えられており、質問のための時間も十分に設けられた。ボランティアたちは業務の最中にありながら、休みのほとんどを訓練に捧げていた。その中には教師もいれば、看護師、ソーシャルワーカー、公務員もおり、また子育てを終えた母親や学生もいた。皆、目の前のこの数週間を、人生経験上の素晴らしい機会と思ってくれたようである。彼らから繰り返し語られた懸念は、状況を解決し、被災者に対して正しい行いをするだけの力が自分にあるのかということだった。箱庭の適用に関する質問には、他者の苦しみに対する共感能力や配慮、敬意が見て取れるようだった。

トラウマ体験の克服

　次に紹介する8編の箱庭作品は、11歳の少年、リウ[*12]の手によるものである。彼は震災で両親共に失っていた。2008年8月、震災から3ヶ月後のこと、彼はガオ・ランと一連の箱庭のセッションを行った。リウは引きこもって誰とも口をきかず、以前は優秀だった学校での成績もすっかり落ちてしまっていた。

　　彼が最初の作品で表現した世界は、一見したところ、すべてが秩序立っているようであった。植物、とりわけ色とりどりに咲いたたくさんの花に、蝶や亀、うさぎやガゼルといった動物たちや家々もある。しかしよく見ると、細かい部分がどこか奇妙で、現実離れしていることに気づく。4の数があまりに多いのだ。4人の天使、4匹の白うさぎ、4匹の亀、4つの家。さらに、作品全体が4つの部分に分けられているような印象もある。よく知られているように、中国で4は死を意味し、白色は喪を示す。作品中に人間がひとりもいない点は、リウの普段の振る舞いとも合致している。彼は他者と関係を持つことができなかったし、そうしたいとも思わないようだった。その代わりに、攻撃性を持たない植物や動物しかいない世界に撤退しているのだ。ここに示されている動物たちは、どれも無害なものたちである。
　　また、キリスト教と接触してこなかった子どもたちが箱庭で天使を用いる時、それを理解するのはたやすいことではない。しかし、震災後から最初の数週間に子どもたちが最も使いたがったのは、天使、ハート、花のアイテムであった。時には、天使は死者なのだと自発的に話した子もいた。既に述べた通り、セラピストから意味を尋ねることはしない。しかし、例えば、子どもが製作中にかなり熱心に取り組んでいたにもかかわらず、作品の経過について何も話さなかったような場合などに、慎

---

*12 本事例の記録は、ガオ・ラン博士が筆者に提供してくれたものである。

写真44

重に質問を投げかけてみることもある。「そこで何か大事なことが起きているの？」などと聞くのがせいぜいであるが、それによって、関心を抱いていることを伝えるだけでなく、その子に言語的な表現の機会を与えることができるはずだ。

　第2の作品では、作品の左下の角から、地震が破壊的な力を振るう様が演出された（**写真44**）。家の上に山が崩れ落ちており、飛行機は墜落し、恐竜と他の野生動物たちが村を支配している。亀というと中国では大抵はウミガメをさすものだが、ここでは陸地のほうでじっとしている。1匹の茶色いガゼルが右上の角に向かって逃げているが、燃え立つような背板を持った恐竜に後ろから噛み付かれている（**写真45**）。守られた箱庭の空間から外へ、猛烈な勢いで向かっていたのであろうガゼルの逃走は失敗に終わる。黒と銀に塗られた飛行機もこちら側を向いており、明らかに逃走経路を塞いでガゼルを阻んでいるようだ。恐ろしいことが起きている方に向き直るのはもう時間の問題（砂時計）であるということ

写真45

を示しているようだ。この黒と銀の飛行機は無傷であり、エネルギーを満タンに、今にも飛び立つことができそうだ。古代文化において、鳥はしばしば魂のイメージを表す。現代の子どもたちがプレイの中で飛行機を用いる時、それらは必ずしも人間の発明による動力を持った移動手段を指しているとは限らない。むしろ多くは、人間が昔から空に描いていたあらゆるものを指し示しているのだ。したがって、この作品における飛行機も、少年の中にある「より高い」スピリチュアルな生命エネルギーを表現しているのかもしれない。恐怖を克服し、出来事に立ち向かっていく力を。

　セッションの終わりに、リウは何も言わずにTシャツを脱いだ。そして、ガオ・ランに背中の大きな傷を見せた。震災以降、もう3ヶ月も経つのに、治療もしないまま放置されていたようだ。ガオ・ランは、どうしてこんな傷を誰にも見せずにいたのかと少年に尋ねた。母親が震災で亡くなったときには、もっと痛い思いをしたに違いないから、とリウは

第8章❖中国での実践　219

答えた。だから自分も痛みに耐えなければならないと思っていたのだ。しかし、今にも恐竜に食べられそうになっている無力な生き物を表現することによって、彼は自分自身の傷を認識し、取り扱うことができた。セラピストの見守りが、新しい母親的な感情を彼の中に目覚めさせ、それが苦痛を負った母親との同一化から彼を解放したのではないか。罪悪感の解消は、トラウマを抱えた人の治療において非常に重要な要素となることが多い。もちろん、特に深刻な場合には、それすらも難しい。トラウマを体験してから何十年も経ってから、生き残ってしまった罪悪感から自殺に駆り立てられてしまう人もいる。しかし、子どもであれば、罪悪感をうまく処理していく大きな見込みがある。彼らの本能では、あらゆるものが発達に向けて導かれているからである。

　この作品を作り終えた後、リウは明らかに新しいレベルで悲劇に向き合うに足る十分な信頼感を得たようであった。そのことは、彼が次の作品から乾いた砂のみを用い、何もミニチュアを置かなくなったということからもうかがい知れる。彼が描き出そうとしているものは、明らかに、二次元の描画で表現したほうがよいものであったようだ。わずかな指の動きで、リウは「気持ちの悪い」顔を描いた（**写真46**）。中国の寺院の入口には、このような動物の顔が石に刻まれていることがよくある。悪霊を追い払うためのものだ。不気味に釣りあがった目の上には、頭髪——あるいは燃えさかるようなたてがみ——が上に向かってまっすぐ逆立ち、下には邪悪な鼻面があって、今にも食いかかってくるようだ。リウはセラピストも怖いかどうか尋ねた。彼はこの顔に自然の脅威を見なければならなかったが、今はその恐怖を誰かと共有することを望んでいる。温かくて人間らしい反応を必要としているのだ。

　1週間後、リウは再び砂を画板にした。彼が素早く引いた線で、顔の上部が作られた。大きく見開いた目——しかし今回はまつげと瞳もついている——と、動物ではなく人間の鼻。そして額にある小さな3本の形は、いくつかの解釈を許す。王冠だろうか、それとも両手を挙げた天使の姿だろうか（**写真47**）。かの出来事は、今やリウにとって「人間の姿

写真46

写真47

をとる」ようになり、不安が減って、恐怖心が統合されつつある。

次の作品でも、リウは乾いた砂に線だけを描いた。ガオ・ランはこの作品を見たとき、自分自身の長い髪を連想して笑みがこぼれた。前回までの作品とは違い、今度の像はより身体性を有している。胸元がはっきりと強調されていることから、明らかに女性的なものである。3次元的なものが再び受け入れられ始めているのだろう。口元の表情はアンビバレントなものである。やや心配そうで、恐らくまだどこか悲しげな笑みを浮かべてはいるものの、他方では、母親なるものを表現しているようだ（**写真48**）。リウはここでもやはり、母親の喪失を埋めるために、自ら内的な母親的機能を作り出したのだといえよう。セッションの外でもすでに回復の兆しがあった。震災後初めて、サッカーの試合に参加したのである。

これ以降のセッションでは、古代的な表現のレベルから離れる準備が整ったのか、リウは再び日常的なリアリティへと戻ってくるようになっ

写真48

写真49

た。もう一度ミニチュアを用い、今度は海のイメージを作成した。一度でも見られたらどんなにいいか、と彼は言った。リウが山に育ったことを思い出してほしい。今、彼は全く新しい領野を探求しつつあるのだ。象徴的に見れば、海はあらゆる生命の原初的な起源を意味している[*13]。右下部には集落の暮らしがある。家々、動物たち、人々、そして車と、平和な世界が表現されている。海は左側に開かれており、そこで8匹の魚が円をなしている。まるでマンダラ——全体性のイメージ——のようだ（**写真49**）。チャン族のリウも、かつて同じように輪になって、沙朗舞を踊っていたのだろう。いずれにせよ、この魚たちに彼らの「本性」以上のものが与えられているのは確かである。喰う喰われるだけでなく、

[*13] もしこれがヨーロッパの子どもであれば、次のようにも言えただろう。海（Meer）という言葉は、語源的には母（Mutter）という言葉が転じたものであると。中国では、そのような意味での語源のつながりはないが、海を示す文字から多様な意味連関が派生している。（訳注：漢字の「海」の旁である「毎」は、「髪飾りをした女性」を示しており、「母」との繋がりは深い。）

むしろ象徴的な形式を創り、文化を創造しているのだ。それが生じうる
のは、生存のための戦いにすでに勝ち残っている場合のみである。左上
には、4つの貝殻と、さらに別の魚たち、2匹のタコも見て取れる。

　ひときわ目立つ領域に向けて、集落から1本の橋が架けられている。
どうやら、2匹の白うさぎしか住んでいないようである。このうさぎた
ちはリウの最初の作品で見覚えがあるものだ。おそらくここは、彼がも
う失ってしまったもの、何からも傷つけられることのない、抱きしめた
くなるほどに愛しい子どもの世界を表しているのだろう。橋の上には、
海の方を見ている少年がいる——これは自分なのだと、リウは話した。
背中には、黒い猿がしがみついている。これがリウの悪夢、フラッシュ
バック、辛い記憶——彼がなおも背負っていかねばならないであろう重
荷を表現しているというのは想像にかたくない。この猿や2匹のタコは、
リウがまだ完全には克服できていない抑うつ的な傾向を示唆しているの
かもしれない。他方、橋の下には数え切れないほどの亀が泳いでおり、
まるでエネルギーの流れを表すかのように、海に向かって進んでいる。
特にアジア地域において、亀は非常に多くの意味合いを持つが、ここで
は最も明らかな文脈だけに話を限ることにしよう。被災地では誰もが家
や住処を失ったが、幸いなことに亀は明らかに例外的な存在である。彼
らは常に住処を携えているからだ。それゆえ彼らは生存を、忍耐を、強
さを、そして生まれ持った守りを表現している。

　この作品を通して、リウは大きな一歩を踏み出した。そして、さらに
もう一歩、先へ進みたかったのだろう。彼は最後のセッションで次の作
品を製作し、セラピストの胸を打った。

　これは母さんのお墓なんだ、とリウは言った。まだ母親を埋葬できて
いないので、ここに、この世で一番美しい墓を作ってあげたというので
ある（**写真50**）。

写真50

現地の様子

第 8 章 ◆ 中国での実践　227

第9章

コロンビアでの実践

「もうさよならなの？
萎れてしまった花のように？
何も残さず、
この世の誰にも知られずに？
せめて花と歌だけは！」[*14]
Cantos de Huexotingo（*Puebla*）：
（メキシコ国立人類学博物館所蔵の碑文より）

「この土地には何でもあったはずだ。」ボゴタにあるイタリア料理店の店主、ダリオはこう言って、彼の最新作——タピオカ粉でできたニョッキ、「ノキス」——をテーブルに置いた。そして、続けてこう話した。「果物と野菜だったら、コロンビアにはラテンアメリカで一番の畑も作る条件が揃ってるんだ。2つの海に面して、5つも気候帯がある。いい土壌も、十分な水もある。なのにどうだ？ 収賄に薬物売買、民兵やゲリラばかりじゃないか。」

ダリオはイタリア北部、トレントの出身である。かつて、コロンビア革命軍（FARC）に誘拐され、8ヶ月間にわたって、ジャングルの中で拘束されていたことがある。しかし幸運なことに、誘拐者たちを説得し、期待ほど裕福でないとわかってもらったのだという。何ヶ月にもわたる交渉の末、身代金の要求は、10万ドルから1万ドルへと引き下げられることになった。この間、重装備をした見張り役——8時間ごとに交代する3人の16歳の若者たち——に対して、彼は読み書きに加えて、イタリア料理の作り方まで教え込んでいたのだそうだ。

---

*14 原文は次の通り。"¿Solo asi he de irme? ¿Como las flores que percieron? ¿Nada quedará en mi nombre? ¿Nada de mi fama aquí en la tierra? ¡Al menos flores, al menos cantos!"

16世紀初頭、アラスカからパタゴニアまでの両アメリカ大陸には、およそ8000万人の人々が暮らしていた。これは当時の世界人口の5分の1に相当する数である。入植者たちが上陸してから130年の間に、原住民の95パーセント近くが減少したと推定されている——つまりほとんど姿を消してしまったというのだ。歴史家ヘンリー・ドビンズによるこの算定を、あまりに高く見積もりすぎていると見る節もあるが、今日では、考えられない規模の集団虐殺がラテンアメリカで行われたと考えるのが主流になっている。

> 「5世紀前には、およそ1000もの異なる文化が存在していた。つまり、何百もの言語、神話、宗教、強固な血縁構成、民族衣装、建築様式、儀式、知恵の体系、世界観があったということである。現存している独立の文化は、大陸全体でもおそらく170にすぎないだろう。他はすべて永久に失われてしまったのである。」(Gambini 1988)

ブラジルの社会学者で精神分析家のロベルト・ガンビーニ(Gambini, Robert)は、上記のように記す中で、「インディオの排除」——彼の本のタイトルでもある——が次世代に及ぼした心理学的影響を考察している。スペインとポルトガルの入植者たちは、原住民を男性と女性で別様に扱った。男性たちは奴隷にされ、水銀も一緒に採掘される金鉱や銀鉱での強制労働や伝染病、あるいは自殺によって、ものの数年で命を落とすことが多かった。他方、原住民の女性たちは、白人男性の支配下に置かれた。彼らは——北アメリカの侵略者たちとの大きな違いとして——家族を持たずに上陸していた。そのため、現在南アメリカ大陸に住んでいる人々の家系図は、およそ次のような構成を示している。まずは母親。彼女らは自分たちの文化と伝統を壊さざるをえず、母親的な機能を限定的にしか発揮できなかった。そして父親。彼らは異なる女性たちとの間に生まれたたくさんの子どもたちに対して、ほとんど興味を示さなかった。仮にそうした原住民の女性たちの多くが、抑うつ状態にもめげず元々の本能的な母親役割を果たすことができていたのだとしても、子どもたちの目には——特に男の子の目には——母親が下に置かれた負

け側の者と映り、それが肯定的な関係の妨げになり続けたことだろう。「子どもたちには生来、成功している者、よく機能している者、見習う価値のある者に同一化する傾向がある」（ebd.）。父親たちが支配側にあるがゆえに、子どもにとっては父親こそが同一化すべき人物像ということになるのだ。しかし、父親たちのほとんどは、子どもを妊娠させるだけで、決して夫の座には収まらない。おまけに、子どもたちは混血児であり、子どもをヨーロッパに連れ帰るのは父親たちにとって恥ずかしいことであった。

　こうした初期の搾取の結果が今なお著しく、いかに大陸全体に影響を及ぼしているかについては、ウルグアイの作家エデュアルド・ガレアーノ（Galeano, Eduardo）が、その著書『ラテンアメリカの切り開かれた血脈（*Las venas abiertas de América Latina*）』（1994）で書き記している。

　暴力、抑うつ、無力感が、「新世界」の住民たちの心理状態を形成していったとすれば、そこでは、連帯感を育むことに非常に大きな困難を伴う。

　精神分析の知見から、感情的な構造は世代から世代へ受け継がれるということがわかっている。コミュニケーションが認知的なレベルで行われる機会が少なければ少ないほど、その影響はますます直接的なものになる。彼らの集合的な魂——彼ら共通の心理状態——は、空白だらけの地図のようなものかもしれない。つまり、名付けることのできないものが広大な領域に延々と続いており、そのことが不安と恐れを引き起こしているのである。

　そのような経過が、現代の心的生活においてもなお尾を引いているのではないだろうか。豊かになった社会の只中で、人々が互いに傷つけあっている。その名状しがたい暴力は、古い心の傷が知らず知らずのうちにもたらした長年の結果として見ることができよう。

　2008年にコロンビアで出版され、たちまちベストセラーとなった『おっぱいで楽園を（*Sin tetas no hay paraiso*）』には、数え切れないほど多くの若い少女たちが、必要資金を貯めては、習慣的に美容整形を受けているという事実が描かれている。現代の少女たちが18歳の誕生日に欲しがるのは、本でも旅行でもなく、鼻や唇、バスト、腹部、ヒップの整形なのだという。女子大生から高収入を得ているキャリア女性まで、この傾向に違いはない。原住民

の血を引こうと、スペイン系であろうと、その両方であろうと、そして、意欲的な中産階級であろうと、生活がぎりぎりの低所得者層であろうと、身体を整えたいという脅迫感はつねに同じだ。彼女らには、自分の身体に瑕疵があるように見えている。何らかの型に合わせなければ気がすまず、さもないと目的を果たせないというのである。そうした振る舞いには、それぞれの個人が「ただ見た目を良くしたいだけ」と意識的に願う以上の深い動機があると考えられる。あまりに性を意識した若い女性たちは、まるで同一人物の中に攻撃者と犠牲者が同居しているかのような印象を与える。そのような形として知覚されていない、自己攻撃のようなものを思わせるのだ。

　ガレアーノは、ラテンアメリカの経済的・政治的開発を言い表すのに、「出血多量死」というイメージを選んだが、それは南アメリカ全土に広がるこうした社会現象にも当てはまりそうである。

　さらに——上記のような振る舞いとも関連しているのだが——子どもたちの教育のうえで、父親像が欠如しているという問題がある。メキシコでは、何か例外的なことや予期しない出来事が起きた時に、「お父さん（Padre）！」と叫ぶ。まるで、この言葉が日々の暮らしで通常は起こらないことを具現化したものであるかのように。

　コロンビアの市街地ボゴタで最初の箱庭プロジェクトが実施されたのは、2009年9月のことだった。対象には、「聖エジディオ共同体（Comunidad de Sant'Egidio）」[15] が支援していた20の家族から、6人の子どもが選ばれた。まず、それぞれの家族の中で父親がどのような役割を果たしているのかについて調査したところ、50名の子どもたちのうち誰一人として、現在父親と生活を共にしている者はいないということがわかった。ある5歳の女の子にだけ父親がいたが、両親が薬物中毒で逮捕されてしまったために、祖父が後見人に選ばれていた。ただし、この祖父も、少女が3歳の頃に彼女に対して性的虐待を行っていた。

　こうした男性の欠如は、子どもの生育にとってどのような結果をもたらす

---

[15] ローマに本拠地を置く非キリスト教系援助組織で、国際的な和平交渉でよく知られている。

のだろうか。米国においては、父親の不在とその息子の犯罪行為の間に顕著な相関が見られている（Zoja 2002を参照のこと）。父性原理の欠如が常態化すれば、犯罪行為の常態化もすぐそこにある。それはひとりの若者の人生だけでなく、社会全体に当てはまることである。

　人間の歴史上つねにそうであったように、どのような物事にもコインの裏側がある。対流ともいわんばかりに、抑圧されていた人々にほど、それまでの悲劇的な予測とは相反するような、表現への爆発的な力があふれ出てくることがある。ラテンアメリカ出身の作家、画家、建築家、音楽家、映画監督が、世界の芸術界に影響を与えたばかりか、現にその流れを形作ってきたという事実は、あえて説明するまでもないだろう。その好例は枚挙にいとまがないが、そのひとつが、近年、ラテンアメリカのユースオーケストラから古典音楽の天才が相当数輩出されていることである。また、植民地の建築や工芸において、異なる文化的要素が融合していく様も、つねに人々の心を惹くものであろう。共存の試みの中で、想像を絶する犠牲が払われ、ついには挫折に至らざるをえなかったという事実が、芸術の中に消すことのできない痕跡を残しているのだ。

　17世紀に建てられたメキシコのバロック建築の教会群には、無数の、目に見えない、混合主義的な表現が見て取れる。それらは、聖職者の依頼で作業した現地の芸術家たちの想像力から生まれたものである。聖堂内装にある繊細な曲線を施された金の装飾品を見つめていると、それらは次第に、熱帯雨林に降り注ぐ日光のもとで絡まり合う蔓植物たちに姿を変えていく。教会外壁の上では、天使像が高らかに福音を宣言しているが、天使の手にする端の巻いた旗幟には、なにやら秘密の造形が施されている。そしてもっと目を凝らせば、張り出しの屋根の影には、明らかにケツァルコアトル――羽を持ったアステカ族の龍神――の蛇のような体の形が見とめられるのだ。

　大陸全土に、空想的で、魔法的で、霊的な生の側面が満ち満ちている。芸術家だけでなく、農夫や職人であってもそうだ。それが今でも、政治的・経済的決定に影響を与えている。それが実際の発展の障害になる場合もあれば、「進歩主義」の名の下に推し進められようとする誤った決定を妨げる場合も

ある（Barloewen 1992を参照のこと）。

　そうした空想的な要素は、ボゴタやメデリンの子どもたちの箱庭作品にも見られた。それらがあまりに多面的で、語りの水準と矛盾していることも多いために、われわれセラピストはしばしば驚かされ、時に混乱させられた。地中の宝物を隠しておかないといけないのにとっくの昔に略奪されていたり、本来なら温和なはずのペットが人に噛み付いたり、人間の居住区域がネズミと蜘蛛に支配されていたり、捨てられた赤ん坊や幼子にばかり遭遇したり……。家の周りも含めてそこかしこにゲリラがいる環境で、彼らは日々怯えて暮らしているが、それは同時に、冒険や訓練といったものへの憧れをかきたてるものでもあるようだ。

　そして、子どもたちの象徴的な表現と、その都度の国の実際の社会的・政治的な状況との間に潜む関係も見過ごすことはできない。

　ラテンアメリカにある巨大な鉱物資源は、二束三文で買い叩かれ、新しい工業には発展していない。生態学的多様性も単一栽培へと道を譲ることを強いられ、ユートピア構想も袋小路に入ってしまった。キャンペシノ（campesinos）と呼ばれる、自分たちの土地のみで農業を続ける小さな農家たちは、今までも、恐らく今後も搾取されつづけるだろう。もちろん、もはや奴隷として銀鉱に送られるようなことこそないものの、巨大企業に耕地の一部を借金のかたに取られ、空しい職探しをする人々で街は溢れかえっている。彼らの子や孫の世代が、昨今不良化している子どもたちなのだ。

　ボゴタのデパートで、コロンビアに関するDVDを買い求めようとした際、親切な若い店員は、お決まりのように筆者に尋ねた。「暴力系ですか？　観光系ですか？」と。

　シニシズムや無関心、残虐性が、いかに深く社会の権力構造に根差しているかは、コロンビアで2008年の夏に起きた「偽りの戦果（Falsos Positivos）」を例に挙げれば明らかであろう。ヨーロッパのメディアではほとんど取り上げられることはなかったこのスキャンダルは、最終的には27名のコロンビア軍の幹部、うち3名の将官が更迭される事態となった。

　事件はこのようなものであった。ソアチャという首都ボゴタ南部の貧しい

地域で職探しをしていたある若者たちの集団が、別の土地で季節労働の仕事を得た。彼らはその日中にトラックで現地に向かったきり、そのまま二度と故郷の土を踏むことはなかった。家族は何週間も何ヶ月も必死に探したが、どこにも見つからなかった。ちょうど時を同じくして、コロンビア北部の小さな村オカーニャで、軍部がゲリラとの戦いに大きな成功を収めていた。責任者は、指示されていた人数のゲリラ戦士を殺害しただけでなく、いわゆる「頭数」に応じて、きわめて高い配当額を記載していた。検死解剖の結果、その未成年のゲリラ兵たちは皆、頸部への銃撃で亡くなっていることが判明したが、軍幹部は、彼らが武装しており、あくまで戦闘によって死んだのだと主張した。軍のノルマに届き、ボーナスが支払われていた。

人権委員会には当時、年若い行方不明者の届けが住民から数多く寄せられていた。慎重な調査の結果、このケースでは幸い、ゲリラとして申告された者たちの身元が同定された。それは、ソアチャから仕事を求めに出かけた、あの若者たちであった。

暴力

次に紹介するのは、ボゴタのストリートチルドレンのために政府の補助金を受けて開所された私設のケアセンターに勤務する、ある女性心理士によるケースである。今日では、似たような施設ができており、それぞれが全く異なる教育目標や基準に従って運営されている。教会が運営しているものもあれば、私立の組織が主催するものもあるが、ここに紹介するケアセンターも含めて共通するのは、ニグレクトを受けている子どもや若者たちは、何よりも愛されている、受け入れられているという感覚を持つべきだ、とする信念であるようだ。問題行動を克服するには、身体的接触や抱擁、信頼感を提供するのが一番である、と。心理的な治療はまるで眼中にない。実際、センターの運営側とそこで働く心理士が、考えを共有できずに衝突する例は後を絶たない。

彼女は次の事例を語ってくれた。

ある17歳の青年が、ケアセンターに受け入れを求めていた。少なくとも1年は暮らしたいという。18歳になると、施設にはいられなくなるからだ。心理士が理由を尋ねると、何か問題を抱えているわけではないという。実はかつて、敵のギャング団の少年を死なせてしまったことがあり、その友人たちがいまだに彼を探し回っているというのだ。心理士は、この少年を受け入れないよう主張し、意見を通した。この少年がいれば、他の子どもたちを危険にさらすことになる。彼女にはそれを受け入れるだけの用意があるとは思えなかったのだ。結局、少年の受け入れに1票を投じていた同僚のひとりが彼を家に連れ帰り、1年間そこで匿うことにした。そして、18歳の誕生日、再び「外」に出かけたその日に、少年は殺されてしまった。

こうした無条件の受容を、施設の運営側は努めて行っているわけだが、確かにそれがうまく働く子どももいるだろう。しかし、それは攻撃的な子どもや青年たちに必ずしも有効であるとは限らない。それどころか、難しい子どもたちには、より大きな危険を引き込むこともあるのだ。

ジュアンは、そのような暴力的な少年のひとりであった。まだ8歳なのに、大人でも彼を恐れていた。誰とも話すことなく、食べ物をもらうためだけにケアセンターを訪れていた。ジュアンの手にかかれば、どんな無害なものもあっという間に武器に変わった。既に2人の小さな子が手酷く傷つけられ、救急で病院に運ばれる事態になっていた。

心理士は、ジュアンの治療を申し出た。彼女は箱庭療法について聞いたことがあり、少しだけ本で読んで知っていた。ある日、彼女は砂を入れた木の箱といくつかの人形をケアセンターに持ち込んだ。ジュアンはすぐに、砂箱も人形も全部自分のものだと主張した。彼がそこにいれば、他の子どもは決して近づくことができなかった。

ジュアンは、子どもたちが普通に遊ぶときと同じように砂箱を使い始めた。ただし、人が通常遊びと理解しているものについては知らないよ

うだった。どちらかといえば、これまで彼の生活を織り成してきたものを反映していたのだろう。彼は、動物たちを掴んで砂に投げ込むと、自分のナイフで次々に切りつけ始めた。心理士は少し離れて、自分のデスクから彼の様子を見ていた。すべての動物がばらばらになって砂の上に横たわった時点で、ジュアンにとっての遊びは終了したようだ。彼は部屋を離れた──次の日も砂遊びに来ると、心理士に伝えることを忘れずに。そもそも彼の言葉が誰かに届いたのは、これが初めてのことだった。

　この日以来、ジュアンは他の子どもたちの邪魔をしなくなった。砂箱の中での動物たちとの戦闘が、多かれ少なかれ同じような形式で繰り返された。心理士には、それが何かの儀式であるように感じられた。1週間が経つと、彼の遊びはほんの少しだけ変化を見せはじめた。ジュアンが動物を殺すのではなく、動物同士を闘わせるようになったのだ。これは、攻撃性が心理的に消化される方向に踏み出す、大いなる一歩であるといえる。彼はもはや自ら手を下すことなく、自分の攻撃性を象徴的な代弁者に委ねるようになった。もう直接的な参加者とはならず、いわば観察する第三者として、破壊的な行動との間に初めて距離を置くことに成功したのだ。葛藤を演じるという新しいレベルが、ジュアンの中に現れはじめている。ここでも、自由で守られた空間の中では表現そのものがすでに変化であるということが想起されるのではないだろうか。

　おそらく、彼の破壊的な振る舞いに寛容であるだけではどこにも導かれなかったであろう。それではむしろ、少年を自らの攻撃的な衝動の中に取り残してしまうことになるからだ。一方、同じ振る舞いも、自由で守られた遊びの空間で、また彼に関心を持った大人が立ち会う中でイメージ的に表現されるならば、それは非常に重要なものを解放することにつながる。彼の攻撃性が直接行動化されている（他の子どもを妨害する、傷つけるなど）限り、それは変化することなく膠着してしまう。しかし、その攻撃的な振る舞いが表現されるやいなや、何度か繰り返されるだけで、新しい表現のレベルがひとりでに展開していくのである。

　この箱庭はさらに続いた。ジュアンは動物たちを捕まえるための落と

し穴をこしらえ始めた。それから、彼らを閉じ込めておくための檻を建てた。動物たちはもう殺されるのではなく、生き延びるための食糧と水分を与えられた。檻の中には、捕えられた動物が必要とするすべてが設えられていた。ジュアンの挑発的な行動は消失していた。他の指導員たちは驚き、施設の経営者も箱庭に関心を持ち始めた。

　ジュアンのいる時に誰かが砂箱に近づくと、ジュアンはまだ攻撃的になるようだった。心理士は、ジュアンの箱庭に構造化された守られた空間を与えるべく、セッションのための固定した時間を定めようとした。ジュアンはこの提案に応じた。そして、時間内に話をするまでになった。ある日、砂で作業をしていた際に、彼は水が欲しいと言った。湖を作りたいというのだ。しかし残念なことに、心理士はその要求に応じてやることができなかった。彼女の労働環境では様々な関係が厄介で、水道の蛇口を自由に使うこともままならなかったのだ。そこでジュアンはある提案をした。「砂箱の内側を青く塗ったら、簡単に湖が作れるんじゃない？」と。もしマーガレット・ローエンフェルトが思いついていなかったなら、ボゴタ出身の8歳のジュアンが難なく埋め合わせをしていたのかもしれない。

　ところが、ジュアンの成長に対する指導員たちの驚きがひと段落すると、再びイデオロギー的な考え方がとられるようになり、ついにはセラピーの作業のなかでジュアンと心理士の間に生じていたものすべてを破壊してしまうことになった。

　施設の経営者たちは、ジュアンが箱庭の内容を他の子どもたちにも共有すべきであると考えた。子どもが見守り手1人とだけコミュニケーションを取っているのでは進歩しないというのだ。

　そうした考え方は、一般的な教育原理には当てはまるのかもしれない。しかし、それはまだジュアンにとってふさわしいタイミングではなかった。現段階で、彼はまだ箱庭を人と共有できる状態にはなかった。心理士は、ジュアンが社会化の方向に足を踏み出すのにはもう少しだけ時間がかかるという見方を主張した。

けれども彼女は、他の多くの場面でもそうであったが、自分と施設の経営者たちとの相違を先鋭化するようなことを主張することができなかった。それは、遊びに対する考え方全体の問題のようであった。ジュアンのような少年でも、愛と寛容さえあれば心理学的問題は解決されると思えるような体験をすべきだ、との反論を受けることになったのだ。

彼女は、退職を申し出るよりほかに道はないと思った。準備が整うと、彼女はジュアンにこのことを伝えた。少年の答えはこうだった。「砂箱を置いてってくれるなら、別にいいよ。」こうして、砂箱だけが残されることになった。しかし、想像がつくことと思うが、その機能は失われてしまった。ジュアンには、何も予想できていなかったのだ。1ヶ月後に心理士がケアセンターに足を運ぶと、砂箱も人形も倉庫へと姿を消していた。ジュアンはもう、食べ物すら取りに来なくなってしまった。

現在、箱庭プロジェクトを指揮するようになったこの心理士は、それ以来ジュアンの住む「バリオ（居住区）」を訪ね、彼をなんとか見つけ出そうとしているが、その試みは虚しく終わっているという。

癒しの眠り

次に紹介するのは、ボゴタにある「聖エジディオ共同体（Comunitá di San Egidio）」の児童デイケアセンターにおける、「平和の学校（Escula de La Paz）」プロジェクトの枠組みで行われた一連の箱庭セッションの事例である。この施設は、市街地南部の「バリオ」出身のネグレクトを受けている不良化した子どもたちを対象としている。

ダニエルは、参加した6名の中で最年少の5歳の男児である。祖母と兄とともに、3家族で共有の狭い裏庭部分に暮らしている。兄はがんを患い、抗がん剤治療を受けている。ダニエルは人前で口をきかず、本当に必要な場合にだけ身振りで意思を伝えるようにしていた。兄によれば、実際には話すことができるそうである。

果たしてダニエルがこの箱庭グループに参加することができるのか、私たちは考え込んだ。他の子どもたちのことはよく知っているはずだが、全員が年上である。そこで思い当たったのは、彼も会ったことのあるマリアという女性の存在である。彼女は、毎週土曜日に子どもたちの世話をしにセンターを訪れている、聖エジディオ共同体のボランティアのヘルパーであった。センターは、ボゴタ南部のバラック集落にある子どもたちの居住地から、車で1時間はかかる場所にある。ダニエルにとって、少なくとも最初のセッションだけでもマリアがプレイルームにいてくれれば助けになるのではないかと考えたのである。

　子どもたちはそれぞれの砂箱の前に着席していた。砂に手を入れはじめる子もいれば、人形の置かれたテーブルの方へ向かう子もいた。そんな中、ダニエルだけは不安げで反抗的な表情を浮かべ、ドアのそばに立ち、微動だにしなかった。ズボンのポケットに手を突っ込んで他の子どもたちを観察していたが、まだ手つかずの自分の箱庭に何度も視線をやっていた。10分が経過した。ダニエルはポケットの中に、何か小さなものを入れているようで、ずっとそれをいじっている。彼の内的緊張が目で見てわかるのは、唯一これだけである。しばらくして、ダニエルは目をこすった。本当に悲しそうな様子なので、離れたところに座っていた大人たちは、彼が泣いているのだとばかり思っていた。皆一様に、この子をこんなにも悲しそうに一人ぼっちにさせておくことに胸が張り裂けそうな思いを抱えていたらしい。しかし、彼の近くに座っていたセラピストは、きっと目が痛いのだろうと思い、目薬を差し出した。ダニエルは嬉しそうに受け取った。マリアはダニエルに——事前指導にはまったくないことなのだが——砂遊びをしたくないのね、と尋ねた。もう3度目のことだった。私たちがセッションで目指しているのは、そのような介入のむしろ対極にある。つまり、そこで起きたことは、たとえ期待とまったく違っていたり、受け入れがたいようなことであったりしたとしても、まずは受け入れるよう努めるのだ。この場合であれば、ダニエルが遊べないという事実がそれに当たる。さらに励ますようなことをし

ては、どのみち逆効果になると思われるからである。

「ノー」と言える自由を持つことが、後で何かに「イエス」を言うことができるようになるための条件となるようなことがよくある。箱庭のセッションでは、子どもの心に主導権を任せるようにする。子どもはどこかで自分が必要としているものを知っているという前提から始めるのだ。こうした態度でいると、早まった介入をしないで済むようになるのだが、すべてに耐えるというのは、必ずしも容易なことではない。

しばらくして——彼の「ノー」が受け入れられたのがわかったかのように——突然、ダニエルのポケットから、小さなものが地面に落っこちた。それは1枚のコインだった。コインは、砂箱の横の椅子に座っていたダニエル担当のセラピストに向かって、まっすぐ転がっていった。彼女はコインを拾って、ダニエルに手渡した。それから2、3分して、コインは再び床に落ち、今度はセラピストに向けて意図的に転がされたらしい。セラピストはもう一度コインを拾い、ダニエルに手渡した。他の子どもが遊び続ける中をその音が鳴り響き、床に落ちるコインは、次第にリズミカルな調子を刻みだした。ダニエルも、彼なりの方法で参加し始めたのだ。20分ほどこれが続くと、ダニエルにも疲れの色が見えだし、少し辛くなってきたようだった。筆者は彼に、座ってはどうかと尋ねた。ダニエルは頷いて、椅子に座った。しばらくすると、まるで彼の身体中の筋肉が支えを求めて叫んでいるかのように、椅子からほとんどずり落ちてしまった。そこで、筆者は、セラピストの膝に座ってみるか尋ねた。彼がセラピストに——そして筆者に——会ったのはその日が初めてのことであったことを思い出してほしい。しかし、ダニエルは問いかけに頷き、セラピストの膝に乗せられた。彼女に背中をもたれて座る様子は、まるで生後数ヶ月の赤ん坊のようであった。ダニエルは明らかに幼少期に退行しているところであった。少しして、セラピストは、本当に小さな子どもを抱っこするように、両腕で彼を包み込んだ。彼女が呼吸を合わせていると、ダニエルは数分で眠りに落ちていった。顔には、深い眠りの中にある乳飲み児を思わせるような、心から満ち足りた表情が浮か

んでいる。他の子どもたちが制作を終え、作品について担当者に説明し、出来上がった作品が写真に収められ、全てが綺麗に片付けられても、ダニエルはまだしっかりと眠っていた。結局私たちで起こすことになったが、自分がどこにいるのかをダニエルが理解するのにはしばらく時間がかかった。他の子どもたちと一緒に食事をした後、ダニエルは——全員が驚いたことに——夢を見ていたのだと話した。彼は家の中にいて、セラピストもそこにいたのだそうだ。

　箱庭グループの自由で守られた空間が、ダニエルにとって必要な退行をもたらす場となった。たった2時間の間に、ダニエルは自分の幼少期に戻り、失われた経験の埋め合わせをした。コインがセラピストに向かって転がって行った瞬間に、見知らぬ環境に「受け入れられた」という感覚が起こったのだろう。自分のした行動が影響をもたらすという体験は、幼少期に自己同一性を形成する基本的な経験のうちのひとつである。幼い子どもにとって、自分の行動によって何か影響が起きたことを発見することは、どうしようもないほど魅惑的に感じられるものだ。たとえば、スイッチを押せば電気がつくというようなことを。「僕はここにいるんだ！　僕がやったらこうなるんだから！」ということなのだろう。また、幼い子どもたちにとって重要なもうひとつの経験は、自分の身体的な要求が大人に理解してもらえるということである。子どもはそれによって、そうした要求を自ら知覚して把握することを学び、適切にそれらに反応することができるようになっていく。小さい子は、自分が疲れているとか、寒いとかいうようなことを知らないことが多い。彼らが感じられるのは不快感一般だけであり、そのことはしばしば空しさや恐れの感情につながりうる。たとえばダニエルの場合であれば、目が痛いこと、立っていて足が疲れてしまったこと、砂箱に違和感があること、他の子どもたちを羨ましがっていることを大人がわかってやる必要があった。感情的な面でネグレクトを受けてきた子どもたちは、自分自身の内的な状態や感情を知覚することに慣れておらず、そのせいで変化を期待しづらくなっている場合も多い。つまり、感情的に貧困な子どもは、め

ったに現状を変えようとはしないのだ[*16]。ダニエルは、このセッションの間、欲求と無気力との間を揺れていた。大人がこの葛藤を理解してあげたことで、最終的にはこれまで体験したことのなかった「緊張緩和」という次元にまで足を踏み入れることができた。そのことは、ダニエルの夢によく表れている。家とセラピストこそ、彼が新たに築いた守りであり、彼の自我を補強してくれるものであったのだ。

　こうして、ダニエルはすでに次のセッションへの準備ができていると判断された。ただし、彼の退行状態が続くことも考えて、包んでやれるように毛布も持ち込んだ。また、ダニエルが床に座って遊べるように、彼の砂箱を床に下ろしておいた。砂箱の隣には、小さな籠も置いておいた。彼が人形を使いたくなった時に、他の子どもたちの集まっているテーブルから持ち帰ることができるようにと考えたのだ。セッションの最初、ダニエルは再びドアの所に立ち尽くしていた。セラピストは籠を見せて、一緒にテーブルのところにおもちゃを取りに行かないか尋ねた。ダニエルはそれを受け入れると、彼女にぴったりと寄り添って、いくつかの車を手当たり次第に掴み、急いで籠の中に入れた。それから、車を入れた籠を隣において、床の上の砂箱の前に腰を下ろした。彼は車のうちのひとつを手にとって、長いことそれを見つめていた。ダニエルは、許可を求めるかのように、繰り返しセラピストとのアイコンタクトを求めた。そしてついに、車を砂の中に置いた。セラピストはほっとした。ダニエルはもう他の子に追いついていた。彼も遊びはじめたのである。

　別の箱庭セッションを紹介する前に、ボゴタとメデリンの子どもたちやその遊びかたをよりよく理解できるよう、いくつか一般的な解説を加えておきたい。

　これまで述べてきたことから、見守り手の大人が遊びの過程に一貫した物

[*16] ここでは、心理学者セリグマン（Seligman, Martin）の提唱した、「学習性無力感」の概念を念頭に置いている（Peterson et al. 1993）。

語を期待できないのは自明のことであろう。遊びの内容というものは、私たちが夢から知るようなものとむしろよく似ている。つまり、断片、矛盾、非合理なテーマ、時の移動、違う場所や人物の混ざり合いなどである。

　もし箱庭制作の中に連続した語りを求めるならば、内向的な子どもたちはこちら側の質問に過大な要求を受けているように感じるだろうし、外向的な子どもたちはこちらを喜ばせるためにお話を作り出そうとするだろう。しかし、そのような「お話」が砂の中に別に現れたものとまったく関係を持たないということにすぐに気づかされるに違いない。

　それゆえ、見守り手はすべての断片を、そしてつながりのないイメージや情景を記録するにとどめ、しかもそのことで論理的・合理的な形式に落とし込もうとしないように気をつける必要がある。セラピストのメモがばらばらで断片的なものになることは避けられない。プロセスの記録方法も、セラピストごとに大きく異なるだろう。自分の思考の流れのままに、思いつくものすべてを書きおくことを大事にする者もいれば、より視覚的に記録するために、いつも小さな絵や図で遊びの過程を描く者もいるにちがいない。

　では、そこでは実際に何を記録しようとしているのだろうか。基本的には、子どもと箱庭のセッション中に遭遇するものとの全てのやり取りということになるだろう。砂、砂箱、フィギュア、グループ、セラピストとの交流などだ。さらに、遊びそのものの中で常に変化し続ける関係性のダイナミクスにも注意を向けるのは言うまでもない。どの人形とどの人形がコミュニケーションをとっているか、どの人形が互いに戦い、脅かし、攻撃し合っているのか、どの人形が親しげで、好奇心が強く、遊び心に満ちているのか、どれが何の世話を焼いているか、誰かとはぐれたり、見捨てられたり、追放されたり、殺されたり、食べられたり、排除されたり、あるいは愛されたり、食べ物を与えられたりしているのはどれか、などである。

　そしてとりわけ、ある個別的なテーマが連続した作品の中でいかに展開していくかを、長い目で観察していく。そうしたテーマは、人間に特有の本能的・文化的な振る舞いの形式を含んでいることが多い。たとえば、食べ物を調達することと食べること、祝いと幸福、敵対と協働、創造と破壊、（何かを

求めての／何かに対しての）闘争、愛、性愛、家庭生活、宗教、儀礼や祝祭、死と再生などである。

　加えて、遊びの観察記録を書く際には、それを読む人におおよその外観が伝わるような言葉で描写するよう留意したほうがよいだろう。

混沌から秩序へ

　「平和の学校」で行った箱庭セッションの初回、私たちはすぐにあることに気づいた。壁や柵を作れるようにと準備してあった（薬局で購入した）舌圧子の数が圧倒的に足りないのである。どうも、ここの子どもたちは、壁や柵を際限なく作ろうとするらしい。それにあまりに大量の舌圧子を消費するので、2回目のセッションまでに急ぎ補充分を調達する必要ができた。材料が十分にないのではないかと子どもたちが心配すると、全体の雰囲気が著しく損なわれてしまう。種類は少なく、簡単なものでかまわないが、十分な量があったほうがよいのだ。

　この子どもたちには、明確に隔てられた領域を作ることが大切であった。たとえば、「喧嘩をしないように」動物を種類ごとに隔てる、居住空間を道から区切る、「食事をするところ」や「寝るところ」などのように居住空間内を仕切る、といったように。現実には、ほとんどの家族がひとつの部屋で暮らしており、大人と子どもが同じベッドや床の上に寝ることが多いために近親相姦的な状況の温床にもなっているとも聞いていた。境界を定めたり、隔てたり、構造化したりしたことは、子どもたちに明らかなストレス軽減効果をもたらした（**写真51**）。彼らは生活環境の物質的・感情的な混沌に、秩序を対置しようとしていた。この防護壁の強固さ、子どもたちがそれに費やす時間の長さ、見守り手に引き起こされる強い感情には、彼らが明らかに大きな危険に晒されていることが見て取れた。それほどまでに囲わなければならない場所が、その子にどれだけ危険をもたらしていることか。

　セラピストがこれらすべてを考慮し、遊びの中に追っていくことができたとしても、形作られる一瞬一瞬のシーンの意味についてぼんやりとしかわか

第9章❖コロンビアでの実践　　245

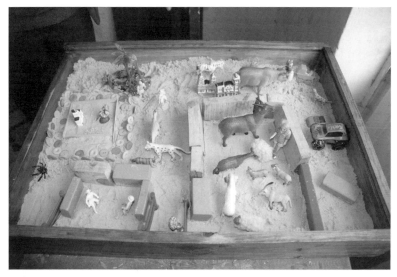

写真51

らないことも多いだろう。たとえば、四方を壁で囲われた雄牛が具体的な外的事象を意味するのか、内的な心理学的事象を意味するのか、あるいはその両方なのか、といったことである（写真52）。特定の大人がその子に与えている脅威を表現しているのかもしれないし、はるかに強い大人側の感情的な爆発を引き起こさないようやり過ごすべく、常に抑圧せねばならないような、その子自身の怒りやエネルギーを表しているのかもしれない。この2つの仮説のどちらが正しいのかは、さらにセッションを重ね、その子を取り巻く環境をより体験してはじめてわかることなのだ。

　プレイ内の心理学的連関が、ドラマティックな事態において自ずと理解されるというケースもしばしばある。表現されるはずのものは、遅かれ早かれ理解可能な形式をとることになるのだ。誰かがほんのわずかでも関心を持ち、耳を傾けてくれる見込みがあれば、子どもたちは問題を謎のままに包み隠すことも、悩みを黙っておくこともしないはずだ。自分に何が欠けているかということについて、言葉で捉えたり口に出したりするのは難しくても、遊びの中でならとてもうまく表現することができる。子どもの身体とこころにお

写真52

いては、全てが成長と発展に向かっている。心的な前進をどうしても阻むような、よほど深刻な障害でも見つからない限り、ある年齢段階で止まってしまったり、前の段階に後戻りしてしまったりするような子どもはひとりもいないのだ。周囲の振る舞いが変化することでそうした障害が取り除かれれば、こころは直ちに自己治癒力を結集し、さらなる前進のために必要なもの全てを、あっという間に取り戻すに違いない。

　南アフリカの事例で見たように、暴力が常態化した地域では、子どもの表現の多くは、まずもって彼らの現状と関連したものになる傾向がある。しかし、よりによってひどい体験にかぎって、仄めかされるに止まっているということもしばしばある。

　　　14歳の少女アリシアは、箱庭制作の一場面で、作品中央にガラスのモザイク石で湖を作った。聴けば、この中で人々が溺れ死んでいるのだという。大したことはないとでも言わんばかりに、それを語る顔には笑

第9章❖コロンビアでの実践　247

みが浮かべられていた。

　アリシアは、3人の年下の従兄弟たちとともに、祖父の家に暮らしていた。かつて、ヘロイン中毒であった彼らの両親が、この従兄弟たちをバスタブに沈めようとしたことがあり、家庭裁判所が祖父を保護者に指名したのである。もちろん、アリシアは従兄弟たちが自分と一緒に祖父宅に暮らすことになった理由を知っており、作品の中でそのショックから逃れようとしたのだ。もし見守り手の大人がちょうど背景を知っていたとしても、アリシアにこの話をするよう促すのはふさわしくないだろう。最初に何かを示していたとして、彼女のメッセージがきちんと受け止められてさえいれば、示していたものが続くか、場合によってはより明確で強烈な形をとって際立たせられることもあるだろう。さしあたりは、溺死する人について話すアリシアの笑みに答えずにいるだけで十分である。セラピストが、この湖で人々が溺れているということを心配したり、それを伝えたりすることはかまわない。しかし、そのことでアリシアの態度に直接的な影響が起きると期待してはならない。繰り返すが、私たちはあくまで、子どものこころは、何が、いつ、どのような形で取り組まれるべきかを自ら「知っている」という事実に信頼を置くのである。

　次の話に移る前に、もう少しセラピストの態度について考察することにしよう。コロンビアの子どもたちの箱庭作品では、次から次へと場面が変わっていくことが多く、全ての個々の展開がどこに端を発しているのか、追跡するのはきわめて困難なことであった。

　私たちセラピストは、プレイで起きたほんのわずかな部分でも理解しようとする姿勢を身につけているものだが、このような事態が生じることもある。フラストレーションを感じるのも無理はない。しかし、これは自己訓練によって切り抜けていけるものと思われる。自分のアンテナを、合理的でも分析的でもない知覚に向ける練習をするのだ。それはまるで、外国語において、個々の語彙を正確に理解していない状態で、議論の意味を直感的に捉えていこうとするのにも似ている。そこでも明確な「解釈」を目指そうとするほど、

全体としては不十分なものになってしまう。たとえば、プレイの中に兵士が現れたとしよう。それをこの子の攻撃性と考えるとすれば、単なる同語反復に陥っていると言わざるをえまい。そうしたレッテル貼りのような態度は、現象学的な考察に置き換えるほうがよい。兵士とは、主に他の兵士とともに敵と戦う人々のことであり、自分の意思で動く場合もあるが、より多くは命令に従って戦うものである、といったように。あるいは、前と打って変わって植物が現れたとしたら、どんな印象を受けるだろうか。鮮やかで生き生きとしたイメージなのか、ジャングルのように混沌として不気味なイメージなのか。見る者は常に、少なくとも2つの異なる、相矛盾した意味の可能性に目を開いておかねばならない。

　辛抱強いセラピストであれば、各セッションに少なくともひとつは、感情あるいは理性に訴える切り口を、必ずや見つけられることだろう。それで十分なのだ。しばしば立て続けに現れるプレイの内容全てを象徴的に理解する必要などないし、できようはずもない。あるセッションで出たテーマは、ほとんどの場合、その後の回でも再登場するものであり、セラピストは比較の機会を持つことができるだろう。しかしいずれにせよ、子どもの仕草や身振り、身体表現に、物音に、時にはその匂いに表現されているであろう、プレイに伴うその子の感情状態については把握することができるはずである。

馬が来る

　次に、マルセロという6歳の少年の箱庭セッションを紹介したい。記述にあたっては、これまでとは少し違って、マルセロの最初の作品を詳細に示したのち、続く9回のセッションからいくつかの重要なテーマを取り出し、その流れを描いていくことにする。これらのテーマのほとんどは、最初のセッションですでに予告されており、それから5ヶ月にわたって徐々に展開していくことになる。そのテーマとは、育児放棄と親からのケア、攻撃性、殺すこと／殺されること、そして連帯と友情である。

　　マルセロは3人兄弟である。母親は1年前まで路上生活を送っていた

が、現在は子どもたちを養う生活費を稼ぐことができるようになった。母親のパートナーとその2人の連れ子も一緒に生活しているが、パートナー自身は無職である。5人の子どもたちは野放し状態にある。マルセロには身体的な虐待の跡があり、学校の成績は同年齢の他の子どもたちから大きく遅れをとっている。上の空に見えることも多い。箱庭で遊んでいる時にも、自分がどこにいるのか忘れてしまっているかのような瞬間が多々見受けられる。フィギュアを手に部屋の中央に立ち尽くし、まるで夢でも見ているようである。この振る舞いには、防衛機制が関わっているという印象を受ける。さもないと、外側から向けられる攻撃性に耐えることができないのだろう。こうした攻撃性をプレイで表現することで、マルセロが大きな安心感を得ていっているのは明らかであった。少しずつではあるものの、周囲にさらに自分を開きはじめ、ポジティブな提案一般を受け入れることもできるようになっていった。

　マルセロはまず、作品下方に見える自動車とオートバイを使って遊び始め、前へ後ろへと走らせた（**写真53**）。この緩慢ながらも絶え間ない動きによって、空間という感覚が生み出され、また繰り返し走行することのできる道路ができた。次に手に取ったのは、掘削機とトラック、作業員の人形であった。作業員一人ひとりに、マルセロは同じ色のスコップを選び、手に持たせた。彼は自分では砂を掬わず、作業員たちの手で掘らせていった。人形は作業に精を出し、下方へと掘り進めていった。ここに込められた意味は、次のように理解することができるだろう。心理的な作業が始まっており、マルセロはそれに必要な道具をすでに手に入れている、と。このような始まりは、かくも受動的な印象を与える子どもには想像もつかなかったが、きわめて肯定的な展開を期待させるものであったといえる。

　マルセロは、砂箱の上半分に取り掛かった。彼はそこに様々な種類の動物、特に肉食獣を置いていった。さらにそこに、2匹の黒い蜘蛛が付け加えられた。ここでセラピストのメモを引用しよう。「遊んでくれてよかった。かなり集中している。一つひとつの人形を、いかに慎重に、

写真53

辛抱強く置いているかがよくわかる。人形を選ぶのにも、時間をかけている。事前に聞いていた人物描写や、学校では全く何もしようとしないと担任の先生が嘆いていたことが思い出される。しかし、今、私の目の前にいる子は、精神力も運動能力も十分に発達しているようだ。正確に観察し、砂を手で触って精査している。できる限り、物事が互いに緊密な関係を持つように、また、一度始まったことは最後まで進むようにしたいようだ。何かが下に落ちたり、場所がずれたりした場合には、どんなに繰り返すことになっても、全く同じように立て直そうとする。」

　そして、セラピストには意外であったが、マルセロは次に、赤ん坊の寝ている小さなベビーベッドを2つ手に取り、それらをとても用心深く、蜘蛛たちからできる限り離した左下の隅に置いた。それから、ベッドの周りにレンガで四角く壁を建てると、舌圧子をひと握り持ってきて、四角い壁に沿って砂の中に差し込んでいった。ごくごく小さな子どもたちの周りに高い壁が立ち、まるで屋根を暗示しているかのようだった。この光景に、彼はとても満足した様子であった。

第9章 ❖ コロンビアでの実践　251

今度は、塔に注意を戻した。この塔は、前に着手していたが、かなり苦慮していたものだった。しかし、子どもたちの場面を作ったことで、新たな強さを得たのだろう。塔が望んだ高さに到達した途端に倒壊してしまうということが何度繰り返されても、マルセロは諦めようとしなかった。そしてついに、塔が倒れずに持ちこたえると、てっぺんにマシンガンを持った兵士が立たされた。これもまた、幾度となく下に落っこちた。そこでマルセロは、マシンガンだけを横たえることにした。それは、マルセロが不可能な企てにしつこくしがみつかなくなったことの現れである。こうするしかないや、とまで言えるようになったのだ。この時も、満足げな表情を浮かべていた。

　セッションの終わりがけに、マルセロは再度、左下隅の2人の幼子に向き直った。彼は防護壁を取り払い、ベッドを子どもたちもろともひっくり返し、砂の中へと押し込んだ。セラピストは胸が締め付けられるようであった。すると彼は、子どもたちをもう一度砂から引き上げて——損傷はなかった——、レンガで四角く囲われた場所に、もとあったように慎重に横たえ、もう一度木切れの柵を立て始めた。果たして時間内に完了できるのかとマルセロがどれだけ心配しているかがセラピストにはわかった。他の子どもたちは皆、完成した作品を置いて既にその場を離れていた。セラピストは、まだ作業を続けてもよいと、彼に約束した（写真54）。

　箱庭作品の左下の角とは、新しいものが最初に姿を表す場所であることがわかっている。これは、無意識の内容が、原始的で生々しい形のまま、意識に向かって言わば初めて敷居を跨いだということを表すことも多い。

　マルセロの場合、それはあまりにもつましいものだった。明らかに、彼の人生で十分に与えられてこず、それゆえに埋め合わせられなければならなかったもの、すなわち、幼い子どもにはケアが必要であるという、ただそれだけの事実にほかならなかった。

　「子どもたちを砂の中に押し込む」という突然の行動は、おそらくマルセロの生育歴に関連したものだろう。周りの大人から、身体的・精神

写真54

的な虐待があったのだ。

　あるいは、セッションが終わりに近づいていることへの反応でもあったのかもしれない。もうすぐ遊びが終わってしまうということに対する怒りが、その瞬間、彼を子どもたちの虐待に向かわせたのだ。しかし、彼がもう一度自ら子どもたちのケアをすることができたということは、このセッションの大きな進歩であろう。

　「幼少期」のテーマは、この作品の別の場面にも現れている。作品の右側に、恐竜の赤ん坊が乗った1台の乳母車が見える。そのそばに、大きな恐竜が寄り添って、小さい方を注視している（**写真55**）。

　乳母車にいる小さな恐竜は、マルセロが自分の幼子としての欲求についてどう感じてきたか、そして今なおどう感じているかをイメージ的に伝えているのかもしれない。人間の子どもが感じるようなものではないのだ。このことは、彼の実際の生育環境にも対応していると言える。彼はそれまで、まるで動物の子どものように、生きるためにぎりぎり必要な、最も単純なものだけしか与えられてこなかった。ともかく恐竜の母

第9章◆コロンビアでの実践　253

写真55

親でも、全くいないよりはきっとよいのだろう。しかし、自分は人間の子なのだということを、マルセロは自分ひとりで発見しなければならなかった。彼が手ずから垣根を立てて守ってやった2人の赤ん坊こそ、その新しい成果にほかならない。たった6歳にもかかわらず、マルセロはこの幼子たち（彼自身の幼い子どもとしての欲求）に対して、結局は父親のように振る舞ったとも言えるだろう。自分の子どもが何を求めているのかをよく知った父親として。

このイメージについて何か言いたいことはないか尋ねると、たった一言だけ返ってきた。「お馬さんが来た。赤ちゃんを見に来て、また行っちゃった。」確かに、乳母車のほど近くに馬がいるのが見て取れる。

こうしてマルセロは、彼にとって最も重要であるらしいものを言葉にした。すなわち、赤ん坊の存在が証明される、ということである。外の世界に属している自分やセラピストだけでなく、何よりもプレイ中の象徴的な代表者によって、内なる心的現実から生じた像によって贖われる

必要があったのだ。継続的な変化というものは、このような心的レベルに達してはじめて生じるものである。作り手が意識的に置いた人物が退き、個々の人形たちがそれぞれ自律性を持って動き出した時にこそ、プレイはその治療的効果を発揮することができるのだ。「お馬さんが来た」。あたかも先のマルセロの行動——そっと赤ん坊を寝かせ、防護壁を立てる——が、言わば馬（心的エネルギー）を引きつけたとも考えられる。守られた赤ん坊が今や——心的現実の中に——実際に存在しているということを証明するために、この馬が到来したのだといえよう。

　これはすなわち、マルセロの意識の中で、自らの幼い子どもとしての欲求がはじめて知覚されたことを意味する。この馬は、失われた両親像の前段階として働いている。それは自然の生命力であり——同時に、自然以上のものである。プレイの中で、この馬は、動物界にいる馬のように行動しているばかりではない。まるでおとぎ話から出てきた馬のように振る舞う神話的な像であり、人間的な性質をも備えているのである。その象徴的な意味は、「本能に内在する精神性」という概念にも言い換えることができるだろう。

　象徴や象徴的なものについて語るときに忘れてはならないのは、それが、別の言葉でも説明することができるような記号ではなく、未知の心的事実に対する可能な限り最良の表現のことを指しているということである。象徴とは、「解釈する」のではなく、「増幅する」ものである。つまり、様々な次元の近似した要素によって豊かにし、異なる文脈に置き直してみるのだ。

　さて、ここで改めて、マルセロの作品に現れたケアのテーマのさらなる展開を追っていくことにしよう。はじめに、他のいくつかのテーマを取り上げておきたい。まずは、動きと自律性のテーマが、多くの乗り物——自動車、オートバイ、掘削機、トラック——によって表現されていたようである。特に最初の数セッションにおいては、それがこの少年にとって重要なものであったらしい。この乗り物たちは徐々に姿を消し、4セッション目までには、人々や植物がその場所を占めるようになって

第9章❖コロンビアでの実践　255

写真56

いく。たとえば最初の作品と3番目とでは、乗り物が異なる意味合いを持っているようである。先にも述べた通り、最初の箱庭では、車が砂箱の下端を行ったり来たりさせられた（写真56）。この往復の動きには、空間を作らねばという欲求が働いていたのだろう。さらにマルセロは、よく砂を掘ったり移動させたりもしていた。それによって、自分自身の行動がいかに物事を変化させ、動かすかということを表現していたのだろう。それは何事にも受動的であったマルセロにとって、新しい重要な体験であった。

　2番目と3番目の作品は、どちらかといえば、ある幾何学的な形へと向かうためのものであったように思われる。いずれも、最後に自動車で円が形作られることになった。言うなれば、車が表現のレベルを変えたのである。2番目の作品では、内と外を分けようとして、まずは円運動から始まり、そのうちに円形が用いられた（写真57）。3番目の作品では、攻撃性を示した動物——蜘蛛と人喰い牛——が円の中に閉じ込められた。このことは端的に、彼らがもはや自由には動けないこと、したが

写真57

って、他の人形たちにとって危険な存在ではなくなってきていることを意味している。マルセロの体験と関連づけるならば、彼はここで、ほとんど魔術的ともいえる方法で攻撃性との間に境界をつけて食い止め、それから自分自身を守ろうとしているということになる。そのうちに、彼は自らの内なる攻撃的な衝動を他のものから区別することを知った。彼の感情生活において、全ての衝動が織り混ざり、互いに移り変わってしまうことはもうないのである。

そして、塔をめぐっても、もうひとつのテーマが表れている。最初の箱庭で、マルセロは塔にかなりの労力を傾けていた。思い切り高くしようという彼の願いに反して、塔は何度も崩れ落ちてしまうのであった。2番目の作品になると、この塔はもっとしっかりとしたものになり、3番目では、もはや天に向かう1本の棒が立てられるのみになった。4番目の作品には、安定感のある大きな塔が見られるが、その後の箱庭では、もっと小さな複数の塔が、作品全体に控え目に溶け込んでいる。こうした垂直的要素は、マルセロにとって、下に広がる日常性から逃れたい、

よりよい俯瞰的視点や異なる視座を獲得したいという思いを意味していたのだろう。あるいは、単に自分が大きなものとして、大人として表現されるものであると思いたかったのかもしれない。マルセロの自尊心は、誇大的なファンタジー（巨大な塔）と挫折感（塔の崩落）の間を揺れ動いている。最後に塔のてっぺんに置くことができたマシンガンは、おそらく彼が持っている最も強く危険なファンタジーのひとつを示しているのだろう。誰にも到達しえない高みから自分自身を守り、そして／あるいは、悪いもの全てに対して復讐を果たすことができるように。

　もうひとつ、塔に似ていると思われるのが、大きな象のフィギュアである。力と自己主張への意思が、この動物から発しているように見える。ある作品では、「スーパーヒーロー」が象に乗っている。この人形は、自分の力と強さに対する願望のファンタジーと見ることもできるし、あるいは直接的に、本当は持ち合わせている心的潜在能力を代表しているという可能性もあるだろう（**写真58**）。

　7番目の作品には、2頭で争う象が登場する。この象たちは、新しい

写真58

重要なテーマの始まりを示している。二者性のテーマである。最後の4作品を作る最中、マルセロは何度も、また長い時間をかけて、2体の同じ動物を探し出した。この心理的な動きは、最終的に友情と連帯のテーマへと発展することになる。これらのテーマが示しているのは、マルセロが内側から力を与えられているのを感じており、その限りにおいて、他の子どもと連帯して力を合わせることも現実化してきているということであろう。

　また、マルセロのプレイの中に、生き物同士の関係性が観察できるのも興味深い。人間や動物、植物の間で、非常に様々な形で関係が生じているのである。最初の箱庭で目立ったのは、噛みつく、食べる、戦う、撃つ、殺すという関係性であった。無防備な存在に対する、攻撃者の圧倒的な優位性が特に印象的である。その後、新しい対他行動が芽生える。互いを守り合い、世話を焼きはじめたのだ。木の葉たちさえも、それらを食べようとする動物から身を守りあっているようである。ある生き物が、別の生き物が食糧を探すのを助け、食べものが見つかるということもあった。最後の数作品では、動物の次元で家族の準備ができている様子が見られた。

　そして、2作目以降変わらず、他のイメージとは無関係に登場している、ある陽気な光景がある。小さくてカラフルな魚が、ガラス玉でできた湖を泳いでいるのだ。これは身体的・精神的健康に関連しているものだろう。マルセロがこの魚と戯れる際に見せる丁重な姿勢や、本当に嬉しそうな様子に、セラピストはいつも心を揺さぶられた。このプレイが表現するものは、ユングが「自己」と呼んだ内的な浄福の存在、魂の中心を心理的に表したものと考えられよう。混沌や暴力、荒廃の只中で、きらめく湖を泳ぐカラフルな魚は、その言葉の最深の意味で「象徴」であるといえる。なぜなら、子どもの生における良いもの、美しいものにまつわる事柄全てが、その中で「ひとつになっている（zusammenfallen）」[17]からだ。マルセロは、外的な現実ではそうしたものをほとんど体験してこなかっ

---

[17] ギリシア語で言えば "Syn-ballein"（シンボルの語源）。

たが、彼の内的な生活には、魔法の守りで覆ってくれる——胎児を包む羊水のような——損なわれない慰めの場所が存在しているのだ。

　ここで、再びケアのテーマが現れる。先に言及した、最初の作品の2つの場面を思い出してほしい。小さなベッドに眠る人間の赤ん坊と、乳母車に乗った恐竜の子どもの1コマである。これが2番目の作品では、最初の箱庭で恐竜の子どもがいたのとちょうど同じ場所に、今度は乳母車に乗った人間の赤ん坊が置かれている。赤ん坊と関係のありそうな人物を周囲に探しても、1頭の虎しか見当たらない（写真59）。

　この変化を、次のように考えることができるかもしれない。マルセロにはもはや恐竜の皮を被って感情を隠す必要がなく、徐々に人間の子どものように感じられるようになってきてはいるものの、そこにはまず新たな危険が伴うのだと。周囲の攻撃性が、マルセロには虎の目にさらされているように感じられているのだろう。しかし同時に、2番目の箱庭には、先に見た湖を泳ぐカラフルな魚もおり、これが楽しい気分を呼び覚まし、作品中に陽気さを招き入れている。

写真59

3番目の作品にも、再び乳母車に乗った赤ん坊がいるが、今度は左上の角の、脅かすものの何もない区切られた空間に置かれている。子どもの隣に、マルセロは2人の大人を置いた。彼はこの2つの人形について、女性が男性に赤ん坊の食べ物を持ってきてくれるよう話しているのだと述べた。つまり、今回の大人たちは赤ん坊と関係を持っている。直接的な目線のやりとりこそないが、人間を示すアイテムが赤ん坊の存在に気づいているのは、少なくともこれが初めてである。

　4番目の作品には、さらなる進展が見られる。作品の中央で、ひとりの女性が赤ん坊を腕に抱いている（残念ながら、写真では象に隠れてわかりづらい）。マルセロは、彼女は虎を恐れているのだと語った。

　赤ん坊にとって、危険から逃れて女性の腕の中にいるということは、非常に重要なことを意味している。すなわち、今や大人がこの子を気にかけているということである。大人は生活上の危険を知っており、だからこそ赤ん坊の恐れを、赤ん坊の代わりに、難なく感じ取ることができる。大人は、子どもの恐怖と「虎」——現実——との間を媒介することができるのだ。そこで子どもはついに、いわば生命権を手にしたともいえる心理的局面を迎える。それこそが、まさに心理学的成長にとっての大前提にほかならない。

　5番目の作品では、ケアのテーマがさらに別の形で現れている。子どもの乗った乳母車が3台ある。近くに大人の姿はない。しかし——新しい要素として——今やそれぞれの子どもにミルク瓶が横たえられている。つまり、今回の場合には、大人が背景で関与しており、子どもに食べ物を与えるということが何とか配慮されているということである。そして、前作の子どもを抱いた女性が再び登場する。ここでは、この女性が、隣の大きな人形——超人的な能力を備えた「スーパーヒロイン」のようである——に向かって、「もう世話をしたくないから代わりに赤ちゃんを見てちょうだい」と頼んでいる。母親が子どもの世話を「したくない」、あるいはできないという場合には、超人的な力がその子を引き受けることになる。マルセロのイメージは、このスーパーヒロインを明らかに守

第9章❖コロンビアでの実践　261

護天使のような存在にまで高めているといえる。乳母車の中でミルク瓶をあてがわれている別の赤ん坊も、同じように「お母さん」に捨てられて、今はそこにある石がこの子の面倒を見ているのだと、マルセロは語った。

最悪の場合には、無機物でも母親の機能を果たすことができるのだ。「捨てていった」母親でも、全くいないよりはまだよい。このことは、先にアフリカの孤児の例に見てきたとおりである。そもそも、「お母さん」という言葉がマルセロの口をついて出たのは、この時が初めてであった。マルセロは孤児ではなかったが、おおかたそのように育ってきた。彼の欲求に気づいてくれる人は、これまでほとんどいなかったのである。

赤ん坊の存在に気づいていたのが馬だけだった第1作に対して、今や母親についての語りが現れている——たとえこの母親が、子どもを見捨て、世話を拒否する者と定義されているのだとしても。

父親なるものについても、同じ作品で初めて示唆されている。「この白と黒の牛は、こっちの牛の子どもで、このお父さんに会いたがってるの。」

そしてここでも、小さい魚が、いつものようにガラス玉の湖を泳ぎ回っている。軽やかに朗らかに、安らかに自由に。

最後から2番目の作品では、乳母車に乗った子どもが再び登場し、女性の人形と目線を交わしている。マルセオはこう述べた。「この女の人には子どもがいて、子どもを見てるんだよ」。

また、連帯のテーマと「友達」という言葉も、同じ作品で初めて現れた。「この虎は友達を探してるところ。この馬は、何か食べるものをもらおうと思って、友達を探してる。この男の人は、敵が怖いから、別の人を見つけないといけないんだ。」そして、前史的な進化段階、最古の起源においてであるが、ほとんど普通の家族のようなものが現れている。「この恐竜は、子どもたちのために食べ物を探しているところだよ。」

マルセロの人生が、これからも葛藤や脅威、ネグレクトの影響を受けていくのだと思うと、セラピストには無力感と悲しみ、不安が何度もこみ上げてくるのだった。

それでも、一連の箱庭を通じて——すでに進んできているように——、慈

しみや怒りの感情だけでなく、新しい気づきへの内的な備え（潜在能力）が活性化されていくだろう。マルセロは今や、別の子どもに友情をもって歩み寄って行くだけの内的自由を有している。彼の認識はもはや、抑圧する者／される者という両極に制限されることはない。自ら箱庭の場面を築き、その中で、たとえば「友達を探す」といったような経験をすることができる。つまり、彼の心的な世界観の中に、連帯というイメージがすでに形成されているのだ。教育的介入をしようにも、かくも堅く心を閉ざしてきた子どもに、ここまで短期間で同じような進歩を遂げさせるような方法など、とても考え付くものではない。たとえば、臆病で引きこもりがちな子どもに、争い合っていた子どもや動物がその後友達になるというような物語を聞かせることはできよう。あるいは、心を閉ざした子どもに対して、競争よりも協力が鍵となるゲームで他の子どもたちと遊ぶように励ますこともできるだろう。しかし、マルセロは果たしてそのような提案を受け入れることができただろうか。これまでの彼は、ほとんど全精力を傾けて、外から来るものを極力はねつけてきた。無気力さの陰に完全に隠れてしまうことでやり過ごしてきたのだ。学校での振る舞いも同様である。こうした防衛的態度をやめるように説得することなどどうしてできようか。言葉をかけ、お手本を示せば済むのだろうか。

　箱庭においては、外側から何かを受け入れるよう子どもに要求することもなければ、期待することさえしない。そこにこそ、とてつもない長所があるのだ。始まった瞬間から、マルセロは完全に自分自身に集中し、──ひとつめの箱庭作品が示していたように──誰にも邪魔されず、自らのペースで、自分自身の資源を掘り出すことを認められた。印象的なのは──そしてまさに本書でとりわけ指摘したかったことは──、教育者が彼のような子どもに喚起したいと願う態度が、いかなる教育的な介入もせずにマルセロの中で活性化されたということである。

　逆説的なことに、この前提条件はまさに教育の節制に、すなわち教えるという姿勢を差し控えるところにあった。その姿勢自体が不適切であるからではなく、マルセロのような状況にある子どもにとっては、タイミングとして相応しくないからである。外的な刺激というものはすべて、内的な準備が整

えられてはじめて受けとめられるのであり、そうでない場合には決して吸収されえないのである。

　もし今、体育の教師がマルセロに、他人と競争よりも協力するほうがいいと述べたとする。マルセロは、それをすでに内側で体験しているからこそ、この大人が話していることが直感的にわかることだろう。同じ教師の言葉でも、より強いものが勝つということしか経験したことのない若者の耳には届かないし、どんなにきつく叱ろうと、納得させることはできないだろう。しかし、マルセロの心にはその言葉が鳴り響くはずである。友情という概念が、すでにそこに存在しているからだ。さらにいえば、二者の間の友情が、すでに心的現実の水準で実際に起こっているからである。

　環境がわずかでも改善されるならば、いつかきっと、マルセロも水の中を泳ぐあの小さな魚のような気分を味わうことができるだろう。父親になる日が来たら、自分が一緒に暮らしていた男よりもずっと思慮深い父親になることだろう。ただし、環境が改善されないとすれば、最後の作品でマルセロが恐れていたものが現実になってしまう可能性もある。

　その前に、まずは8番目、最後から2番目の作品を見てみよう。残念ながら写真が手元にないのだが、ここにはもう人間や動物の間の攻撃的な闘争は見当たらない。小さな魚は引き続き湖におり、近くには貝殻が置かれている。

　この箱庭に関するマルセロの説明を、彼の言葉通りに引用しておくことにする。というのも、その言葉には、マルセロが新たに手に入れたものがいかに明確に表現されたかが示されている一方で、子どもの世界を共感的に理解することがどれだけ難しいか、また子どもの発言をその都度メタレベルで、つまり比喩的な意味で解釈するということがいかに集中力を要するものであるかが強調されているともいえるからだ。

　「これはこの家の番人。この動物たち（トカゲと牛）は、人間を殺したからここに閉じ込められているんだ。この大きな馬は食べ物を探してるけど、こっちの小さい馬たちはもう食べ物を見つけてるの。このヤギは、やつらが子ヤギたちを連れていかないか心配してるところ。これは木の番人で、葉っぱが絶対に食べられないように見張ってる。ここを蜘蛛たちが通りかかるんだ

けど、鍵が閉まっていて外に出られない。この子はこの女の人の子ども。こっちの女の人は、この赤ちゃんたちのお母さんなんだけど、この男の人がさらっていかないように子どもを隠してるんだ。この魚は、水を飲んで、また吐き出してるの。この人たちは車を修理して、洗ってるところ。この犬は、鞄を持ってバカンスに行くところ。この子は、あそこの人が殺しをやめたら、弾丸を取り上げるんだと言ってる。」

そして、最終回を迎えることになる。マルセロは、これまで達成してきたもの全てを、最後の箱庭に込めているようだった（**写真60**）。残念なことに、箱庭セッションが5ヶ月を経過したところで、マルセロと妹たちを引き続きセッションに参加させることに、義理の父親の同意が得られなくなったのである。これが最後の箱庭になるであろうということが、マルセロにはわかっていた。

彼はまず、4本のヤシの木に取り掛かり、それぞれを砂箱の角に立たせた。それから、教会と茂みと人々を、砂箱の縁に沿って置いた。

写真60

第9章❖コロンビアでの実践　265

次に、木のブロックと棒を使って大きな四角い空間を囲い、周りに回廊の
ようなものを取り付けた。空間の内側はさらに分かれ、人と動物とが仕切ら
れている——しかし同時に、両者をつなぐ橋もある。ここでも、マルセロは
できる限り多くのペアの動物を見つけようとした。そして、二枚貝の貝殻ば
かりを集め、そのそれぞれに小さな石を置いた。赤ん坊や小さな子どもたち
はもういない。兵士たちがいて、「動物を殺したがってるけど、この人たち
が止めている」。カイマン（訳注：中南米のワニ）の周りだけは、危険性が強ま
っている。「こいつはおもちゃのふりをしているけど、馬が食べ物を探しに
来ると、近寄って行って食べてしまうんだよ。」

　マルセロの説明は、セラピストを非常に動揺させた。この脅威が不気味な
響きを持っているのは、それがまさに子どもたちを狙っているからである。
最終的におもちゃさえも信じられなくなってしまったら、人生にも、幼年期
にも、安全な領域が見当たらなくなってしまう。食べ物を探す馬——おそら
くマルセロが新たに獲得した生命力を表現したもの——が、進化の段階とし
てはより下等な動物であることに注意しなければならない。原初的な衝動と
いうものはつねに、分化された感情や関係性に基づく生活をあっという間に
打ち砕きうるものであるからだ。

　しかし、このカイマンの悪だくみ、意図的な偽装は、別の角度からも見る
ことができる。今やマルセロは単に無邪気な存在ではなくなりつつあり、行
動にずる賢さを取り入れることを学んできているのだと。馬とカイマン——
生命力と破壊衝動——の両方が、果たして彼の中で共存していくことができ
るだろうか。「進化的に下の動物が、もっと上の動物を食べちゃうこともあ
るんだよ。相手が油断してればね。」人間の文化史に照らしてみるならば、
この６歳の少年の心配は、彼ひとりの問題では全くないのだろう。

　マルセロが箱庭制作に取り組んだ５ヶ月の間に、彼が明らかに心を開くよ
うになり、目に見えて積極的になったということは、平和の学校の教育関係
者たちも、全員一致で認めるところであった。

現地の様子

第10章

箱庭表現法プロジェクトの実践手引き

　ひとつの自己完結型プロジェクトは、4名から8名の子どもたちのグループによる4回の箱庭セッションで構成されている。困窮した状況（例えば地震後の危機介入など）では、それが最初の、被災者感情を配慮した援助として機能するはずだ。その他、5、6ヶ月以内、12〜16回のセッションを予定する場合もある。

　たった4回のセッションとなれば、チーム内の討議あるいは作品ごとのスーパーヴィジョンも含め、10日あれば完了することができるため、外部から入るセラピストでもプロジェクトを遂行することが可能である。ただし、継続したオンライン・スーパーヴィジョンがあれば、アシスタントが自分たちだけでも取り組みを続けていけるよう、十分な訓練と実習を確実に受けてもらう必要がある。

対象

　3歳以上であれば、何らかの「困難」を抱えた人は誰でも参加できる。箱庭表現法にとって、精神医学的にも心理学的にも本質的な禁忌はない。唯一条件があるとすれば、グループの他の参加者の作業を妨害しないでいなければならないということである。

用意するもの

　木製かプラスチック製の砂箱に、程よい量の、湿り気があり、きめの細かい、清潔な砂を入れる。40センチ×60センチの薄青色の長方形の桶は、生活用品やカメラの付属品を扱う小売店で入手できることも多い。ミニチュアやおもちゃは、大部分が子どもたちの日常生活の中にあるものにするという原則に基づいて調達するようにする。

いずれの場合も、石、簡単な建築材、金属片（ネジ、ボルト、釘）、木のブロック、紐、植物（葉、果実の皮や芯、根、種、枝）、貝殻、コルク栓などは不可欠である。その他、人間や動物を表すものも必要であり、可能であれば、人間と動物の赤ちゃん、戦っている人（兵士など）、そして保護的な人形と気味の悪い人形とが両方あるとよい。

　もちろん、アイテムは地理的あるいは実践上の状況によって多岐にわたるであろうが、重要なのは、プロジェクトの間は新しいものを加えたり、すでにあるものを取り去ったりしないということだ。むろん、最初から不足していたもの、途中で足りなくなってしまったものを十分な量補充するという意味での調整は別である。

　アイテムは、壁に沿って並べるか、部屋の中央にあるテーブルに広げておくかする。そうすれば、制作中に近くの砂箱の子どもに動線を邪魔されることなく、誰でも問題なく手に取ることができるだろう。また、カテゴリーごとに分けておくようにすれば、欲しいものが一目瞭然で見つかり、子どもたちが探す時間を節約することができる。

実施場所

　集団での箱庭制作は、他にどうしようもなければ屋外でもよいというほど、どんな部屋でも実施可能である。砂箱同士の距離は、部屋の大きさによって決定する。重要なのは、すべての子どもが自分だけの空間を持つこと、お互いのプレイを簡単には覗き込めないこと、そして、それにもかかわらず、集団の懐に守られた気持ちで過ごせるということだ。また、子どもが望めば、砂箱の四方すべてに立って作業することができるのが好ましい。

　子どもたちは立って作業をしてもよいし、椅子があるならば砂箱の前に座ってもよい。いくつかの砂箱は、小さい子どもたちでも楽に作業ができるように、身長に合わせて調節可能であるとよいだろう。それが難しければ、砂箱を床に置いてもよい。

　見守り手はそれぞれ、担当する子どもの近くに立つか座るかする。その位置は、どのセッションでも同じ場所を保つようにする。それでもやむを得ず、

あるいは予期せぬことで位置を変えざるをえない場合には、そのことを記録で触れておく。その場所については、子どもから見て砂箱の右上の角を保つのが効果的であることがわかっている。子どもたちはいつでも自由に、自分の担当者に向かって静かに話しかけることができる。大抵は作品が完成した時に話しかけてくることだろう。その気があるなら作品について説明するだろうし、そこで起きている物語を話しはじめるかもしれない。見守り手は、それに耳を傾け、記録に書き留め、また、未解決のものや最後まで説明されていないものがあった場合には問いを投げかけることもある。一度担当した子どもには、セッション全体を通じて、同じ見守り手がつくことになる。

その他用意するもの

デジタルカメラに加え、写真を当日に印刷して話し合うことができるよう、PCとプリンターがあると非常に便利であろう。

作品の写真は、できる限りフラッシュを用いずに、子どもが制作していた位置から撮影するようにする。もしも様々な方向から作業していた場合には、そのことは必ずメモに残しておく。

記録用紙は、立ったままメモを取らなければならないことも多いので、下敷き付きのパッドを用いるのがよい。また、他の子より先に終わってしまった子どものために、色ペンや鉛筆、紙、粘土も用意しておく。

導入の言葉

子どもが砂箱の席に着く前に、全体に向けて流れを簡単に説明する。子どもたちに伝える内容は、その時々で変化があってよい。箱庭というものは——集団の場合でも個人の場合でも——、つねに作り手とセラピストとの関係から生じるものであり、この導入も単に規則を羅列するだけの通り一遍な説明に終わってはならないからである。むしろ、「自由で守られた空間」が立ち現れる雰囲気を作り出せるように、個々の状況に合わせて慎重に言葉を選ぶ必要がある。長く説明したいセラピストもいれば、必要最低限を好む者もいるだろう。いずれにせよ、この導入は、その土地ごとの社会的・文化的作

第10章◈箱庭表現法プロジェクトの実践手引き　271

法にふさわしいものである必要がある。リーダーのセラピストが外部の者や
外国人であって、現地のファシリテーターと組んでいるような場合には、子
どもたちの社会的環境に親しみがあって、彼らの言葉をよりうまく捉えるこ
とのできる人が導入するほうが有効であることもわかっている。

　小さな子どもには、誰でも自分だけの世界を作れるゲームなのだと伝える
だけで事足りるだろう。さらに次のことを補足してもよい。何をどうして遊
びたいかがわかるのにとても長い時間がかかる子もいれば、自分に何が必要
か、どうやって遊べばよいかがあっという間にわかる子もいること。上手と
か下手とか、美しいとか醜いなどというものはなく、思いついたものは何で
も作ってよいこと。何をしても構わないが、砂箱から砂を投げ出したり、わ
ざと物を壊したり、人の邪魔をしたりはしないこと。特に子ども同士のおし
ゃべりは邪魔になることが多いので、避けるようにすること。ただし、必要
ならいつでも、見守り手に向かって静かに話しかけてよいこと、などである。

　もう少し年齢の高い子どもたちには、自分自身について知ったり、普段は
あまり口にしないような個人的な心配事や願望を表現したりできる機会にな
るとアピールしてもよいだろう。自分だけの世界を作ることができる——青
年期の若者には「遊ぶ」という言葉はあまり適さない——と言うのもよいし、
何のためか、どうしてかがすぐにわからなくても、思いつくことは何でもし
てみるように、とか、単純に「ただ楽しんでくれたらいいよ」などという言
い方もよいだろう。そして、一通り終わったと思う人は、何を作ったのか、
それによってどのように感じたのかといったことを、大人に話すことができ
ると伝えておく。

時間と記憶

　箱庭制作そのものと、作品中に設定されていた「物語」に関する作り手の
説明を合わせて、1時間から1時間半をとるようにする。さらに、写真撮影
と片付けのために十分な時間を見積もっておく。片付けは、子どもたち自身
には決してやらせない。最後の子どもが部屋から出てはじめて開始するもの
とする。

ところで、写真を撮った際には、どの写真がどの子のものなのか、必ず速やかに入力し、記録しておくことをおすすめする。セラピストが、作品の内容や、どの子の話なのかについて確実に覚えていられると思っていても、この印象が当てにならないこともある。特に、たった数日の間に多くの制作過程や作品を目にしていると、経験豊富なセラピストでも重要な場面を忘れてしまうことがある。それはおそらく、半意識状態で見守り、傾聴するという、このセッションの大変特殊な性質に起因したものなのだろう。だからこそ、意識的な記憶の中に自由に呼び起こすということがまったくもって困難なのである。したがって、自分の記憶力を過大評価せず、詳細な記録を取ることがきわめて重要である。

記録方法

　記録の取り方に関しても、つねに、できる限り個々の進行に応じて選ばれる必要がある。細かいことではあるが、記録用紙の各ページを少なくとも2段に分けるのは非常に有効である。1列目には、客観的に観察したことを記入する。たとえば、何がどのような順番で置かれたか、子どもがどのように取り組んでいるか、などである。もう1列には、その場の出来事によって引き起こされた、セラピスト自身の主観的な印象や思考、感情を記す。ここにはまた、たとえば、見守り手自身がどれくらい集中していると感じたかや、逆に他のどんなことに気を取られてしまったかについても記録しておくとよい。それから、作品を絵で描くというのもよいだろう。作品が完成したら、子どもが自分の作品について話したことを、できる限りその子の言葉に即して書き留め、また子どもの説明の仕方についてや、説明せずに黙っていたならば、そのことについても残しておくようにする。

　記録をつける際、つまり、箱庭制作に伴う内的・外的な過程を文字で残そうとする際には、瑣末な詳細に捉われるのでも、曖昧な印象論にとどまるのでもなく、外的な動機に突き動かされつつも内的には空気を読み取っていくという、バランスのうまく取れた第3の視点が必要であろう。

　各セッションの記録には、印刷した写真を添付するのがよい。

作品に関する討議

　一連のセッションが終了したら、個々の作品について、写真や記録を元にチームで話し合いを行う。

　ここでは、最初の混沌状態から初歩的な――あるいはすでに分化された――構造への進展が見て取れることも多い。この話し合いで焦点が置かれるのは、作品から読み取れる発展の動きだけでなく、見守り手自身にもたらされた主観的な思考や感情、情動的な感覚も含まれている。見守り手が、箱庭セッションの外で、担当する子どもに具体的な手助けをする必要を感じるケースもしばしば存在する。そのような衝動に近い思いを感じた場合にも、ディスカッションで扱われなければならない。

箱庭の限界

　子どもが最初の2、3回のセッションの間に進歩を見せていたにもかかわらず、その後のセッションで元に戻ってしまうというような特殊なケースもある。そのような場合には、その子が自分ではどうすることもできないような外部の環境に追い込まれており、発達のファンタジーのようなものを――まだ――持つ余裕がないことが推定される。その均衡を保つために、防衛機能（たとえば、攻撃者への同一化、あるいは置き換えなど）が活性化されているのだ。こころは、失望するくらいなら、最初から希望を持たないほうがましであるということを学んで知っている。それゆえ、当初は発展を示していながら、後の作品でそれをすべて再び破壊してしまうような子どもがいたら、その子は特に緊急の援助を必要としている可能性がある。そうしたケースでは特に、たとえば絶えず虐待を受けていたり命を脅かす脅威にさらされていたりするなど、急性のトラウマ化がなおも続いているということはないかを確認するために、家庭訪問を実施することが求められるだろう。

　また、時には、子どもが何を必要としているのか理解しかねるようなケースも存在する。多くは、子どもが制作にやる気を示さなかったり、他の子どもを妨害したりする傾向にある場合に顕著である。そうした子どもたちには、別のアプローチ方法が求められることになる。まずは、たとえば何らかのス

キルを身につけることによって、自我レベルを強化してやる必要があるだろう。物の修理、スポーツ、縫い物、手本に従った描画、音楽演奏などのほうがより適しているといえる。

ただし、箱庭制作そのものがそのような興味や才能の方向性を示しているということもよくあることである。

訓練

プロジェクトの進行中にも、随時ボランティアの訓練が可能である。まずは、子どもの担当にはつかず、グループ全体を見守り、補助業務（砂箱の組み立てや分解、機材の管理、その日砂で遊びたがらない子や、すでに作品を作り終えた子の相手など）をおこなう。また、チームディスカッションにも参加する。

箱庭表現法は、多大なる実際的な作業負荷を伴う。何度も砂箱を組み立てては分解し、砂の入った袋を運び、テーブルにアイテムを並べては再びきれいに片付ける。そして何より、記録の問題がある。すべてのセッションを文書や図画に記録し、各セッション終了後にすべての作品を写真に収め、コンピューターに転送してプリントアウトし、手書きのメモを添えてまとめてしまわなければならない。

それでも、心理学を学んだ学生の経験は越えがたい。そのような短い期間では、理論や実践を彼らと同じだけ学ぶような十分な機会がないのである。見守り手の訓練は、次のようなものである。まずは2名のセラピストによる受理面接、セラピストの見守りのもとおこなう2回の箱庭セッション体験、約30時間の理論指導を受ける。その後、箱庭プロジェクトに1回は見守り手として、次は子ども担当の見守り手として参加し、セラピストのスーパーヴィジョンのもと、チームディスカッションに参加する。最後に、担当した子どもの作品に関する事例報告を提出する。

箱庭表現法のプロジェクトや見守り手の訓練に関する情報は、国際箱庭表現法協会のウェブサイト（www.sandwork.org）で確認のこと。

文 献

Aerztliche Reform-Zeitung (Doctors' Reform Newspaper) (1922): *A Psychoanalytic Ambulatorium in Vienna*, Vols 9-10. Archiv des Psychoanalytischen Ambulatoriums, Wien.

Ahmed, S.H. & Siddiqi, M.N. (2006): Healing through art therapy in disaster settings. *Lancet* 368, 28-29.

Aichhorn, A. (1925): *Wayward Youth*. New York (Viking).（三沢泰太郎（訳）（1981）：手にお えない子　誠信書房）

American Psychiatric Association (APA) (2000): *Diagnostic and Statistical Manual of Mental Disorders*. Text Revision (DSM-IV-TR), APA. Washington, DC.（高橋三郎・大野裕・染 矢俊幸（訳）（2002）：DSM-IV-TR 精神疾患の分類と診断の手引　医学書院）

Andreas-Salomé, L. (1918)：*Sigmund Freud Chronologie*. Eine Publikation des Sigmund Freud Museum, Wien, Berggasse 19.

Ansermet, F. & Magistretti, P. (2003): *Neuroscience et psychanalyse: Une rencontre autour de la singularité*. Paris (Odile Jacob).

Barloewen, C. (1992): *Kulturgeschichte und Modernität Lateinamerikas*. München (Matthes & Seitz).

Baudot, G. (1976): Les Lettres precolombiennes, Toulouse. In: Todorov, T. & Baudot, G. (1988): *Racconti aztechi della Conquista*.Turin (Enaudi).

Bauer, J. (2004): *Das Gedächtnis des Körpers: Wie Beziehungen und Lebensstile unsere Gene steuern*. Stuttgart (Piper).

Binswanger, O. (1922): Die Kriegshysterie. In: v. Schjerning, O. (Hg.): *Handbuch der ärztlichen Erfahrungen im Weltkriege 1914-18*, Vol. 4: K. Bonhoeffer (Hg.): *Geistes- und Nervenkrankheiten*. Leipzig.

Bolivar, G. (2008): *Sin tetas no hay paraíso*. Editora Oveja Negra. Bogotá.

Brecht, K.; Friedrich, V.; Hermanns, L.M.; Kaminer, J.I. & Dierk, H.J. (Hg.; 2009): *Hier geht das Leben auf eine sehr merkwürdige Weise weiter... Zur Geschichte der Psychoanalyse in Deutschland*. Gießen (Psychosozial-Verlag).

Char, R. (1995): L'éternité à Lourmarin (Die Ewigkeit zu Lourmarin). In: Char, R.: *Einen Blitz bewohnen*. Ausgewählte Gedichte. Frankfurt/M. (Fischer), S. 66.

Conrad Lammers, A. & Cunningham, A. (Hg.; 2007): *The Jung-White Letters*, London (Routledge).

Danto, E.A. (2005): *Freud's Free Clinics: Psychoanalysis and Social Justice, 1918-1938*. New York (Columbia University Press).

Diercks, C. (2002): The Vienna Psychoanalytic Polyclinic (»Ambulatorium«): Wilhelm Reich and the technical seminar. *Psychoanalysis and History* 4, 67-84.

Eitingon, M. (1922): Bericht über die Berliner Psychoanalytische Poliklinik, März 1920 - Juni 1922. *Internationale Zeitschrift für Psychoanalyse* 8, 506-520.

Eitingon, M. (1923): Report of the Berlin Psycho-Analytical Polyclinic, March 1920-June 1922. *International Journal of Psycho-Analysis* 4, 254-269.

Encyclopedia Britannica (2010): Dobyns, Henry. *Encyclopedia Britannica Online*. URL: www.britannica.com/EBchecked/topic/1397520/Dobyns-Henry

Evans, R.I. (1984): *Freedom to Choose: The Life and Work of Dr. Helena Wright, A Pioneer of Contraception*. London (Bodley Head).

Frank, C. (1999): *Melanie Kleins erste Kinderanalysen: Die Entdeckung des Kindes als Objekt sui generis von Heilen und Forschen*. Stuttgart (Frommann-Holzboog).

Frank, C. (2009): *Melanie Klein in Berlin: Her First Psychoanalysis with Children*. New Library of Psychoanalysis, General Editor D. Birksted-Breen. London (Routledge).

Freud, S. (1946): Einige Charaktertypen aus der psychoanalytischen Arbeit. *GW* X, S. 364-391.

Freud, S. (1947): Wege der psychoanalytischen Therapie. Internationaler Kongress für Psychoanalyse, Budapest, 28 September 1918. *Internationale Zeitschrift für Psychoanalyse*, 1919, 5 (2): 61-68. *GW* XII, S. 183-194. (Lines of advance in psychoanalytic psychotherapy, 1918.)

Galeano, E. (1994): *Las venas abiertas de America latina*, Ciudad de Mexico. Madrid (Siglo XXI Editores).

Gambini, R. (1988): *O espelho índio: Os jesuitas e a destruição da alma indigena*. Rio de Janeiro (Espaço e Tempo).

Gambini, R. (2005): *Anima e cultura*. Bergamo (Moretti & Vitali).

v. Gontard, A.(2007): *Theorie und Praxis der Sandspieltherapie: Ein Handbuch aus kinderpsychiatrischer Sicht*. Stuttgart (Kohlhammer).

Guggenbühl-Craig, A. (1986): *Power in the Helping Professions*. Dallas, TX (Spring).（樋口和彦・安渓真一（訳）（1981）：心理療法の光と影——援助専門家の〈力〉 創元社）

Joseph, S.A.; Williams, R.M. & Yule, W. (1997): Normal and abnormal reactions to trauma. In: Joseph, S.A.; Williams, R.M. & Yule, W. (Hg.): *Understanding Post-Traumatic Stress: A Psychosocial Perspective on PTSD and Treatment*. Chichester (Wiley).

Jaffé, A. (1987): *Erinnerungen, Träume, Gedanken von C, G. Jung*. Aufgezeichnet und herausgegeben von Aniela Jaffé. Olten(Walter).（河合隼雄・藤繩昭・出井淑子（訳）(1972-1973)：ユング自伝——思い出・夢・思想1・2 みすず書房）

Jung, C.G. (1983): Die Beziehungen zwischen dem Ich und dem Unbewussten Zwei Schriften über Analytische Psychologie. *Gesammelte Werke*, Band 7. Olten(Walter).（野田倬（訳）(2017): 自我と無意識の関係 新装版 人文書院）

Jung, C.G. (1985): Einführung zu Frances Wickes »Analyse er Kinderseele«. *Gesammelte Werke*, Band. 17. Olten (Walter).

Kalff, D. (1966): The archetype as a healing factor, Psychologia 9,177-184. In: Guggenbühl-

Craig, A. (ed.): *The Archetype: Proceedings of the Second International Congress of Analytical Psychology.* Basel (Karger).

Kalff, D. (1966): *Sandspiel. Seine Therapeutische Wirkung auf die Psyche.*Zürich (RascherVerlag). (大原貢・山中康裕（共訳）（1972）：カルフ箱庭療法　誠信書房）

Kalsched, D. (1996): *The Inner World of Trauma: Archetypal Defenses of the Personal Spirit.* London (Routledge).（千野美和子・高田夏子（訳）（2005）：トラウマの内なる世界――セルフケア防衛のはたらきと臨床　新曜社）

Lowenfeld, M. (1979): *The World Technique,* Institute of Child Psychology. Boston, MA (Allen & Unwin).

Lowenfeld, M. (2007): *Understanding Children's Sandplay: Lowenfeld's World Technique.* Portland, OR (Sussex Academic Press).

Lowenfeld, M. (2006): *Play in Childhood.* Portland, OR (Sussex Academic Press).

Malchiodi, C.A. (ed.; 2005): *Expressive Therapies.* New York (Guilford Press).

McNiff, S. (2006): Foreword. In: Malchiodi, C.A. (ed.): *Expressive Therapies.* New York (Guilford Press), S. xii.

Mitchell, R.R. & Friedman, H.S. (1993): *Sandplay: Past, Present and Future.* London (Routledge).

Mitchell, R.R.; Friedman, H.S. (1997): *Konzepte und Anwendungen des Sandspiels.* München (Ernst Reinhard Verlag).

Mundo, E. (2009): *Neuroscienze per la psicologia clinica: Le basi del dialogo mente-cervello.* Milan (Raffallo Cortina Editore).

Navone, A. (2002): Matter and the psyche: A feasible therapy. In: Pattis Zoja, E. (Hg.): *Sandplay Therapy: Treatment of Psychopathologies.* Einsiedeln (Daimon), S. 87.

Panksepp, J. (1998): *Affective Neuroscience: The Foundations of Human and Animal Emotions.* Oxford (Oxford University Press).

Papadopoulos, R.K. (1998): Destructiveness, atrocities and healing: Epistemological and clinical reflections. *Journal of Analytical Psychology,* 43, 455-477.

Papadopoulos, R.K. (ed.; 2002): *Therapeutic Care for Refugees: No Place Like Home.* London (Karnac).

Pattis Zoja, E. (ed.; 2002): *Sandplay Therapy: Treatment of Psychopathologies.* Einsiedeln (Daimon).

Pattis Zoja, E. (2002): What can a Jungian analyst learn from sandplay? *Journal of Sandplay Therapy* 11, 29-41.

Pattis Zoja, E. (2010): The good and the beautiful in sandplay therapy. *Journal of Sandplay Therapy* 19, 33-46.

Peterson, C.; Maier, F. & Seligman, M. E. P. (1993): *Learned Helplessness: A Theory for the Age of Personal Control.* Oxford (Oxford University Press).（津田彰（監訳）（2000）：学習性無力感――パーソナル・コントロールの時代をひらく理論　二瓶社）

Sanitätsbericht über das deutsche Heer im Weltkriege 1914-1918, Vol. 3: Heeressanitäts-inspektion des Reichswehrministeriums (ed.; 1934): *Die Krankenbewegung bei dem deutschen Feld- und Besatzungsheer*. Berlin.

Schore, A.N. (1998): Early trauma and the development of the right brain, address to Understanding and Treating Trauma: Developmental and Neurobiological Approaches Conference, Department of Psychiatry and Biobehavioral Sciences. Los Angeles, CA (UCLA School of Medicine).

Schore, A.N. (2001): The effects of early relational trauma on right brain development, affect regulation, and infant mental health. *Infant Mental Health Journal* 22(1-2), 201-269.

Stern, A. (1998): *Der Malort*. Einsiedeln (Daimon).

Stern, D.N. (1990): *Diary of a Baby*. New York (Basic Books). (亀井よし子（訳）(1992)：もし、赤ちゃんが日記を書いたら　草思社)

Steward, R. (1998): Unpublished interview. In: Danto, E.A.:The Ambulatorium: Freuds free clinic in Vienna. *International Journal of Psycho-Analysis* 79(2), 287-300.

Thom, I. & Kendler, M. (2006): Sandspieltherapie in einer fremden Welt. *Zeitschrift für Sandspieltherapie: Zeitschrift für Wissenschaft und Praxis einer Methode* 21, S. 28-35.

Todd, O. (1996): *Albert Camus: Une vie*. Paris (Gallimard).

Tricario, G. (2009): *Daídalon: L'archetipo della possibilità*. Bergamo (Moretti & Vitali).

Urwin, C. & Hood-Williams, J. (ed.; 1988): *Child Psychotherapy, War, and the Normal Child: Selected Papers by Margaret Lowenfeld*. London (Free Association Books).

Wells, H.G. (1911): *Floor Games*. London (Palmer); neue Auflage: New York (Arno Press; 1976).

Wickes, F. (1978): *The Inner World of Childhood*. Boston, MA (Sigo Press). (秋山さと子・國分久子（訳）(1983)：子ども時代の内的世界　海鳴社)

Winnicott, D. (1971): *Playing and Reality*. London (Tavistock). (橋本雅雄・大矢泰士（訳）(2015)：改訳　遊ぶことと現実　岩崎学術出版社)

Winnicott, D. (1971): *Therapeutic Consultations in Child Psychiatry*. New York (Basic Books). (橋本雅雄・大矢泰士（監訳）(2011)：新版　子どもの治療相談面接　岩崎学術出版社)

Wolf, R.I. (1983): Review: »Expressive Therapy: A Creative Arts Approach to Depth-Oriented Treatment. Arthur Robbins with Contributors. New York: Human Sciences Press,1980«. *Psychoanalytic Review* 70, 277-278.

Zehn Jahre Berliner Psychoanalytisches Institut (Poliklinik und Lehranstalt) 1920 bis 1930. Wien (Internationaler PsychoanalytischerVerlag),1930.

Zoja, L. (2002): *Das Verschwinden der Väter*. Düsseldorf (Patmos Verlag).

Zoja, L. (2008): *Violence in History, Culture, and the Psyche*. New Orleans, Louisiana (Spring Journal Books), S. 39.

索 引

✢人名索引

【ア行】

アイティンゴン，マックス（Eitingon, Max）
10, 12, 15

アイヒホルン，アウグスト（Aichhorn, August）
11

アフメッド，ハルーン（Ahmed, Haroon）
49

ヴィッケス，フランセス・G（Wickes, Frances G.）
20

ウィニコット，ドナルド（Winnicott, Donald）
32, 33, 35, 36, 79, 104, 197

ウェルズ，H. G.（Wells, H.G.）
31

【カ行】

ガオ，ラン（Gao, Lan） 187, 203, 210, 213,
214, 217, 219, 222

カルシェッド，ドナルド（Kalsched, Donald）
72

カルフ，ドラ（Kalff, Dora） 3, 5, 23, 35,
36, 37, 77, 83, 87, 94, 96, 102, 202

ガレアーノ，エデュアルド（Galeano, Eduardo）
231

ガンビーニ，ロベルト（Gambini, Robert）
230

クライン，メラニー（Klein, Melanie）
10, 12, 13, 14, 15, 32, 33, 35

ゴータマーダ，M.（Gauthamada, M.） 47

【サ行】

シェン，ヘヨン（Shen, Heyong）
210, 213, 214

シャール，ルネ（Char, René） 65, 66

スターン，アルノ（Stern, Arno） 34

スターン，ダニエル（Stern, Daniel） 34

【タ行】

トム，イマ（Thom, Imme） 132, 134, 139,
142, 147, 154, 155, 164

【ハ行】

パパドポロス，レノス（Papadopoulos,
Renos） 25

ヒッチュマン，エドゥアード（Hitschmann,
Eduard） 11

フェレンツィ，シャーンドル（Ferenczi, Sándor）
7, 8

フロイト，アンナ（Freud, Anna） 11

フロイト，ジークムント（Freud, Sigmund）
4, 7, 8, 9, 10, 11, 12, 15, 32

ベネディク, テレス（Benedek, Therese）10

【マ行】

モンテスマ　　　　　　　　　　68, 69

【ヤ行】

ユング, C. G.（Jung, C. G.）　　3, 9, 16, 17,
19, 20, 21, 22, 23, 24, 25, 26, 27, 34,
35, 36, 53, 56, 259

【ラ行】

ローエンフェルト, マーガレット（Lowenfeld,
Margaret）　5, 23, 29, 30, 31, 32, 33, 34,
35, 36, 77, 87, 96, 238

✤事項索引

【ア行】

アクティブ・イマジネーション　　23, 24
悪夢　　　　　　　67, 71, 91, 210, 224
アステカ　　　　　　　　68, 69, 233
アヒル　　　　　　195, 196, 198, 199
アルコール　　　　44, 116, 126, 129
アルテ・ポーヴェラ　　　　　　　4
移行領域　　　　　　　　79, 99, 104
石　　　　　17, 18, 19, 90, 92, 127, 165,
167, 173, 247, 262, 266, 270
イニシエーション　　　　　174, 175
犬　　　　　　　　　125, 211, 265

ウィーン外来診療所　　　　　11, 16
うさぎ　　　　　　　125, 217, 224
牛　　　　　　　246, 256, 262, 264
馬　　　　　254, 255, 262, 264, 266
エイリアン　　　　　　　　　119
エディプス・コンプレックス　　　12
エル・システマ　　　　　　　　47

【カ行】

貝殻　　　60, 90, 92, 127, 147, 158, 224,
264, 266, 270
カイマン　　　　　　　　　　266
ガゼル　　　　　　　　　217, 218
葛藤　　　79, 83, 86, 103, 117, 118, 122,
151, 166, 192, 237, 243, 262
壁（塀）　　　　　38, 136, 138, 139, 140,
159, 160, 245, 246, 251, 252, 255
亀　　　　　　　　　217, 218, 224
ガラス玉　　42, 92, 98, 127, 147, 196,
259, 262
漢字　　　　　　　　　　184, 185
儀式　　18, 51, 68, 70, 76, 82, 95, 125,
148, 149, 150, 168, 180, 182,
186, 211, 230, 237
虐待　　　　　　　　　　　　51
逆転移　　　　　　　　　　33, 71
キャンペシノ　　　　　　　　234
救急車　　　　　　　　　　　90
教会　　　　　　151, 233, 235, 265
恐竜　　120, 121, 218, 220, 253, 260, 262
キリスト教　　　　　　　　91, 217
車　　123, 190, 191, 193, 195, 204,
223, 243, 250, 255, 256

索引　281

元型	20, 36, 56, 75, 127, 175		世界技法	5, 23, 31, 33, 34, 35, 36, 87
コイン	241, 242		舌圧子	92, 245, 251
広州	123, 179, 210		戦士	103
孤児院	3, 80, 98, 123, 125, 141, 193, 194, 198, 201, 203		前象徴的	36
コルク栓	92, 165, 270		戦争	3, 7, 9, 30, 49, 51, 53, 68, 86, 117, 118, 119, 132, 148, 170, 175

【サ行】

【タ行】

魚	90, 125, 223, 224, 259, 260, 262, 264, 265		戦闘	237
柵	153, 154, 190, 252		象	258
砂漠	89, 195, 196		ソウルシティ	131, 164, 166, 168, 169, 171, 174, 176
サンゴマ	130, 148, 149, 151, 154, 155			
自殺	220, 230		退行	80, 82, 138, 141, 197, 205, 207, 241, 242, 243
思春期	145, 187		タコ	224
四川大地震	3, 109		戦い	90, 117, 119, 121, 224
沙朗舞	212, 223		天使	91, 186, 187, 202, 215, 217, 220, 233, 262
集合的無意識	4, 19, 20		塔	105, 252, 257, 258
自由連想	13, 14		虎	260, 261, 262
象徴	24, 27, 106, 141, 145, 147, 185, 255, 259		トラウマ	65, 71, 72, 76, 212
植物	43, 90, 120, 147, 148, 149, 158, 190, 192, 196, 217, 249, 255, 259, 270		ドラゴン	121
			トラック	195, 250, 255
城	122		鳥	90, 219
神経症	7, 8, 10, 11, 20, 29, 86			
心身症	11, 36, 181			

【ハ行】

深層心理学	14, 57, 63, 83, 181, 216		墓	140, 156
心的外傷後ストレス障害（PTSD）	3, 7, 24, 53, 70, 212		箱庭表現法	3, 4, 23, 53, 55, 56, 57, 58, 59, 63, 77, 78, 80, 81, 85, 88, 94, 97, 98, 109, 122, 129, 133, 134, 162, 269, 275
スラム街	3, 42, 92, 129, 130, 131, 148			
精神病	36		橋	60, 190, 191, 192, 209, 224, 266
性的虐待	54, 75, 165, 183, 201, 232			

畑	42, 43, 92, 170
爬虫類	90, 120, 141
パトカー	90
美	71, 259, 272
飛行機	90, 93, 122, 184, 195, 218, 219
仏像	91, 180
船	122, 202
フラッシュバック	53, 67, 210, 224
フロア・ゲームズ	31
文化大革命	180, 181, 182
兵士	121, 204, 249, 252, 266, 270
北京	181, 207
ベッド	161
ペディ族	170, 174
蛇	126
ベルリン	10, 11, 12, 13, 14, 15, 32
ボーア人	170
北川	50, 207, 208, 209, 210, 211, 213
ボゴタ	44, 229, 232, 234, 235, 238, 239, 240, 243
哺乳類	82, 125, 131, 141

【マ行】

マンジーヴィル	129, 150
無気力	51, 243, 263

【ヤ行】

幼稚園	3, 109, 111, 186, 187, 189, 194
ヨハネスブルク	42, 129

【ラ行】

ライオン	141
リズム・イズ・イット	47
龍	185

【ワ行】

ワニ	60, 136, 140, 141, 266

訳者解題

　本書は、Eva Pattis Zoja, *Expressive Sandarbeit: Eine Methode psychologischer Intervention in Katastrophengebieten und extremen sozialen Notlagen,* Psychosozial-Verlag, 2012 を邦訳したものである。2011年にRoutledgeから英語版 *Sandplay Therapy in Vulnerable Communities: A Jungian Approach* が出版されており、著者の母語であるドイツ語で書かれたオリジナルが、その1年あとを追う形になっている。ドイツ語版では、英語版からの修正も多くあり、削除された中には拾わないのが惜しいような価値ある記述も多々あったが、著者の意向に応え、本書では一貫して、ドイツ語版に忠実に従うことにした。訳出にあたっては、小木曽が全文を翻訳し、最後に監訳者の河合俊雄先生に全体に渡るチェックをしていただいた。

　著者のパティス（1952-）は、オーストリアの出身。ウィーンでユング派分析家の訓練を受け、1980年にオーストリア分析心理学協会（Österreichische Gesellschaft für Analytische Psychologie）の前身が立ち上がる際には、その創設メンバーにも名を連ねている。80年代以降はアメリカに渡り、ニューヨークで私設の分析オフィスを開業。その後、イタリアに移住し、現在はミラノを拠点に、南アフリカ・中国・コロンビア・アルゼンチンなど、世界各国で幅広く臨床活動を行っている。

　彼女を初めて目にしたのは、2016年に夏の京都で開催された国際分析心理学協会（International Association for Analytical Psychology）のカンファレンスでのことだった。鮮やかなボタニカル柄のワンピースを颯爽と着こなし、肯定的で真っ直ぐな活力に満ちた姿が、今も記憶に新しい。何よりも印象的だったのは、そこで報告された遥か遠い国での彼女の実践が、遠いどころか、まさに今ここにいる日本の私たちに訴えかけているように感じられたことである。未曾有の自然災害が列島各地に相次ぐ近年の日本において、もはやどこ

にいても1人辿れば必ず当事者に行き当たるほどに、被災地は常に身近に存在する。対人援助を専門とする者もそうでない者も、被災地で、あるいは今いる場所から、「自分にできる心的支援とは何か」を絶えず問われている中で、パティスの試みは極めて示唆に富んでいるように思われた。心理学的な「危機介入」の手段のひとつとして斬新で意義深いというだけでなく、実は日本ほどこれを受け入れる素地の整った場所はないのではないか。この驚きが、彼女の長年の実践をまとめた本書をぜひ邦訳したいとの思いに駆り立てられた端緒であったといえる。初出の2011年は、ちょうど東日本大震災が発生した年であるという符合もあった。

　経歴だけ見ても明らかなように、著者は国境というものをいとも自由に越えていく。言語も文化も大胆にまたいで、必要とあらば躊躇なく、未知なる土地のホットスポットまで飛び込んでしまうのだ。本書全体を貫いているのは、実践家としての彼女のどこまでも地に足のついたリアリティであり、また全ての対象へと等しく向けられる、溢れるような厚い情愛である。その地と水のような2つの性質が、さながら、水分を豊富に含ませた砂が箱庭の世界を立体的にしていくように、南アフリカや中国、コロンビアの「極限状況」という、きわめて特殊な場面での臨床の姿をありありと描き出し、気づけば読む者を、まさにその現場へと、否応なく巻き込んでいく。

　本書で扱われる子どもたちの事例は、多岐にわたる「極限」のあり方を示している。スラム街における貧困、犯罪やドラッグの横行する慢性的な情勢不安、家族からの虐待や愛情剥奪、予期せぬ大きな自然災害……。場所や状況こそ違えども、その渦中で子どもたちが傷つき、心の成長を停めて立ちすくんでいるという一点において、いずれも著者には同じに思われたのだろう。1980年代に箱庭療法の生みの親であるドラ・カルフと仕事をしていた著者は、箱庭の持つ治療的な効果を強く実感していた。しかし、それを豊かな国のクライアントに用いるだけでよいのか、この治療を本当に必要としているはずの、苦境にある子どもたちに届けることはできないかと、自問する日々があったと他所で述べている。そこで、1990年代以降、そのような子どもたち（時には周りの大人たち）に手を差し伸べるべく、著者らは世界中の学校

訳者解題　285

や孤児院などでアウトリーチ型の心理学的プロジェクトを開始する。同行する専門家の数は限られており、また場合によっては屋外で行わざるをえないなど、狭義の心理療法には不向きな環境において、短期間で、なおかつ心理学的に意味のある仕事をするにはどうしたらよいか。その問題に取り組む中で誕生したのが、"Expressive Sandarbeit"の手法であった。

　直訳するならば、「表現的な砂のワーク」とでもなるだろうか。「個人的な心理療法が不可能であるような状況のために」(p.77)、ローエンフェルトの「世界技法」とカルフの「箱庭療法」とを応用して考案されたというこの手法は、「箱庭療法」でありながら、狭い意味での「箱庭療法」とは一線を画すものである。そこにこそ、彼女の取り組みの独創性と大きな意義とが集約されていると思われる。訳出に当たっては、方法論としての特徴を強調し、「箱庭表現法」の語をあてることとした。

　では、その独創的な意義とはどのようなところにあるか。本稿では以下に、3つのトピックに絞って、これを考察していくことにする。

トラウマ治療論における位置付け

　著者がプロジェクトを開始してから英語版・ドイツ語版を上梓するまでの十数年間は、まさに危機介入に関する世界の研究動向の、ひとつの転換期に当たっていたといえる。

　本書第5章でも詳しく述べられているように、戦争や自然災害、事故、対人暴力など様々な要因が引き起こす心的トラウマに関する研究は、神経生理学の発展に伴って格段の進歩を遂げ、その治療方法についても、様々な議論が重ねられてきた。1980年代から90年代前半にかけて主流であったのは、デブリーフィング（Psychological Debriefing）に代表されるように、PTSDの発症を防ぐために、ストレス因となった出来事に関する認知や考え、情緒的反応の表出を被災者に促すような手法であった。わが国においても、1995年に発生した阪神・淡路大震災の際にデブリーフィングが紹介され、一部で用いられたという経緯がある。表出のための手段として、言語に限らず、描画などのイメージ表現が用いられたのだとしても、そこには専門家による治療

としての一律の「介入」があり、被災者側のレディネスや脆弱性の違い、また体験の個別性については背景に退いていたといえる。

　1990年代後半になると、そのような手法が、被害者に再トラウマ化を引き起こす危険をはらんでおり、かえって悪影響を及ぼす可能性が指摘されるようになる。現在では、それに代わる、より人道的・支持的で非侵襲的な介入技法として、サイコロジカル・ファーストエイド（Psychological First Aid: PFA）の考えが主潮をなしている。そこでは、治療的介入を第1選択とはせずに、人や共同体とのつながりや安全・安心といった、被災者の自然回復を長期的に促すような要因の重要性が強調される[*1]。2011年には、世界保健機関（WHO）がPFAに関する包括的なガイドラインを作成しているが、そこでは、想定する使い手を、心理の専門家のみならず、支援に携わる者全てに広げている[*2]。PFAは専門家にしかできないものではなく、専門家が行うカウンセリングとははっきりと区別される。大人にも子どもにも、あくまでも当人のニーズや状況に沿った、押し付けがましくない、必要十分のケアを目指すというのである。

　専門家主導の介入から、他者とのつながりを通した被災者の自己回復、そして、専門性の解放へ。こうした潮流を踏まえるとき、「箱庭表現法」の基本理念がきわめて時宜にかなっており、なおかつ具体的で、系統だった独自の解決策を提示していることが改めて見えてくるのではないだろうか。

メディアとしての箱庭

　PFAは被災地に入る者のガイドラインとして確かに有効であるが、その理念だけを掲げて実際に援助に取り掛かるとすれば、思わぬ落とし穴があるか

---

*1　Hobfoll, S. E., Watson, P., Bell, C.C., Bryant, R.A., et al. (2007): Five essential elements of immediate and mid-term mass trauma intervention: empirical evidence, *Psychiatry*, 70, 283-315.

*2　World Health Organization, War Trauma Foundation and World Vision International (2011): *Psychological first aid: Guide for field workers*. Geneva: WHO.（国立精神・神経医療研究センター・ケア宮城・公益財団法人プラン・ジャパン（訳）(2012)：心理的応急処置（サイコロジカル・ファーストエイド：PFA）フィールド・ガイド）

訳者解題　287

もしれない。対人援助の取り組みは往々にして、ケアする側に、無媒介の感情労働を強いる。懸命に相手に向き合えば向き合うほどに、他者であるゆえの共感不可能性や動かしえぬ現実に直面し、自分の無力さを突きつけられるような思いを抱くことになる[*3]。対人援助の専門家としての訓練を受けていなかったり、ボランティアであったりして、そのような困難に慣れておらず、また「やりがい」に突き動かされているような場合にはなおさらだ。本書第4章でも、南アメリカで、心理学を学んだ若者たちが過剰労働の末に次々に燃え尽き症候群になってやめてしまう例があった。そのことは当然、ケアされる側にも大きな悪影響を及ぼす。

このような事態のひとつの要因は、相手の存在に自分の存在をかけて関わる中で、「私とあなた」という二者関係に閉じ込められてしまうことにあると思われる。ここで突破口となりうるのが、深層心理学の重んずる「第三のもの」である。

「箱庭表現法」は、「治療」ではなく、「自由で守られた空間を用意することだけにその領分を限った［…］治療的配慮」(p.63)であると著者は述べる。本書のプロジェクトが主に対象としたのは、成年に満たない子どもたちである。特に幼い子どもの場合、生命の危機に晒されるようなトラウマ的な体験は、時系列的な流れの中の一点として位置付けられているわけではなく、渾然一体となって情緒や感覚と結びついており、それが心身の成長全てに影響している状態にある。それゆえ、その体験だけを取り出すことはできず、ましてや言語で表現することなど到底できはしない。必要なのは、「その子どもが自分自身に深く埋め込まれた資源と再びつながりを取り戻し、しかも、それがその子なりの方法で、その子なりの時間の経過において行われる」(p.55)のを待つことである。そのための手助けとして提供されるのが、「箱庭表現法」の枠組みである。その「一時的ではあるが信頼することのできる」枠組みの中で、子どもの心は「自らの治癒のために必要なものを、自分の手で作り出すことができる」(p.56,傍点は原文イタリック)。援助側は場の提供者にすぎず、主導権はあくまで子どもとその内的資源の側にあるのだ。では、そこでどのような作用が起きるのか。

「箱庭」は、人間の「遊び」を賦活する装置である。特に子どもたちにとっ
て、「遊び」の持つ意味は大きい。「遊び」とは、子どもが「それによって世
界に向かい、引き取っていくために持って生まれた方途」(p.78)であり、心
理的な消化のプロセスを動かすものである。この「遊び」を守り、促進する
ものとして、「箱庭」というメディアが非常に適しているというのだ。すぐ
に子どもの関心を引くだろう多種多様なアイテムのみならず、「砂」の存在
がとても重要だ。(著者が第6章に展開する「砂」の現象学は、すでに箱庭療法に馴染
みのある者にとっても新鮮で、胸を打つものなのではないだろうか。)固体であり液体
のようでもあるという二重性を持った砂は、心理的過程を正確に写し取るの
に「理想的なまでにふさわしい」(p.89)。秩序も混沌も、対立するもの同士
をも、簡潔に具象化してくれる砂が、子どもを内的なプロセスへと誘う。見
守る者は、固唾を飲んで、そのプロセスについていくだけでよい。

　「箱庭」という卓抜したメディアが介在することによって、支援者と子ど
もとの間に第三のものが生み出される。変化のプロセスは、「2人の人間の
間ではなく[…]ものとたましいという2つの存在の領域の間で生じる」(p.55,
傍点は原文イタリック)というのである。このような場所が、「私とあなた」の
間に創造的な距離を生み出す。

　ただし、この点までは、従来の「箱庭療法」と基本的には前提を共有して
いるところだろう[*4]。この先こそが、「箱庭表現法」のオリジナルにしてラディ
カルな構造を示しているといえる。

[*3] 「共感疲労」の問題については、以下に詳しい。Figley, C. R. (1999): Compassion Fatigue. In:
　　Stamm, B.H. (ed.) *Secondary traumastic stress: selfcare issues for clinicians, researchers, and educators.*
　　2nd ed. Lutherville, Md: Sidran press. (小西聖子・金田ユリ子(訳)(2003):二次的外傷性ストレ
　　ス——臨床家、研究者、教育者のためのセルフケアの問題　誠信書房、pp.3-28)
[*4] 日本でもすでに、災害の被災地などでの心理療法において、箱庭を用いた優れた実践が行われて
　　いる。例えば、東日本大震災被災地における日本箱庭療法学会のワーキンググループでの活動の
　　紹介や、関連の事例論文を掲載した『箱庭療法学研究 第26巻特別号　震災後のこころのケア』
　　(2014)を参照のこと。

場の力

　「箱庭表現法」の巧みな点は、「箱庭」や「場」の方に、介入する側の主体を完全に預けていることだ。だからこそ、心理の専門家の数が限られたアウトリーチの現場でも、あらゆる職種の支援者を動員することができる。特定の短い訓練さえ受ければ、見守り手になるのは、教師でも、心理学や教育学を専攻する学生でも、ソーシャルワーカーやボランティアでもよい。これが、プロのセラピストの主導で行う「箱庭療法」との大きな違いである。彼らには「心理療法的な介入も、解釈も、問題の言語化も求められていない」(p.78)。むしろ、そのために子どものこころで起こる「自己制御プロセス」が外に開かれてしまうことのないよう律することこそ重要とされる。子どもに対して教育的でも心理学的でもない態度で、ただ「自分の存在をそこに居合わせること」(p.56)。この内的な参与によって作られる「自由で守られた空間」が、子どもの表現を（表現しないことも含めて）守り、また彼らに、自らの存在そのものが許され、受け入れられているという確かな感覚を与えることになるというわけだ。

　さらに、主に個人を対象とする「箱庭療法」と異なり、「箱庭表現法」のセッションが「集団」で行われるということの意義も大きい。「重要なのは、すべての子どもが自分だけの空間を持つこと、お互いのプレイを簡単には覗き込めないこと、そして、それにもかかわらず、集団の懐に守られた気持ちで過ごせるということだ」(p.270)。そうした集団は、「太古的な、感覚的－身体的な聖域」(p.83)の機能を帯びるという。この守りの中で、意識下の身体レベルでの安心感が子どもたちを相互に守り、見守り手の大人たちをも包み込む。危機介入という、心理的にも物理的にもきわめて守りの薄い環境だからこそ、このような二重三重の仕掛けを用いて特別の空間を作り出す。まるで錬金術の器のように、その場所を象徴的に密封することができれば、それと全くパラレルに、箱庭の空間の中で、子どもたちの心の中で、「自律的な生命」が自由に展開していくというのである。第8章の中国での震災被災地からの印象的な事例で、チャン族の少年リウが作った終わりから2つ目の箱庭に、海上で円をなす8匹の魚が描かれたのを思い出す。著者が、チャン

族の伝統的な踊り、沙朗舞を連想したその曼荼羅的な円環は、あたかも「箱庭表現法」の場の力が生み出す、魔術的な守りのようでもある。

　「箱庭療法」を日本に導入した河合隼雄が直感したように、盤上に儚く小さな世界を作り出すという営みは、古来より同じような遊びを楽しんできた日本人の心にこの上なくよく馴染み、心理療法の一手法以上の広がりを見せた。また、個人よりは共同体や自然とのつながりを大切にしてきた日本人は、場がもたらす力に何よりも敏感である。本書の中で言及がないのが不思議なほどに、「箱庭表現法」の諸要素は、日本の精神と深く響き合うのではないだろうか。

　以上、簡単ではあるが、「箱庭表現法」という試みの持つ意義をいくつかの観点から検討してきた。しかし、こんな議論は無粋というものだろう。本書を1章でも読まれた方は、著者の豊かな叙述にとっくに引き込まれているに違いない。写真のページを辿るだけでも、新鮮な驚きがあるだろう。読み進めていくと、風が変わるように、章ごとに趣が変化していく。後半の実践編はもとより、第1章から6章までの理論編では、「箱庭表現法」を支える思想的背景が描かれており、どれもかなりの読み応えがある。フロイト、ユング、ローエンフェルト、カルフ、クライン、ウィニコットら、深層心理学の有名な先駆者たちの、あまりに人間的なこと！　その息遣いまで聞こえてくるような記述は、時代も国境も自由に越えて、対象へと等しく関わる、著者ならではの視点が実現させたことであろう。そして、後半3章で扱われていく数多くの事例は、実に多元的で、それぞれがひとつの宇宙をなしているようだ。日本の事例ではないだけに、初めはパラレルワールドを覗き見ているような気分になるが、いつの間にか引き込まれ、国や文化の違いを越えた悲しみや希望が心に押し寄せてくる。

　惜しむらくは、プロジェクトの性質上、重要な写真が紛失していたり、紛失を免れ、掲載された写真にも、画質の不良や撮影位置の問題などから、箱庭アイテムの様子が読み取りづらいものが少なからず混じっていたりすることだ。さらに邦訳版では、少しでも多くの読者に手に取ってもらうために、

フルカラーでの写真掲載を諦めて出版コストを抑えたという現実的な事情もあった。それでも、オリジナル版、英語版とは異なり、本書では本文中の該当箇所に全ての写真を組み込んだということもあり、そもそもの著者による叙述的な描写に助けられながら、作品理解に支障の無いレベルにまでは到達したものと思っている。作品の色付け作業は、読者の皆様の豊かな想像力にお任せすることとしたい。

　白い壁に囲まれた安全な面接室から、今まさに苦しむ人がいる現場へ。

　著者の実践は、心理学を社会へと開くものである。危機介入の要請がいや増す現在の日本で、私たちがこれをどのように受け取り、実際に社会に働きかけていくかが、今後喫緊の課題となるだろう。

　最後になるが、本書の実現にあたっては、多くの方のご助力をいただいた。とりわけ、邦訳の必要を訴える私の言葉足らずの思いを即座に受け止め、力強く背中を押してくださった京都大学大学院教育学研究科の田中康裕先生に、心より感謝を申し上げたい。そして、企画から出版まで、常に的確な言葉で、冷静に伴走してくださった創元社の柏原隆宏さん、原稿の隅々にまで細やかに目を通し、ギリギリの修正にも辛抱強く対応してくださった紫藤崇代さんに、この場を借りて御礼申し上げたい。

　この出版は、始まりに過ぎない。他者の痛みを思い、「自分にも何かできないか」と居ても立っても居られない気持ちでいる多くの人にとって、本書の示す道筋が、勇気ある一歩を踏み出すための力となることを願っている。

2018年8月

小木曽由佳

著 者

エヴァ・パティス・ゾーヤ（Eva Pattis Zoja）

1952年生。イタリア在住の臨床心理学者。ユング派分析家。ウィーンで
ユング派の訓練を受け、オーストリア分析心理学協会（Österreichische
Gesellschaft für Analytische Psychologie）の創設に携わる。イタリア・ミ
ラノで個人開業。チューリッヒのユング・インスティテュート、ニューヨ
ークのユング・ファウンデーションで教鞭を執る。現在、南アフリカ、中
国、コロンビア、アルゼンチンで国際箱庭表現法協会の実践を行う。著書
は、*Abortion: Loss and Renewal in the Search for Identity* (Routledge, 1997)、
Träume in Klassenzimmer erzählen: Eine praktische Anleitung für die Traum-
stunde (Psychosozial Verlag, 2017) ほか多数。

監訳者

河合俊雄（かわい・としお）

1957年生。京都大学大学院教育学研究科博士後期課程中退。PhD.（チ
ューリッヒ大学）、ユング派分析家、臨床心理士。現在、京都大学こころ
の未来研究センター長・教授。専攻は臨床心理学。著書に『ユング
——魂の現実性』（講談社、1998年）、『心理臨床の理論』（岩波書店、
2000年）、『村上春樹の「物語」』（新潮社、2011年）、『発達障害への心
理療法的アプローチ』（編著、創元社、2010年）、『ユング派心理療法』（編
著、ミネルヴァ書房、2013年）、『思想家河合隼雄』（共編著、岩波書店、
2009年）、『発達の非定型化と心理療法』（共編著、創元社、2016年）など。

訳 者

小木曽由佳（おぎそ・ゆか）

1983年生。京都大学大学院教育学研究科博士後期課程修了。博士（教
育学）、臨床心理士。日本学術振興会特別研究員PDなどを経て、現在、
東京大学学生相談ネットワーク本部特任助教。著書に『ユングとジェイ
ムズ——個と普遍をめぐる探求』（創元社、2014年）、訳書に『ユング
伝記のフィクションと真相』（共訳、創元社、2011年）、『死にゆく人と
共にあること——マインドフルネスによる終末期ケア』（共訳、春秋社、
2015年）、論文 "The Red Book and Psychological Types: A Qualitative
Change of Jung's Typology," *Analytical Psychology in a Changing World: The*
Search for Self, Identity and Community (Routledge, 2014) ほか。

危機介入の箱庭療法
極限状況の子どもたちへのアウトリーチ

2018年10月20日　第1版第1刷　発行

著　者	エヴァ・パティス・ゾーヤ
監訳者	河合俊雄
訳　者	小木曽由佳
発行者	矢部敬一
発行所	株式会社 創元社

http://www.sogensha.co.jp/
本社 〒541-0047 大阪市中央区淡路町4-3-6
Tel.06-6231-9010　Fax.06-6233-3111
東京支店 〒101-0051 東京都千代田区神田神保町1-2田辺ビル
TEL.03-6811-0662

装丁・組版	寺村隆史
印刷所	株式会社 太洋社

© 2018, Printed in Japan　ISBN978-4-422-11690-7 C3011

〔検印廃止〕
落丁・乱丁のときはお取り替えいたします。

JCOPY〈出版者著作権管理機構 委託出版物〉
本書の無断複写は著作権法上での例外を除き禁じられています。複写される
場合は、そのつど事前に、出版者著作権管理機構（電話 03-3513-6969、
FAX 03-3513-6979、e-mail: info@jcopy.or.jp）の許諾を得てください。